西南大学"双一流"建设优秀著作文库

A Library of Excellent Works of Southwest University "Double First-Class" Project

18世纪欧洲中国观
与美学判识机制研究

李昊阳 · 著

西南大学出版社

国家一级出版社 全国百佳图书出版单位

图书在版编目(CIP)数据

18世纪欧洲中国观与美学判识机制研究 / 李昊阳著 .
重庆 : 西南大学出版社, 2025. 4. -- ISBN 978-7-5697-
2864-4

Ⅰ. B83

中国国家版本馆 CIP 数据核字第 2025UV6864 号

18世纪欧洲中国观与美学判识机制研究

18 SHIJI OUZHOU ZHONGGUO GUAN YU MEIXUE PANSHI JIZHI YANJIU

李昊阳·著

责任编辑 ｜ 何雨婷
责任校对 ｜ 王玉竹
装帧设计 ｜ 闽江文化
排　　版 ｜ 张　艳
出版发行 ｜ 西南大学出版社(原西南师范大学出版社)
　　　地　　址 ｜ 重庆市北碚区天生路2号
　　　邮　　编 ｜ 400715
　　　电　　话 ｜ 023-68868624
印　　刷 ｜ 重庆紫石东南印务有限公司
成品尺寸 ｜ 170 mm×240 mm
印　　张 ｜ 14
字　　数 ｜ 241千字
版　　次 ｜ 2025年4月 第1版
印　　次 ｜ 2025年4月 第1次印刷
书　　号 ｜ ISBN 978-7-5697-2864-4
定　　价 ｜ 78.00元

序言

起源,在一定意义上,决定本质。

美学的学科起源,很大一部分,划定了现今关于"美"的知识疆域。我们知道,作为现代学科的知识体系,美学与欧洲启蒙运动密不可分,它的发明、创生、延展,是启蒙运动时期欧洲对自身问题的知识找寻、回答、运用与构建。触摸启蒙时期的时代质感,重新反思美学学科源起时关于"美"的知识设定、判识,就成为中国美学建构自身知识体系无法绕开的话题。昊阳的新著《18世纪欧洲中国观与美学判识机制研究》,就是这样一种尝试、一种努力、一种体现:回到历史原境,通过物质文化的交流、艺术文本的精读、哲学观念的比对,实现美学知识体系早期构建的还原。

美学属于哲学,是关于"感性"的学问,是对非理性的理性归纳。天然设定的知识壁垒,更倾向于思维本身,而非感性本身(知觉),也非感性产生的介质——器物本身(媒介)。学科先天的此种潜意识,对来自器物的媒介、主体知觉,会有本能的疏离。所以,从艺术史、物质文化介入美学知识的阐释,不可避免地要去处理学科之间形而上阐释的诸多误差。当然,美学知识也在演进。抽象化的知识属性,在不断推陈的过程中,也需要寻求鲜活的形而下的知觉进行弥补,在抽象的形而上知识的困束下获得新的知识突围。跳出苛严的学科理性化规定,通过艺术史、物质文化寻求美学知识构建的非理论化、非抽象性。

无疑,这种努力会弥补美学学科的先天劣势,为学科知识的增值带来新的空间。显然,昊阳的努力,就是在器物知觉、美学理论各自领域面临的"利"与之"不利"之间,戴着镣铐完成的舞蹈。

明末清初以来,中欧关系的重要语境,就是被西方历史学家称为"全球化早期"的历史时期。这段时期,欧洲启蒙运动不仅涵盖时间长,而且对人类文明贡献巨大。全球化贸易与欧洲宗教的海外传播,加速了中欧文化的交流。传教士带回有限的中国知识,输入的以瓷器为代表的中国物质,整体营建了18世纪欧洲对中国的想象空间和表达文本。中国元素以各种形式进入之后,融入了欧洲的"感性"知识氛围,为欧洲美学之感性呼求提供了另外的样本,特别是在对理性的过度追求下,开始对自我进行非理性领域的弥补。17至18世纪,在近两百年的启蒙建构与主体扩展的双重驱动下,逐渐酝酿、积攒、创制出了美学学科最为原初的知识聚丛。这样,器物的感性之美与知识的理性之思,就更需要超乎现有知识想象力的通达。对此,昊阳有更为清晰和明白的认识,也选择了一个非常有效的途径。

学术问题意识的来源,除了在知识与语境的共振中,寻求现有知识对现实问题裂痕的有效填补之外,还存在着现有知识对自我进行的弥合、代谢、出新。如果说,美学知识创制之初,是全球化早期文明互动下,哲学观念、主体知觉、艺术趣味对欧洲的社会、欧洲的族群进行的启蒙式塑造的话,那么今天,关于"美"的知识的再次构建,就需要依据新的语境进行新的转型。新的语境,一个共同的表征就是世界的剧速变化,在中文语境下被命名为"百年未有之大变局",欧美则称之为"变化的世界"。在语境巨变的当下,知识体系的构建,并不是一种无根的推演,回到历史的原初现场,会在历史的长河中,发现更具通约数的知识努力。

"变化"的世界,主要体现于全球政治权力的变化、新技术的变化、生存环境的变化。其实,除了变化刻度超越普通人的认知之外,这个变化是具有历史性的。这是横向比对的结果。但是,纵向比对的话,我们会发现,世界历史的权力主体、文化交流、物质主宰,整个历史中东方的份额,似乎远远大于西方。这样,昊阳的努力,就超越于聚焦现有文化主体诉求进行的横向短暂阐释,在历史的返回中,通过现有历史演进、知识建构的还原、寻求,趋近原本忽略的知识本相。

当然，吴阳做的不仅仅是对历史的重审，还是一个跨文化阐释。我想，这个难度无须赘述。跨文化阐释，并不是在一个纯粹理论的空间里进行演推，而是要基于历史的有效材料，仔细斟辨、谨慎爬梳，不断处理材料的文本之意与语境之意，进而获得趋近历史本相的阐释。欧洲想象中国，难免带着欧洲的知识误读、过度诠释等，这需要对审美分歧、调和进行有效呈现，形成典型例证，在判识机制上寻求知识构建的逻辑自足。

吴阳的努力，一不留神，会被当作"欧洲之中国"的再叙述。其实，这已大错特错。近年，中西知识生产与艺术实践，对于中国影响西方，特别是中国对欧洲的影响，表现出前所未有的兴趣。他没有以某个国家或者某个人的美学思想为线索展开，而是找寻何为美的知识这一核心问题，并命名为"判识机制"的研究思路。即讨论在中国因素介入后，什么样的知识被认为是美学的知识，如何从一种跨文化体验中寻找欧洲理性主义传统下的"美学判识机制"，将之与人的直觉、想象力与情感之间的知识进行重组。这种努力，已经从以物质交流、人物活动为核心的档案发掘、历史还原、文本重审，广泛扩展至媒材转用、形象配搭、空间调和、趣味转变等艺术史的核心话题，为美学跨语际的历史重审做出了坚实铺垫。我称之为，中国影响西方的文化语用学到美学语义学的转变。

作为学科意义上的美学，知识观念、范式、肌理等现有的美学知识源起于西方，这是不争的事实。经过翻译转换而来的域外美学术语、关注对象，整体奠定了我国现代美学学科的知识地形图，稍微好的是基于传统文论、画论提炼出的部分概念，给出了有别于西方的中国性知识。然而，在以西写中的过程中，现代美学学科在中国的生发，最大的知识功效并不在于此，而是在于美学知识与社会变革之间产生的社会话题，亦即以美学为名汇聚起来的成学科建制的关于国人现代性、理想社会建构的知识讨论（这些讨论广泛而深刻地影响着20世纪中国社会的建设、文化的发展）。美学在20世纪中国的知识贡献不亚于其他人文或者社会学科，其历史功绩有目共睹。但是，一个长期制约美学思考的问题依然没有解决：通过知识生产的真实状况提供跨文化的知识方案。

21世纪以来，随着知识功能和社会语境的变化，从源头上梳整美学自身的演进，对美学知识进行跨文化的反思，成为学术界的重要关切。由于"美学"术语的舶来性质,需要深入准确地对它的东进历程进行翔实展陈,以此有效解决未来需要解决的知识构建任务。近期的努力,不少放在了对美学自身之元问题的讨论。虽然还原了美学知识演进的部分问题,引发了中国美学界的深入讨论,但是,如何在一个更宽泛的符合历史本相的视野里进行知识讨论,已经成为未来美学知识构建无法绕过的一道坎儿,关于中国知识对欧洲美学影响的话题也就应运而生。

中国对于欧美的影响,并不始自中国内部,而是源起于西方学者的努力,逐渐扩散并回流至中国学术界,从而使得中国学者不断地返回到各种历史遗迹(物质、文献等)之中,通过历史的追寻,还原跨文化及其交流的原真态势。近五年来,英语世界里,相关著述数量不断攀升,材料使用不断增多,尤其在《艺术史》(*Art History*)、《艺术公报》(*Art Bulletin*)等重要学术刊物,以及美国普林斯顿大学出版社、荷兰博睿(Brill)出版社等重要学术出版机构的持续推动下,通过博物学、宗教学、人类学、历史学、艺术史等学科领域的深度融合,不仅实现了研究范式与材料运用的显著拓展,更逐步突破了传统殖民与后殖民话语,进行了新语境下的话语建设。诸如刚刚获得2025年度约瑟夫·列文森图书奖(Joseph Levenson Prize)的《国王之路:外交与再造丝绸之路》(*The King's Road: Diplomacy and Remaking of the Silk Road*)等。中国对于欧美的影响,不仅仅停留在学术写作上,还出现在博物馆美术馆等公共文化传播与教育领域,其中英国不列颠博物馆的展览"晚清百态"(*China's Hidden Century*,2023年5月18日—10月8日)便是一个重要的明证。外加已经深入欧美文化精神内核的启蒙时期对东方的物质崇拜,及其附带而来的趣味判断,中国影响欧洲,已经不再是一个蜻蜓点水式的文化旅行问题,而是文化之间、文明之间互视互鉴互嵌的创新问题。

最早开始中国影响欧洲的研究,出现在汉学领域。而近年来,汉学研究的演进轨迹已然超越了单向的知识输入,在早期单一的接受基础之上,进入了中外学者的共同构建与汉学自反性研究混同的阶段。除了汉学研究者,越来越多的学者致力于还原历史场域的原貌,通过系统的文献发掘与史料考证,他们不仅突破了既有研究在史料维度上的局限,更开创了探讨中国对西方的文化输出以及中西文化双向互动的研究进路。

在当下的学术环境中,不仅认可度较高的权威中文刊物纷纷刊发出相关文章,一些大刀阔斧准备晋级升位的学术刊物也加大了对该领域研究的扶持,呈现了不少有价值的成果,整体形成了既适应国家与文化的发展话语,又不断趋近历史交流本相的知识构建现象。

更年轻的一批中国学者,在更开阔的视野中,以扎实严格的学术训练,通过跨语际的历史现场的接近,正密切关注着这一波的学术讨论。吴阳抓住了"中国观""判识机制"两个关键词,聚焦美学源起,从欧洲对中国物质、艺术、思想等多方面的认知、理解入手,对什么是美的知识进行了来自东方的中国的化合,其价值意义显而易见。

吴阳是1980年代末期出生的新一代学者,他们有着开阔的学术视野、扎实的学术训练、敏锐的问题意识,难能可贵的是,与国家一道成长的他们,不断地触摸体味知识之道、家国之道、文明之道,不断丰富自己的人文知觉,在更有温度的层面上,做出自己的人文思考。我想,在各种学术压力下,守心、正道、坚韧、努力、向上,这是实现学术理想的坚实基底。

段运冬

2025 年 2 月 20 日

18世纪欧洲的中国观与美学知识生产

在18世纪的德国,美学成为一门学科。然而,"美学"的概念并没有被完整地写进历史,关于美学学科的恰当主题一直存在争议。什么样的知识可以被视为美学知识,是学界尚未完结的一个课题。近代早期的海外贸易和传教事业极大促进了中欧文化的交流与融合,形成了独特的文化认同观。传教士为欧洲带回的有限的中国知识以及不断发展的商品贸易,勾画了18世纪欧洲关于中国的基本想象。大量的中国元素融入欧洲的"感性"知识氛围,成为其重要的经验参照,在18世纪双重文化语境的交叠中,进入了酝酿美学学科的知识聚丛。

1721年,克里斯蒂安·沃尔夫(Christian Wolff)声称中国人已经发展出了一种令人羡慕的实践哲学,他在中国人身上看到了人自然的、自主的意识彰示。这种意识契合了他自身的哲学理想,他提出人类心灵的目的是通过不断完善而趋向最终的完美。然而,这与理性主义传统的原则存在矛盾,后者将上帝视为唯一的完美缔造者。到了1738年,在亚历山大·戈特利布·鲍姆嘉通(Alexander Gottlieb Baumgarten)那里,"美学"获得了名义上的诞生,在其系统性著作《形而上学》中,他已经比较明确地指明了美学(aesthetics)学科的范畴,即"关于感觉(senses)的会意与呈现的科学"①。在鲍姆嘉通的观念中,人类的知识本质上是与感觉(sensation)混合在一起的,知识的改善依赖于感性(sensibility)的改善。②这种思考就源于沃尔夫的哲学体系。

沃尔夫哲学体系的一个重要部分是对人类灵魂的关注,他认为哲学的目的存在于人们通过感官和自我反省而产生的"混乱"知识中。③美学最初要解决的问题就是对这种"混乱"的知识进行划分,这体现出美学学科的本质与使命。鲍姆嘉通处理这一问题的方式是按照认知能力对"混乱"进行区分,即"可理解的事物"是通过高级认知能力作为逻辑学的对象去把握的;"可感知的事物"(是通过低级的认知能力)作为知觉的科学或"感性学"(美学)的对象来感知的。④

实际上在此之前,沃尔夫的学生乔治·伯恩哈德·比尔芬格(Georg Bernhard Bilfinger)认为产生这种混乱的核心问题在于"感性认识"作为一种低级的认识能力被排挤在了逻辑的外围,因而提出了建立以想象力为研究对象的客观逻辑学研究建议,并最先使用了"莱布尼茨-沃尔夫哲学"为自身的体系命名。这个体系中所呈现出的理性主义美学观强调了一种对"原则"以及"终极原因"的追问,在康德的《判断力批判》出现之前,这一原则中的普遍性致使我们始终无法回避感性认识中的客观成分。这种客观成分,或者说理性主义的最高原则被笼统地视为一种完美化。

戈特费里德·威廉·莱布尼茨(Gottfried Wilhelm Leibniz)被视为审美理性主义传统的起始,在18世纪德国的知识语境中,他与沃尔夫等人的哲学观念对鲍姆嘉通所提出的"美学"产生了至关重要的影响。"美在于对完美的感知"是莱布尼茨、沃尔夫等人的理性主义美学观所持有的重要观念之一。⑤"完美观"是

---

① Alexander Baumgarten, *Metaphysics: A Critical Translation with Kant's Elucidations, Selected Notes and Related Materials*, London and New York: Bloomsbury Academic, 2013, p. 205.

② See: Alexander Baumgarten, *Metaphysics: A Critical Translation with Kant's Elucidations, Selected Notes and Related Materials*, London and New York: Bloomsbury Academic, 2013, p. 23.

③ See: Christian Wolff, *Preliminary Discourse on Philosophy in General*, New York: Bobbs-Merrill, 1963, pp. 33-34.

④ 参见:鲍姆嘉通:《诗的哲学默想录》,王旭晓译,中国社会科学出版社,2014,第97页。

⑤ See: Frederick Beiser, *Diotima's Children: German Aesthetic Rationalism from Leibniz to Lessing*, New York: Oxford University Press, 2009, p. 2.

一个核心概念,基于这个核心,莱布尼茨为欧洲18世纪早期的理性主义美学知识生产圈确定了一种完善、和谐、统一的范式。莱布尼茨的和谐"是由上帝的一种预先谋划制定的,上帝一起头就以十分完美、十分规整的方式,以十足的精确性造成了这些实体中的每一个"[①]。对"美"的判断即通过是否接近于这种完美来实现的。但是,欧洲的中国观引发了理性主义知识传统对自身某些既定原则的质疑,这种质疑间接推动他们探索了一条通向完美的"捷径",即通过人类心灵的自我完善来取代对上帝依赖。

为了寻找理性在人类心灵上的"规则"并解开这个枷锁,沃尔夫同时代的哲人将目光投向了东方知识,以获取新的灵感。"中国观"在欧洲美学认识中的体现,就是这种知识诉求的产物。此外,物质文化的接触与生存环境之间的互视引发的思考,同样让中国元素贯穿于18世纪欧洲审美形态的演进,映射出全球化早期文化传播秩序的走向。丝绸、茶叶、瓷器大量涌入欧洲,一方面为欧洲带来异域文化和新的审美风潮,另一方面也影响了在商业贸易中西方人对中国的态度和情绪。

因为一个欧洲共同的上帝,中国观念是从一种有着明确宗教立场的知识语境中产生的,这种情况也影响了美学上的认同。大多数入华耶稣会士受过良好的教育,具有知识分子和神职人员的双重身份,其中一些在进入中国宫廷之前还专门进行了艺术修为方面的提升。他们将西方绘画的基本理论和概念带入中国,在中国与欧洲的艺术交流中起到了关键作用。耶稣会士们的书信和撰写的中国故事,为18世纪"中国风"在欧洲的盛行创造了条件。旅华传教士白晋(Jochim Bouvet)对《易经》的理解对莱布尼茨的观念产生了重要的影响,在白晋的启发下,莱布尼茨甚至认为中国的宗教其实比看上去更接近基督教,由此推断出中国人也可以接受基督教。对中国文化抱有的强烈学术热情促使他广泛搜集欧洲来华传教士关于中国的报告,并在1697年用拉丁文编写的《中国近事》(Novissima Sinica: historiam nostri temporis illustrata)中,提出了中西方知识彼此互补与促进的哲学思路,在整个欧洲产生震动。

不仅仅是莱布尼茨和沃尔夫,从阿塔纳修斯·基歇尔(Athanasius Kircher)、

---

① 莱布尼茨:《莱布尼茨早期形而上学文集》,段德智等译,商务印书馆,2017,第334页。

尼古拉·马勒伯朗士（Nicolas de Malebranche）、让-巴普蒂斯特·杜赫德（Jean-Baptiste du Halde）到伏尔泰、孟德斯鸠、弗朗斯瓦·魁奈（Francois Quesnay）等启蒙时代的思想家，都深受中国的影响，这对近代早期以来中国观在欧洲的形成起到了重要的导向作用。耶稣会士既是天主教帝国主义（Catholic imperialism）的理论家，又是天主教帝国主义的实践者。路易十四出于巩固封建君主专制的需要，通过《枫丹白露敕令》将天主教确立为法国唯一的宗教，并趁葡萄牙国力衰微之机，从私人金库出资让传教士前往中国，他们为了强调海外传教的意义而极力宣扬中国。实际上，法国与其他欧洲国家一样，对耶稣会的"帝国主义"持有疑虑，并因此意识到欧洲在理解中国方面的局限性。这种意识招致了启蒙运动时期知识分子对封建制度和天主教会统治的批判。从宗教立场上看待和接受中国知识的不同方式，也从另一个角度反映了18世纪欧洲在"感性"认知方式上的一些分歧。

不能忽视的是，除了德国美学的起源，18世纪整个欧洲还产生了一场"哥白尼式的革命"（Copernican revolution），导致美学观念彻底变革，与之同时产生的是一次艺术的传统观念演变。[1]这场变革的起源，也就是现代意义上美学观念的兴起，起源于18世纪初的英国。[2]沙夫茨伯里引出无利害性（disinterestedness）在美学中的讨论，这是一种不受个人利益驱动的态度，强调客观和公正的欣赏成为人们定义"艺术"和"天才"的基础。随着18世纪人们对"技艺"理解的改变，"美"和"艺术"从工艺品中被解放出来，"艺术"开始获得自主。[3]从1746年开始，在法国学者查尔斯·巴托（Charles Batteux）的研究推动下，"美的艺术"这一概念逐步成型。此后，"美"被视为一种更为广泛和全面的原则，而美学也开始与艺术创作进行完全而深入的对话。

德国启蒙运动积极地参与了欧洲范围内关于艺术与美学的跨国反思。德国思想家们参与了来自法国、英国和意大利的各种论辩，显示出欧洲最初在美

---

[1]　See: M. H. Abrams, "Art-as-Such: The Sociology of Modern Aesthetics", in *Doing Things with Texts: Essays in Criticism and Critical Theory*, New York and London: W.W. Norton, 1991, pp. 140-141.

[2]　See: Jerome Stolnitz, "On the Origins of 'Aesthetic Disinterestedness'", *The Journal of Aesthetics and Art Criticism*, Vol. 20, No. 2, 1961, p. 132.

[3]　See: Peter Kivy, "What Really Happened in the Eighteenth Century: The 'Modern System' Re-examined (Again)", *British Journal of Aesthetics*, Vol. 52, Iss. 1, 2012, pp. 64-65.

学理解上的互通性。除了18世纪早期的哲学争论和互动促使欧洲在美学上达成一些共识之外，他们还共享了对同一"上帝"的信仰。因此，18世纪的欧洲美学知识生产展现出一种聚合的整体性，而在这一美学知识的核心附近，中国的影响几乎随处可见：莱布尼茨与埃伦弗里德·瓦尔特·冯·契恩豪斯(Ehrenfried Walter von Tschirnhaus)等人在学科探索中对艺术发明的共同兴趣间接影响了欧洲瓷器生产的历史进程；法国国王路易十四在凡尔赛宫以"中国舞会"的方式庆祝了18世纪的第一个新年；英国的威廉·丹皮尔(William Temple)爵士在其著作中盛赞中国园林美学，推进了"英中式"园艺设计的发展……可以说，18世纪欧洲的美学知识生产与中国文化进行了深入的互动，这种交流引发了一系列关于美学理解、形成与发展的连锁反应。在18世纪风靡欧洲的"中国风"(Chinoiserie)背后，是欧洲美学知识生产试图拓展的一片广阔领域。

"判识机制"的观念史研究设想

18世纪的欧洲中国观是一种复杂的观念复合体。这种观念并非单纯基于历史的真实性，而是由多种因素共同塑造的想象。物觉、创造性、道德感、自然观这些因素不仅决定了当时欧洲对中国的情感态度，也反过来影响了欧洲自身的美学认知。欧洲对中国的想象，不仅仅是对异域文化的好奇和向往，更是一种对自身文化和哲学的深刻反思。这种反思促使欧洲在美学知识领域进行自我审视，因此，梳理中国观不仅关乎文化往来，更是揭示18世纪欧洲思想史与美学发展的重要一环。

观念史研究侧重思想系统性的形成，注重思想和意识形态的发展及其对社会的深远影响。此种研究方法尤为关注观念的演变过程，通常涉及对哲学、宗教、政治理论、艺术和文学等领域的系统分析，以揭示过去的观念如何塑造历史进程。研究者可能专注于特定时期或文化中的主要思想流派，分析思想家的作品及其影响；或者研究某一观念在不同历史背景下的变迁，旨在提供理解历史事件背后的思想动力，为当代社会提供反思和借鉴的视角。"美学判识机制"没有以某个国家或者某个人的美学思想为线索展开，而是找出了一条关于感性的知识标准、价值标准的研究思路，通过不同的情感立场对想象力、感官等感性逻辑关系进行归纳。通过诸如物觉、创造性、道德感、自然观等因素，从体验中寻找理性主义传统与观念的媒介关系，是从关系的角度进行的美学本体论反思。

与阿瑟·奥肯·洛夫乔伊（Arthur Oncken Lovejoy）的"单元-观念"（unit-ideas）不同，"判识机制"研究的思想史考察关注的是，什么样的认识最终成为美学知识的部分，什么样的中国知识形态构成了欧洲美学观念集合的一部分。其中"判识"有两层含义：不仅包括理性知识层面的"判断"，还包括文化层面与情感的"认同"；既是知觉判断、理性认知等外在条件的分析，又包含了审美共情、文化认同的感性实践。它是决定想象方式与立场的基础。对"判识机制"的研究所要解决的问题是考察跨文化语境中各种审美意识形成的正当化，及其作为美学领域内主体和最终评判者的理论和历史基础。18世纪中国与欧洲的文化接触是一个早期的跨文化过程的见证，研究试图通过探索理性主义传统、物质文化交流、宗教影响等在全球化进程中是如何相互作用的，从而为相关的美学研究、文化史研究提供值得参考的视域和线索。

研究将中国观作为一条主线索，把呈现出美学知识变化和观念形成的部分梳理出来，一步步形成了"美学判识机制"的论证逻辑。研究分为"物觉启蒙与发明的美学""从道德理解到审美判断""向美学延伸的认识：自律与他律""体验的机制：跨语境的审美识读"，以及"从体验到范式：情感体认的美学化"五个板块，分别探讨了18世纪欧洲接触并认识中国之美的基础；分析了在自然观念的语境中如何生产出美学的媒介，在自然科学的理念工具和发明方法中如何产生出"美学"的观念；整理了"美学"概念产生过程中，关于道德判断与中国经验之间的关系，以及这种关系如何影响了美学判断的基础；围绕着审美主体和审美语境，归纳了在欧洲关于中国的知识累积中美学知识生产的两条主要路径；从文明互鉴的角度分析了欧洲想象中国所具体呈现的审美特点与分歧，并列举出一些典型的例证，呈现了不同文化语境与美学观念形成之间的关系，总结了这种想象力形成的原因和影响；最终从一种人本的情感体验出发，对形成美学知识的"中国体认"进行了归纳，指出了18世纪欧洲对情感的解放与美学知识之间的转化逻辑。

总体而言,研究尝试从物质文化、自然观和哲学理论视角切入话题,揭示美学在早期形成时的想象、实践的包容性机制,探讨美学知识生产与18世纪人本主义价值观及资本主义发展现实之间的关系。研究致力于将现象与图像、历史与理论观念相结合,通过问题的可视化和可读化呈现问题图谱。由于在突破跨文化研究的理论局限时,需要在中西两种语境中来回穿梭,因此在文化研究复杂的学术观念中进行取舍,找出支撑"美学判断"的感性元素显得尤为困难。针对此类难题,研究采纳社会艺术学的研究范式,以典型性和具体性的时间及事件为主题,利用史志分析代替泛化的理论文本,论证美学知识化的必要社会条件,将美学知识的生产最大限度还原到历史语境中去。

根据现有的研究基础,多数文献资料与本书研究视角没有重合点,为了获取更为宽阔和客观的研究视野,研究的主要支撑将从"中国与欧洲交流史""艺术史研究""美学理论""跨文化研究"中提炼和转化。在运用材料中避免唯关键词、唯主题的堆砌方式,更多从历史观念和文化价值的核心话题入手,形成突破与创新。"判识机制"的研究还意味着应该分别对普遍的知识标准和特殊的价值标准进行阐释,立足文化认同形态、人的价值观念、跨文化的知识和伦理观等几个价值要点,通过分析"具象条件"对"认知判断"的作用,铺陈从"观念形成"到"知识生产"的脉络,最终得出机制形成中关于价值的反思。

目录

第五章

从体验到范式：情感体认的美学化

结语：重估浪漫主义的中国起源　/186

参考文献　/189

第一章
物觉启蒙与发明的美学

通过感官，我们了解在物质世界中存在和发生的事物，而心智则会意识到其自身内部发生的变化。

——［德］克里斯蒂安·沃尔夫

18世纪，"美"从工艺品中解放出来，艺术获得了自主。启蒙时代的审美与艺术观念的演进，跟科学领域的发明与成就紧密相连，通过物质感知实现了彼此的联系。"中国风"所带来的物觉体验和审美观想，促进了自然科学的发展和工艺水平的提高；中国图景通过传教士的描绘，在欧洲引发了人们对自然认识的变化；强调科学与逻辑的观看机制跟突破规则的全新物觉体验形成交融，扩展了感性学的知识视野，成为启蒙的一股新动力。

从莱布尼茨、沃尔夫和鲍姆嘉通等理性主义者的视角看，形而上学及早期美学思考并未与科学相对立，他们始终审慎地探讨知识是否源于经验。在他们所阐述的"感性"知识概念中，发明（对创造意义的反思）是审美的重要组成部分。审美理性主义试图阐释的是，在目的论的维度上，可以找到成为美学知识的两个必要因素：第一，美的发现与创造性（发明）目的相关；第二，美应是一种可以被认知或体验的经验知识，审美判断具有认知性。对于18世纪早期的审美理性主义者而言，美是多样性的统一，他们的目标是找到一个最终的原则,而艺术的创造则应体现这种多样性与整体性的理想。

自然科学的进步赋予了欧洲工艺生产强大的模仿能力,使得以瓷器和园林为代表的中国图景在欧洲得到了大范围的"复制"。全球化贸易的发展使得中国风物获得了一种全新的物觉属性。正如马克思所指出的,当某种自然物质成为商品时,它便"变成了可感觉而又超感觉的物或社会的物""拥有了拜物教的性质"①。商品拜物教的形成,与一种物觉的感知变化相伴随。瓷器等物品的生产与贸易不仅在物质、经济层面促进了东西方之间的交流,更在审美风格上拉近了两者的感知距离。通过瓷器,欧洲得以接触到中国的精湛工艺和独特审美旨趣,丰富了欧洲的艺术品类,推动了创造性模仿与审美创新的出现。

随着时间的推移,欧洲不仅较全面地接触了中国的工艺和美学,还逐渐掌握并改进了这些技艺。当中国的物质生产技艺不再稀缺,全球文化交流网络中作为财富和迷幻美学栖息地的"中国想象"开始迅速瓦解。技术和知识的转移,一方面提升了欧洲工艺品的质量和地位;另一方面,也使早期商品崇拜的神秘感逐渐退散,"中国观"在全球文化交流网络中的位置发生了变化。

第一节　瓷器的祛魅与物觉分化

一、质料的揭秘与物觉拐点

理性主义美学试图找到主宰感性创造力的规则,技术发明者可以通过改变物质世界的观想逻辑达到这个目的。在"美的艺术"(fine arts)出现之前,"技术"与"艺术"在近代早期是一体共生的概念。技术发明者和所谓的"艺术家"们都是通过新的材料和科学手段来突破传统的创作界限,实现"质"的跨越。

1557年,葡萄牙人在澳门建立据点后,瓷器样本也被带回欧洲,就此开启了欧洲对中国瓷器的模仿之路。然而,早期的欧洲制瓷技术面临着巨大的挑战,尤其是在烧制温度上无法达到标准,导致无法生产出真正的硬瓷器。这一

---

① 卡尔·马克思:《资本论》,徐靖喻译,煤炭工业出版社,2016,第24页。

技术瓶颈直到17世纪末才得以突破。尽管如此,16世纪的欧洲在彩陶和精陶生产方面已经取得了显著成就,欧洲人对瓷器的独特品质表现出极高的欣赏和热情。欧洲人对瓷器的迷恋以及对其仿制和生产的热衷,成为近代早期欧洲工业和手工业发展的重要事件。这不仅反映了欧洲在技术创新和工艺改进方面的努力,也标志着中欧之间文化和物质交流的深化。

意大利是首个尝试揭示瓷器制造秘密的国家。佛罗伦萨的弗朗西斯科·玛利亚·德·美第奇(Fracesco Mario de Medici)建立了一个陶瓷厂,乌尔比诺的花饰陶器制造者弗拉米尼奥·丰塔纳(Flaminio Fontana)和贝尔纳多·布翁塔伦蒂(Bernado Buontalenti)在那里研究并生产了欧洲第一批原始瓷器。然而,在美第奇等人这一系列的尝试之后,欧洲在近乎一个世纪中对于瓷器生产没有什么突破。尽管有史料证实美第奇也断断续续地进行了一些尝试,但是真正意义上的硬瓷器技术突破直到18世纪初才被德国人掌握,继而引发了欧洲瓷器生产的热潮。

1700年,欧洲硬瓷器的发明者、炼金术士约翰·弗里德里希·贝特格(Johann Friedrich Böttger)被萨克森选帝侯、波兰国王奥古斯特以莫须有的罪名带到了德累斯顿,他最初希望这位年轻人能够制造出黄金,以缓解当时萨克森的财政危机。贝特格在被关押期间因实验毫无进展而出逃,当再次被抓回后,奥古斯特在著名学者契恩豪斯的建议下,让贝特格参与了硬瓷器的研制。萨克森的财政状况不佳,根据当时的经济情况分析,摆脱困境的唯一途径是实现自给自足。要达到这一目标,必须通过建立各类工厂,其中尤为重要的是瓷器工厂,因为瓷器作为一种昂贵的产品,具有巨大的经济潜力。[①]

虽然欧洲瓷器的生产是一种仿制,但它仍然体现了欧洲的科学智慧和艺术的独立性。契恩豪斯与莱布尼茨、沃尔夫等人之间有着紧密的互动。莱布尼茨和契恩豪斯结束了他们之间的争论,转而共同追求一个宏大的目标:建立一个德国科学学院(German Academy of the Sciences)。他们合作的一个重要前提是,两人都对通过各学科的历史探索艺术发明表现出浓厚的兴趣。[②]贝特格

---

① 参见:简·迪维斯:《欧洲瓷器史》,熊寥译,浙江美术学院出版社,1991,第31页。

② See: Stefanie Buchenau, *The Founding of Aesthetics in the German Enlightenment: The Art of Invention and the Invention of Art*, Cambridge: Cambridge University Press, 2013, p. 39.

最终在1708年创制了硬瓷器的配方,一年后德国的瓷器生产正式在德累斯顿拉开了序幕。

在18世纪上半叶的德国,瓷器更多地被看作一种纯粹的工业生产实践,而非与审美感知紧密相关的艺术形式。与德国更倾向于将瓷器视为纯粹的工艺技术对象不同,英法在理念上更注重对外部形式表征的移植。瓷器装饰主题作为一种独特的视觉表征系统,不仅激发了英法文艺界的创作实践,更在公众的集体想象中催生出新的文化身份认同模式,产生了浓重的商品拜物教色彩。作为具有显著异域特质的舶来品,瓷器在工业生产领域展现出的技术与审美双重优势,为欧洲艺术家和工匠提供了全新的创作样例。通过持续性的仿制与创新实践,他们不断突破艺术创作的媒材边界,催动了18世纪欧洲物质文化观念的转型。

在欧洲揭开瓷器生产的秘密之前,稀缺性、精美性、精湛的工艺和独特的美学风格,令瓷器成为上流社会炫耀财富和品位的载体,因此在欧洲的上层社会中,瓷器被视为奢侈品和身份的象征。这些瓷器不仅在宫廷和贵族府邸中占据重要位置,还被用于装饰和馈赠,成为社交生活中的重要元素。1562年在纽伦堡首版的《山间邮车》一书中,马德休斯(Mathesius)认为东方瓷器精美而昂贵,只有达官显贵才买得起,还特别提到瓷器器皿可以清除所盛食物或饮料的毒素的说法,这种迷信说法在欧洲存在了很长的时间。[①]这种夸张的描述在欧洲的文化中渐渐演绎成一种痴迷,甚至疯狂。波兰国王奥古斯特作为欧洲瓷器研发最大的功臣之一,自身就是一个狂热的东方瓷器爱好者,他在执政的第一年就因收藏瓷器花费了十万多泰勒币,并用撒克森的骑士团交换了48个普鲁士国王的瓷花瓶。[②]瓷器作为特权阶级迷恋的对象,除了象征财富和权力,其象征意义也深深植根于宗教与殖民精神中。当1600年后大量瓷器开始进入欧洲时,其最初只在那些买得起它的人中间流行。欧洲的君主们,从葡萄牙国王到俄罗斯沙皇,都染上了"瓷病",就像宫殿和貂皮长袍一样,大量展出的陶瓷制品是权力和辉煌的象征,成为各国王室之间的社会竞争货币。这种

---

① 参见:简·迪维斯:《欧洲瓷器史》,熊寥译,浙江美术学院出版社,1991,第9页。

② See: Hugh Honour, *Chinoiserie*: *The Vision of Cathay*, London: John Murray, 1961, p. 103.

狂热沿着社会阶梯向下传播到贵族、乡村绅士和富裕的市民阶层。[1]

图1-1　鹦鹉螺杯　1602年　大都会艺术博物馆藏

　　类似于贝壳迷恋在欧洲的受欢迎程度,瓷器的物觉也是由其外来感所塑造的。[2]瓷器与贝壳有着同样的词源[3],因同有易于清洗和抛光的材料质感,常被视为纯洁与神圣的象征。在许多宗教传统中,瓷器被用来代表精神实体和神灵。在15至16世纪的欧洲绘画中,瓷器与贝壳经常被并置在一起,这种联

[1]　See: Robert Finlay, *The Pilgrim Art: Cultures of Porcelain in World History*, Berkeley: University of California Press, 2010, p. 274.

[2]　See: Marisa Anne Bass, et al., *Conchophilia: Shells, Art, and Curiosity in Early Modern Europe*, Princeton: Princeton University Press, 2021, p. 14.

[3]　See: Marisa Anne Bass, et al., *Conchophilia: Shells, Art, and Curiosity in Early Modern Europe*, Princeton: Princeton University Press, 2021, p. 59.

系反映了人们对这两种感官物质的兴趣。瓷器与贝壳之间存在一种天然的介质联系,人们对二者有一种特殊的亲和感,是视觉、触觉、暗示和幻想的混合。这种物觉不仅揭示了早期现代收藏家对瓷器的欲望,还揭示了瓷器与殖民盘剥之间的联系,有一种早期商品拜物教的性质。

在18世纪中叶以后,欧洲对瓷器的物质感知发生了显著的分化。这种分化不仅反映了文化交流和技术转移,也揭示了不同文化背景下对瓷器的不同理解与物觉认知。随着瓷器生产技术的传播和欧洲本土制瓷业的发展,瓷器逐渐从奢侈品转变为更为普及的日常用品,在特权阶级中的象征意义也随之改变。稀缺性的降低,改变了人们对瓷器的物质感知。瓷器的媒材特性更多地集中在实用性和美观性上,而非不可取代的身份象征。这种象征意义的转变通过技术实现,最终将物觉性质评判的权力交由客观的科学。

从一个全球化"新世界"的发现者视角来看,欧洲往往将自己置于世界文明的"中心"。他们试图从各地搜刮奇异文化的种子,并试图让它们在欧洲绽放。莱布尼茨等理性主义者看到了科学领域中才能找到的"真理",并试图借助逻辑让人类心智联通心灵与物质世界。在18世纪一段特殊的物质文化交流史形成的大背景下,理性主义的落脚点一直是找到非物质的本性和理智的原因在自然科学中的作用,这一判断与莱布尼茨哲学传统中关于物质世界与心智关联性的基本原则在本质上具有同构性:"运动和自然的规律并不是以绝对的必然性(absoluta necessitate)建立起来的,而是由智慧原因的意志(voluntate causae sapientis)建立起来的,不是由纯粹意志的实施(mero arbitrio)建立起来的,而是由事物的适宜性(convenientia rerum)建立起来的。"①而事物的适宜性意味着这些规律基于事物之间的协调和适应,是符合理性和逻辑的安排。瓷器作为欧洲认知外部物质世界的关键媒介,为我们提供了理解物质世界与心智关联的重要视角。其象征意义的转变过程体现了欧洲科学思维的演进——从表象观察到质料分析,最终揭示事物的内在本质。这种物质认知的反思过程,呈现出一条从感性认知到理性把握,再到超感性理解的辩证路径。作为启蒙时期的重要物质文化载体,瓷器通过其象征与实质的双重维度,凸显了欧洲

---

① 莱布尼茨:《莱布尼茨自然哲学文集》,段德智编译,商务印书馆,2018,第469页。

理性传统在科学与美学启蒙进程中的核心地位。

二、利益媒介中的想象分化

尽管瓷器在几个世纪的长途贸易中占据了举足轻重的地位,但经济历史学家对其关注相对较少。探讨这一主题的学者主要是瓷器的爱好者、鉴赏家、收藏家和艺术史家,他们的研究重心往往集中在瓷器的美学品质、精湛工艺和文化象征上,而非其在经济史和全球贸易中的作用。事实上,很少有人从经济利益的角度出发,探讨瓷器作为贸易媒介的物觉影响。这种学术上的分离导致了对瓷器全面研究的缺失。当我们将瓷器作为商品来考察时,或许更能揭示出全球化早期人们的物觉观念和经济活动的复杂性。通过将美学与经济史相结合,我们能够更全面地理解中国风物在历史进程中的多重角色和深远影响。

瓷器最早在欧洲统治阶级视野中的位置,可以归因于巨大的利益驱使。达·伽马在1497年受葡萄牙国王派遣,率船队从里斯本出发,寻找通向东方的海上航路,而事实上达·伽马只到达了印度并于1499年返回。在侵占马六甲之前,葡萄牙人就企图到达中国。"达·伽马回到里斯本以后,向葡萄牙国王证实了远东确实有中国这个地方,并把他在卡利卡特以两倍那么重的银子买来的中国瓷器献给了王后。"[①]因较早开辟了新航路,西班牙和葡萄牙可以更长久地控制天主教的对华传教事业。沙勿略(Francis Xavier)、庞迪我(Diego de Pantoja)都是经澳门最早进入中国的传教士,但是他们并没有带回完整的中国概况。

当海上贸易的主角在18世纪易位,瓷器成为一种"有利可图"的商品。荷兰东印度公司的境遇不断恶化,与之形成对比的是英国的强势崛起,而此时日益增多的白银也在流入中国。中国在几个世纪中一直是世界白银的主要终端市场。在1540至1640年以及1700至1750年的这两个银价周期,全球白银流向中国的数量发生了历史性激增。中国市场上出现显著的价格溢价——主导

---

① 　J. M. Braga, *The Western Pioneers and Their Discovery of Macao*, Macau: Imprensa Nacional ,1949, p. 60. 转引自石元蒙:《明清朝贡体制的两种实践:1840年前》,知识产权出版社,2015,第81页。

地位变得显而易见。①而另外一组显著的数据是英国的出口额在1720年约为800万英镑,到1763年达到了约1500万英镑;同期离开英国港口的货船吨位也从大约45万吨上升至65万吨左右;到1763年时,这个吨位数中英国已占有很大的比例,约50万吨,也就是说比一百年前增长了大约5倍。②这组对比的背后有一些值得关注的事实。首先,葡萄牙人进口的大部分商品都来自亚洲南部,主要包括海产和香料。虽然葡萄牙国王禁止私人贸易,中国锦缎、瓷器、漆器和古董是跟随着东印度群岛的檀香木、香料和婆罗洲的珍贵樟脑等被偷偷运到孟加拉的,③但尚没有对中国瓷器的出口产生质的影响。其次,在欧洲,细香料始终购销两旺,胡椒已退居次等地位。这一具有决定意义的事件从18世纪前的一段时间起变得十分明显,茶、咖啡、漆器、中国瓷器等新商品打开了销路。可以说,18世纪英国海上霸主时代的贸易崛起之路与后者有一定的关系。在18世纪上半叶,中国和英国作为世界海上贸易的两个主要经济体,形成了密集的物资贸易交融,而瓷器则成为这一交融的核心载体。

据保守估计,18世纪这一百年间,输往欧洲的中国瓷器在六千万件以上。大量瓷器流入欧洲所带来的直接结果就是瓷器迅速闯进欧洲的厨房,统治了欧洲人的餐桌。④瓷器以装饰品的形式进入欧洲后在18世纪完成了商品化复制,商品生产和市场需求成为推动这一进步的重要力量。瓷器作为一种重要的商品,其生产和销售不仅满足了人们的物质需求,也反映了更大的利益追逐——一种新的消费文化的形成。这种文化具有实用性、审美性和商品价值的综合属性。

到1750年左右,欧洲对中国瓷器的想象在价值论层面呈现出明显的分化。这种分化主要源于社会经济变化和文化价值观的转变。一方面,瓷器作为奢侈品和异国情调的象征,受到上层社会的推崇,体现了他们对精致生活和文化

---

① See: Dennis O. Flynn, Arturo Giráldez, "Cycles of Silver: Global Economic Unity Through the Mid-Eighteenth Century", *Journal of World History*, Vol. 13, No. 2, 2002, p. 393.

② 参见:J.O.林赛编:《新编剑桥世界近代史·第7卷·旧制度:1713—1763年》,中国社会科学院世界历史研究所组译,中国社会科学出版社,1999,第36页。

③ See: Donald F. Lach and Edwin J. Van Kley., *Asia in the Making of Europe*, Vol. III, *A Century of Advance*, Book 2: *South Asia*, Chicago and London: The University of Chicago Press, 1998, p. 679.

④ 参见:叶文程:《中国古外销瓷研究论文集》,紫禁城出版社,1988,第275页。

品位的追求。另一方面,随着商业资本主义的发展和全球贸易的扩展,一些知识分子、宣传家和政治家开始批判瓷器及其他奢侈品,认为这些商品助长了奢靡之风,破坏了传统的社会结构和道德价值观。他们将瓷器与"柔弱"联系在一起,认为其代表了男性气概的衰退和社会的堕落。①这种批判在英国尤为强烈,在荷兰和法国也有类似的声音。

瓷器的英文"china",被西方用以指代古代中国的疆域至少在11世纪之前出现,作为瓷器的双关含义则晚于"China"指代"中国"的本意。欧洲通过贸易认识中国,通过瓷器想象中国。欧洲的中国知识更新与海上的贸易霸权有着直接的关系,当瓷器在奢侈品贸易中获得它的新地位时,这一切发生了明显的改变。尽管18世纪初期中国的治理能力和瓷器生产享有极高的声誉,但到18世纪末,这两者的声望都急剧下降。西方人对中国了解得越多,越是超越了杜赫德和耶稣会传教士所描绘的表面化、理想化的形象,对所见之物的喜爱就越少;瓷器和"中国风"艺术与新古典主义规范的冲突越明显,对中国美学标准的蔑视就越多。②欧洲瓷器从模仿中国到生产再到诋毁,不仅仅是审美观念演进的单一逻辑,它还暗示了西方现代文化萌芽中的世俗观,以及资本主义商业精神与绝对理性主义之间的矛盾,一种提倡个性化创造的物觉开始出现。

"中国风"起初指的是欧洲模仿中国风格生产的物品,随着欧洲生产力水平的提高,进口商品与本地仿制品之间的界限变得模糊。许多"中国风"作品是手工制作的,其中一些部件来自远东,其他部分则在欧洲本土制造。此外,还有一些具有中国特色的物件专门在东方制造,以迎合欧洲人的品位。到18世纪中叶,欧洲瓷器生产中的中国主题逐渐被重新规划和配置,以符合欧洲的美学趣味,这成为该时期中国外销瓷的显著特征。欧洲对东方美学的态度也发生了转变,从被动追捧到主动改造,这既是商业生存与发展的策略,也是审美主体性的观念实践。

---

① See: Robert Finlay, *The Pilgrim Art*: *Cultures of Porcelain in World History*, Berkeley: University of California Press, 2010, p. 285.

② See: Robert Finlay, *The Pilgrim Art*: *Cultures of Porcelain in World History*, Berkeley: University of California Press, 2010, p. 288.

图1-2　约1758—1760年英国吉尔博迪工厂制造的瓷器　不列颠博物馆藏

第二节　自然观之变与景观的更新

一、自然观演进中的园林理想

18世纪的英国园林艺术产生了显著变化,其中最核心的部分是"英中式"(anglo-chinois)的园林艺术,成为18世纪"中国风"最典型的代表。这种风格更自然地利用了景观中的植物和建筑,并更喜欢不规则的布局,与文艺复兴时期和巴洛克式意大利花园的清晰精确形成鲜明对比。"英中式"园林的设计理念强调自然的和谐与自由,摒弃了对称和规整的几何布局,转而追求一种与自然环境融为一体的美感。园林中的建筑元素,如亭子、桥梁和假山,往往借鉴中国传统园林的设计风格,呈现出异域风情。这种风格不仅在视觉上带来了新鲜感,也在精神上提供了一种逃离规则、回归自然的理想境界。

一些艺术史学家提出，"英中式"概念的基础是17世纪中叶萨尔瓦多·罗萨 (Salvator Rosa)和克劳德·洛兰(Claude Lorrain)等艺术家虚构的风景，并在此基础上增加了中国风格的亭子。[①]罗萨是意大利巴洛克画家、诗人，他曾活跃在那不勒斯、罗马和佛罗伦萨，是一个"永远叛逆"的浪漫主义者。在他所处的时代，风景画创作有两种显著的特征：一是黑暗和阴郁的色调，常使用这些色调营造出一种神秘、忧郁的氛围；二是荒野和险峻的地形，这些自然景观显得荒凉而壮丽，呈现未被驯服的自然。但随着18世纪"中国风"在欧洲的盛行和自然主义的兴起，艺术家们开始更加生动地描绘自然景观。在英国，托马斯·庚斯博罗(Thomas Gainsborough)时代的风景就表现出明快的色调。

除了这些标记时代的风景画家之外，莎士比亚和弥尔顿等人文巨匠也对18世纪英国文化生活产生了巨大的影响，也为人们重新想象自然提供了情感铺垫。弥尔顿在《失乐园》中通过细腻的笔触和丰富的想象力，将伊甸园描绘成充满和谐的乐园，使其成为读者心中理想的乌托邦：

赏心悦目的乐园就在眼前，它的四周一片葱绿，就像险峻的荒野上筑起一道护堤，边缘毛茸茸的长满奇形怪状的灌木，以防外人进入。抬头望去，眼前是浓荫密布的参天大树：苍松、翠柏、青杉和枝繁叶茂的棕榈，构成一个偌大的林海；随着山势渐次升高，那浓荫层层相叠，就像一个美不胜收的森林剧场。[②]

就像文中所描绘的那样，文学想象的"伊甸园"代表着欧洲人对理想的自然生活状态的隐喻，引发了人们对自然、社会和人类自身的深刻思考。在艺术家和诗人的笔下，自然景观融入了田园诗的精神和情结。到了18世纪后半期，"如画"(picturesque)的风景作为一种独特的英国描绘，回应了让-雅克·卢梭(Jean-Jacques Rousseau)打破理性时代、开启感性洪流后席卷欧洲的浪漫主义态度。在欧洲这些富有浪漫精神的人文巨匠出现之前，有一段启蒙时代的自然观念史转向是我们不能忽略的：

[①] See: Francesco Morena, *Chinoiserie*: *The Evolution of the Oriental Style in Italy from the 14th to the 19th Century*, Florence: Centro Di., 2009, p. 91.

[②] 弥尔顿：《失乐园》，陈才宇译，吉林出版集团有限责任公司，2014，第67页。

到十七世纪末叶,显微镜开始揭示出数以百万计的生命——原生动物与细菌的存在。它们以根本无视人类的方式追求自己的生存,占据着从没有人见过的美丽而复杂的世界[……]探险家们几乎每天都会意外地发现地球表面无人居住的土地、森林、沙漠。它们显然不是为了人类目的所创造,上面充满了前所未见的生命形式,没有明显为人类所用的迹象。①

人们开始发现世界不只是为了人类而存在,旧的人类中心主义幻觉被自然科学的进步彻底打破。一些哲学家甚至已经迈向更为激进的假设,超越了单纯否认人类是自然的至高目的,进一步提出自然根本没有目的,或至少其目的不可知。培根和笛卡尔都认为,在自然史研究中诉诸终极因是不适当的,因为人类若自认为了解上帝的根本意图,实属荒谬。②人类仅仅是同其他生命体一样享有自然赋予的权利,既然如此,如果不再认为自然是为人类而造,那又当怎样解释上帝的存在? 理性主义传统给出了答案。

从笛卡尔到莱布尼茨,都认为自然界之规律是上帝所造,这个规律给人造成的一切感觉均归因于上帝。他们共同用机械钟的运作来比拟这个逻辑。笛卡尔认为:"一个由轮子和摆装成的钟表一样,当这个钟表做得不好,不能完全满足钟表工匠的希望来指好时间时,也是同样准确地遵守自然的一切规律的;同样情况,如果我把人的肉体看成是由骨骼、神经、筋肉、血管、血液和皮肤组成的一架机器一样,即使里边没有精神,也并不妨碍它跟现在完全一样的方式来动作……"③他启发了莱布尼茨一种普遍的和谐理想:如何在上帝的监督之下将机械物质的模式与感性编织起来。莱布尼茨主张一种完美美学(aesthetics of perfection),这基于他对一种"和谐"概念的笃定,其世界观体现的是一种"前定的和谐",世界好比一架钟,各个部分安排妥帖,能成为一个和谐的整体,而上帝就是那个做出安排的钟表匠。17至18世纪思想史因自然观的改变而发生了显著变化。机械哲学强调人与物合一,同时将精神与之分离,将自然或上

---

① 基思·托马斯:《人类与自然世界:1500—1800年间英国观念的变化》,宋丽丽译,译林出版社,2008,第165页。

② 参见基思·托马斯:《人类与自然世界:1500—1800年间英国观念的变化》,宋丽丽译,译林出版社,2008,第167页。

③ 笛卡尔:《第一哲学沉思集:反驳和答辩》,庞景仁译,商务印书馆,2017,第92页。

帝创造的自然规律置于中心位置。尽管人的体验和感觉无法影响或改变这一根本规律,但人的行为仍然完全取决于上帝对自然的安排。

这种观念的转变不仅限于哲学和科学领域,还在艺术和文化中得到了广泛的体现。在18世纪的诗歌和风景画中,自然常常被视为一种直接的揭示对象,艺术家们试图通过作品捕捉和表现自然的真实面貌,反映出"自然先于艺术而存在"的观念。这种对自然的崇敬和探索,进一步推动了人们对自然本质的思考和理解。唯此,这个时间节点上神甫王致诚(Jean Denis Attiret)所描绘的中国自然园林的"闯入",才给欧洲带来了极大的震撼,催生出人文巨匠们对园林的集中创造。

在沃尔夫的《中国人的实践哲学》(*Practical Philosophy of the Chinese*)中宣扬了中国人对自然的深刻理解和心领神会的能力,之后,神甫王致诚的信进一步激发了欧洲对中国园林艺术的幻想。他在信中如此描绘中国的园林艺术:

> 它们系由一片辽阔的地盘形成,人们于其中以手工筑起了人造假山,高达8~15或16法尺,从而形成了大量的小山谷。几条清澈见底的运河流经这些山谷的深处,并于多处汇合而形成池塘和"海"。人们乘坐漂亮而又庄严的游艇畅游这些运河、海和塘。我发现一只游船长13法丈和宽4法丈,船上建成了一幢华丽的房子。在每条山谷中和流水之畔,都有巧妙布局的多处主体建筑、院落、敞篷或封闭式的走廊、花园、花坛、瀑布等的建筑群,它们形成了一个组合体,看起来令人赏心悦目,赞不绝口。人们不是通过如同在欧洲那样美观而笔直的甬道,而是通过弯弯曲曲的盘旋路,才能走出山谷。路上甚至装饰有小小的亭台楼榭和小山洞。在出口处,又会发现第二个山谷,它或以其地面形状,或以建筑结构而与第一个小山谷大相径庭。①

王致诚的书信在欧洲引起了极大关注,18世纪中期一些关于中国建筑研究的著作在欧洲流行开来,尤其在英法两国深受推崇,他对中国园林的描绘对后来整个欧洲建筑和花园设计产生的自然转向起到了推动作用。法国耶稣会士对圆明园的描述也被译为英文,并在18世纪中叶的英国杂志中广泛流传。

---

① 王致诚:《耶稣会士和中国宫廷画师王致诚修士致达索先生的信》,载《耶稣会士中国书简集:中国回忆录》(第四卷),杜赫德编,耿昇译,大象出版社,2005,第289页。

这些直接的文化影响和知识接触,通过海上贸易和传教士的传播,将遥远的中国理念无缝地引入欧洲人的视野。丹皮尔爵士在其著作《伊壁鸠鲁花园上的神庙及其他十七世纪花园随笔》(*Sir William Temple Upon the Gardens of Epicurus: With Other XVIIth Century Garden Essays*)中,通过对中国园林的介绍和赞赏,极大地影响了欧洲园林设计的发展。他特别推崇中国园林设计中对自然不规则美的重视,指出中国园丁在设计园林时,更加珍视自然的随意性和不对称性,而非严格的对称和几何秩序,这与当时欧洲流行的对称、整齐的法式园林形成了鲜明对比:

> 我所描述的最佳花园形式,仅仅是指那些在某种程度上是规则的花园,因为可能还有其他完全不规则的形式。据我所知,它们可能比其他任何形式更美丽。但它们的美丽必须归功于某种非凡的自然布局,或者是设计中的某种伟大的想象力或判断力,这可能会将许多不协调的部分组合成一个整体,而这个整体仍然是非常和谐的。我在某些地方见过一些这样的例子,但更多的是从在中国生活过的人那里听说的。中国人的思维方式似乎与我们欧洲人的思维方式相去甚远。在我们这里,建筑和植物的美主要体现在某些确定的比例、对称性或一致性上。①

此外,丹皮尔爵士还强调了中国园林设计师在创作园林时展示的极大想象力和创造力,通过巧妙的布局和设计,将自然景观与人造景观和谐地融合在一起,为欧洲园林设计提供了新的灵感。

英国建筑师威廉·钱伯斯(William Chambers)是18世纪英国最有影响力的建筑师之一,他在建筑作品、建筑理论、园林设计和教育领域均有卓越贡献。钱伯斯推崇神甫王致诚所展示的园林理想,设计了许多重要的建筑作品,其中最著名的是位于伦敦泰晤士河畔的萨默塞特宫(Somerset House)。这座新古典主义风格的建筑融合了对称、比例和古典元素,成为18世纪英国建筑的代表作。此外,他在丘园(Kew Gardens)中设计了许多中国风格的建筑,包括著名的"中国塔"(Great Pagoda),展示了他对中国建筑和园林设计的深刻理解和创新应用。

---

① William Temple, *Sir William Temple Upon the Gardens of Epicurus: With Other XVIIth Century Garden Essays*, London: Chatto and Windus, 1908, p. 53.

18世纪的欧洲,尤其是在英国,自然表现一直是被文学艺术领域追求的东西,文化领域杰出的人物通常自诩古典文化的继承者,他们与一种庸俗、商业化的气息保持着距离,因而自然的、传统的、本真的向往始终在他们内心发挥作用,正如亚历山大·蒲柏(Alexander Pope)所说的那样:"首先要信奉自然,照它正确的规范,用始终如一的规范,制定你的判断。正确无误的自然! 始终是非常绚烂,像明朗的、不变的、普照的阳光一般,定必授予万物以生命、力量和美丽,她是艺术的准绳,又是根源和目的。"①这种崇尚自然的理性主义观点在某种程度上是对路易十四时代的尼古拉·布瓦洛·德普雷奥(Nicolas Boileau Despréaux)等人的理性审美标准的继承和发展。然而,这种对自然的理性崇拜并未如欧洲人所愿,表现出自身的新世界构想与创造力。相反,18世纪的欧洲人,特别是英国的文化精英们,开始从中国园林艺术中汲取灵感,接纳异域文化的自然观。中国园林以其独特的设计理念和美学风格,打破了传统欧洲园林的对称和几何化布局,强调自然的不规则和随意性,为欧洲带来了一种与自然融为一体的和谐美学。

中国的园林只是把匠心以无法察觉的方式运用在原初设计中,甚至连园林最初修建的方位和职能可能都是欧洲人所无法想象的。李约瑟(Joseph Terence Montgomery Needham)曾在其研究中解释过中国建筑这一古老问题,他将理性的尺度表达得更符合实际情况。他在书中写道:"[中国建筑]结构元素明确且显著,所有装饰都以此为基础。在平面、剖面和立面中,清晰和理性得以体现,三者之间达到了高度和谐。尽管每个部分都受到复杂美学的控制,中国建筑看起来仿佛出自一位大师或建筑工程师之手,事实上确实如此。"②李约瑟发现,在建筑设计中,基于人类尺度的单元化设计能够实现和谐组合,这种方法不仅在中国传统中被广泛应用,成为一种实践标准,而且逐渐被西方采纳和接受:"每个固定于人类尺度的单元的和谐组合更深刻地体现了中国的特质,因为这在中国文明中是普遍而非偶然的实践,是一种工作规范而非美学理论。

① 亚历山大·蒲柏:《批评论》,缪灵珠译,载《缪灵珠美学译文集》(第2卷),章安祺编,中国人民大学出版社,1998,第17页。

② Joseph Needham, *Science and Civilisation in China*, Vol. 4: *Physics and Physical Technology*, *Part 3*: *Civil Engineering and Nautics*, Cambridge: Cambridge University Press, 1971, p. 65.

单元重复灵活地适用于各种不同的用途,现在也因其他原因在西方逐渐适应,因为它在现代科学实验室建筑中证明了其价值。"①当代研究者习惯于将这种"规范"视作传统,而这种传统在文化范畴内必然包含了自然科学的和感性的因素。反观18世纪英国园林中呈现的这些外在形式,似乎是一种对"标准化"或"范式化"的学习。这种"标准化"即对自然的认可,仅仅是中国风格的一种表征。欧洲人对其中"自然"的理解本质上仍然是一种机械的理性和模仿,一开始并不能通过这样的形式学习揭示其中人本主义的内涵。随着王致诚的书信在欧洲引起广泛影响,个人情感、自然和个性得到重视,启蒙时期的理性主义和古典主义的严格规范受到批判,一种真正自然、自由的品位才开始在文化艺术领域凸显出来。中国园林美学的引入,与18世纪欧洲自然观从理性秩序向感性自由转向的文化进程相契合,这种东方园林美学在欧洲文化语境中被赋予了彰显人文精神和自由理想的象征意义。

二、模仿的自然与自然的创造

所谓的"自然"(nature),不仅指代自然界,还包含"本质"的含义。在启蒙运动中,"自然"作为核心概念之一,为理性提供了评判其他观念和行为的标准。然而,这个词的使用存在一些不可避免的局限性。自然哲学的独特之处在于其进步性,即知识是累积的。与文学等领域不同,17世纪的自然哲学家不仅继承了古代的知识,还融入了新的发现和真理,但新定理必定绕不开旧定理的逻辑基础。这种累积性知识在几何学中尤为明显,"几何精神"确保了自然哲学在扩展人类知识和改善人类生活方面的持续进步。②因此,中国园林以其对自然的不规则性和随意性的强调打破了欧洲传统园林的对称和几何化布局,实际上在美学上为我们提供了一种"第二自然"的想象。它并非复制原初的自然,而是一种重新感知自然并创造自然的过程。

沙夫茨伯里(Shaftesbury)和约瑟夫·艾迪生(Joseph Addison)都对中式园林发表过自己的看法,但是因为两种对自然不同的审美认知,形成两种不同的中

---

① Joseph Needham, *Science and Civilisation in China*, Vol. 4: *Physics and Physical Technology*, Part 3: *Civil Engineering and Nautics*, Cambridge: Cambridge University Press, 1971, p. 67.

② 参见:托马斯·L.汉金斯:《科学与启蒙运动》,任定成、张爱珍译,复旦大学出版社,2000,第9-10页。

国观。沙夫茨伯里作为一个坚定的"排华"者,认为无须借助中国的范例来佐证他对原生自然的崇拜,也无须借助中国的例子来支持他对自然未经人为干预的原始美的欣赏。①在沙夫茨伯里看来,这种修养与个人品质息息相关,一个人若要成为有教养且有礼貌的人,其对艺术和科学的判断应基于正确的完美范式:

> 如果文明和人性是一种品位,而野蛮、傲慢和放纵同样也是一种品位,那么谁在反思后不会选择塑造自己为可爱和令人愉悦的形象,而不是可憎和乖戾的模样呢? 谁不愿意在这方面努力顺应自然,就像在其他艺术和科学的品位或判断中一样? 因为在每个领域,对自然的强制只是为了纠正它。如果我们内心没有形成一种自然的良好品位,为什么不努力去培养它,使其成为自然的一部分呢? ②

可见,沙夫茨伯里主张的"自然化"体现了最本质的美,这种美无法通过经验获得。他认为道德感源于直觉,而不是通过理性理解和谐、美、仁慈或真理而产生。因此,在他看来,是想象力,而非理性或经验(感觉),在塑造人们对世界的感知方面起了更为重要的作用。然而,与审美理性主义者相似的一点是,沙夫茨伯里认为,天意赋予人类强烈的自我利益以使其脱离上帝自然之美的想法是荒谬的。③相反,他坚持认为,真正的美和道德感是内在的、先天的,不依赖于外在的经验或功利性的动机,自然之美和道德之善是密不可分的统一体。人类通过直觉和想象力可以直接感知这种内在的美和善,而不需要通过理性分析或经验积累来理解。

既然自我利益从属于上帝的自然之美,我们也就理解了沙夫茨伯里对待欧洲"中国风"的态度。这些物觉由自我塑造,通过对自然力量的高度依赖,唤醒了乏味的想象力,最终实现与造物主的高度统一。沙夫茨伯里无法通过这种方式联想到一个可以与古罗马、古希腊在历史想象中的卓越地位相媲美的

---

① See: Hugh Honour, *Chinoiserie: The Vision of Cathay*, London: John Murray, 1961, p. 145.

② Anthony, Third Earl of Shaftesbury, "Soliloquy, or Advice to an Author", *Characteristics of Men, Manners, Opinions, Times*, Vol. I, Indianapolis: Liberty Fund, Inc., 2001, p. 208.

③ See: Karl Axelsson, "Beauty, Nature, and Society in Shaftesbury's The Moralists", *Beyond Autonomy in Eighteenth-century British and German Aesthetics*, New York: Routledge, 2020, p. 59.

古代文明。相反,这种态度会令人感到是一种刻意的标新立异,是物觉的哗众取宠。因此,"中国风"在沙夫茨伯里看来,最终成了搅乱文雅品位与低俗品位、经典与时尚浮华之间界限的典型代表。他继续写道:

> 印度的图案,日本的工艺、珐琅吸引了我的眼球。艳丽的色彩和光滑的涂料使我着迷。法式或佛兰德风格让我第一眼看了就非常喜欢,我追求这种喜好。但接下来会发生什么呢?难道我不会永远失去良好的品位吗?我怎么可能因此欣赏到意大利大师或那些以自然和古典为基础的艺术家的美呢?我所追求的目标和享受不是通过放纵和幽默来实现的。艺术本身是严肃的,规则是严格的。①

沙夫茨伯里担心这种瞬时的愉悦会削弱他对艺术的深层次理解和欣赏能力,而艾迪生则认为中国人在园林上表现的一种"天才"是"隐而不露",是被动地顺从了自然规律。正如王致诚所说,中国人"把艺术和良好情绪能够为大自然的宝藏增加的一切,都汇聚在一起了"②。这种理念体现了对自然的尊重和顺应,源于自然,又超越了自然。"隐而不露"的美学不仅在视觉上令人愉悦,更在精神上给予人启迪。艾迪生认为就这种景观所引发的想象快感而言,艺术品远不及自然景物,"自然"似乎在理念上就成了一位很合适的协调人。

艾迪生擅长通过探讨快感的来源,对自然景物和艺术品所引发的想象快感进行分析,不仅涉足传统的文学批评领域,还涉足雕刻、绘画、音乐等广泛的艺术领域。他在哲学上受到经验主义影响,同时也吸纳了重视理性的新古典主义思想。因此,他成为英国由经验主义向新古典主义转变,并拓宽美学研究领域的重要代表人物。艾迪生在1712年的《想象的快感》一文中提到了英国人对中国园林的这种表面化的认识,并借用了中国人的观点来讽刺英式园艺:

> 有些谈及中国见闻的作家,告诉我们说中国居民往往嘲笑我们欧洲人井井有条的园林,因为,他们说,任何人都会把树木栽成相等的行列和一律的样

---

① Anthony, Third Earl of Shaftesbury, "Soliloquy, or Advice to an Author", *Characteristics of Men, Manners, Opinions, Times*, Vol. I, Indianapolis: Liberty Fund, Inc., 2001, p. 209.

② 王致诚:《耶稣会士和中国宫廷画师王致诚修士致达索先生的信》,载《耶稣会士中国书简集:中国回忆录》(第四卷),杜赫德编,耿昇译,大象出版社,2005,第293页。

式。中国人却喜欢在这种性质的工作上表现一种天才，所以他们往往宁可使他们所遵循的艺术隐而不露。他们仿佛有一句成语来表示这一种一见就动人遐想而不知如此满意效果之所以然的园林美景。我们英国园艺家却绝不去顺其天然，反而喜欢尽可能地违背自然。我们的树木都成了圆锥形，圆球形，棱锥形，我们在每一丛林每一棵树上都可以见到剪裁的痕迹。我不知道我是否独持己见，但是至于我则宁可观赏一棵绿荫茂密枝影横斜的树，而不愿见它剪得整整齐齐成为几何图形，我也不能不这样想，一个百花齐放的果园就比任何尽善尽美的花坛迷园还要无限地引人入胜。①

实际上艾迪生所理解的中国园林中的"自然"不是客观的自然，而是中国人对自然园林的一种创造，这种创造是艾迪生认为英国人缺乏的一种想象。尽管欧洲园林风格同样隐含了欧洲人的观念，通过中规中矩、整齐划一的几何图形展现其理性，但这种风格似乎"违背"了自然，至少在模仿自然方面未能达到中国园林那种"引人入胜"的境地。艾迪生的"想象"观念一方面体现了理性的自我反省，另一方面将这些园林的外在表现视为自然法则的媒介。通过这种机制，中国园林的创造性更容易从情感层面被理解和接纳。

作为物觉的"中国风"被理解为自然的创造，这种自然是造物主和客观世界，通过不同风格的表现模式展现同一时期对同一物象品性的接受；作为理念和谐的"中国风"则被理解为创造的自然，或称"第二自然"，颂扬一种美的自然或人文的典范。这两种美学判识机制在一个互动与交融的环境中不断演进，对直觉的强调也为后来的浪漫主义运动提供了理解基础。查尔斯·巴托认为艺术的发现基于一种对待自然的态度，古人从未真正努力去寻找体验本身的构成规则，现代人只是偶然发现了它。"古人没有其他的榜样，除了自然本身；也没有其他的指导，除了他们未经训练的品位。相比之下，现代人以原始模仿者的作品为榜样，因为他们害怕违反已确立的艺术规则，结果产生了低劣和矫揉造作的复制品。这是对艺术的背叛，使得所有的优势都在自然一边。"②巴托

---

① 艾迪生：《想象的快感》，缪灵珠译，载《缪灵珠美学译文集》（第2卷），章安祺编，中国人民大学出版社，1998，第45页。

② Charles Batteux, *The Fine Arts Reduced to a Single Principle*, New York: Oxford University Press, 2015, p. 29.

认为这种对体验的放弃是对艺术的背叛。因此,体验被视作艺术发明和创造力的源头之一。体验对于艺术而言,就如同理解对于科学。它们的目标截然不同,但其功能如此相似,以至于可以用一个来解释另一个。科学的目标是真理,而艺术的目标是善与美。①自然体验的丰富性和广度直接影响艺术创作的独特性和创新性,而理解的深度则决定了科学探索的准确和实际意义。

18世纪的中后期,传教士仍然对中国的艺术充满了赞誉,但是此时在欧洲的"中国风"实际上已经接近尾声。英国乡村的翠绿整洁,安逸的"农家"生活会深深吸引到访者的目光,尽管观察者的观点未必是真相,但历史学家从未忽视这些观察。外国到访者通过他们的旅行和观察,对英国尤其是英格兰南部和中部的社会和自然环境形成了独特的印象,这些印象虽不总是准确,但与欧洲大陆的对比却是鲜明的。②在传教士蒋友仁神父的书信中我们看到了他们对中国园林美学的一种高度认可:"中国人在他们的庭园装饰中善于优化自然,这种艺术达到炉火纯青的程度,艺术家最受赞誉的境界是看不出他雕琢的痕迹,艺术与自然融为一体。"③书信写于1767年,然而艾田蒲(Rene Etiemble)教授的《中国之欧洲》则认为在1760年前后,法国对中国人的崇拜逐渐削弱。他在德·梅朗(de Marian)的书信中找到了证据,认为那时对中国的介绍已经不像伏尔泰那样热情洋溢且"一方面竭尽全力,摧毁中国人在任何方面都胜人一筹的神话,但同时又保持了某种分寸"④。在1730年巴多明神父(Dominique Parrenin)给德·梅朗的信中,这种对于自然的理解被解释为一种顺从,正是这种对自然的顺从被认为是阻碍科学进步的因素。

巴多明认为中国科学技术发展有局限性,并对其原因进行了反思,最终质疑中国科学和艺术是否真的起源于如此古老的时代。在他与德·梅朗的书信中也可见传教士的一种固有态度,认为中国人在思辨科学方面要远远落后于

---

① See: Charles Batteux, *The Fine Arts Reduced to a Single Principle*, New York: Oxford University Press, 2015, p. 30.

② 参见:埃里克·霍布斯鲍姆:《工业与帝国:英国的现代化历程》,梅俊杰译,中央编译出版社,2016,第13页。

③ 蒋友仁:《传教士蒋友仁神父致巴比甫·道代罗什先生的信(1767年)》,载《耶稣会士中国书简集:中国回忆录》(第五卷),杜赫德编,吕一民、沈坚、郑德弟译,大象出版社,2005,第133页。

④ 艾田蒲:《中国之欧洲》(下卷),许钧、钱林森译,河南人民出版社,1994,第343页。

欧洲人,他们虽然比世界的其他任何民族都具有足够的思想和理智,以促进这些科学的发展,但缺乏"一个能对之略作深化的人"。[1]这种深化,是一种"洞察力",一种意识上的突破。在巴多明的来信中是这样描述的:

一个强大和人口众多的民族,自古以来就全神贯注于一门科学,他们将科学作为其民族最重要的事情之一。皇帝的荣誉、财富和恩泽,与人们可以在那里完成的新发现相适应。这种科学仍处于摇篮之中,未获得长足发展,人们尚不了解其中最有意义的组成部分[……]中国的科学和艺术似乎不应该起源于如此古老的时代,或者是中国人是所有民族中在艺术和科学方面最为天生不幸的人,他们既无力于改进已有的科学技术,又不善于对它们进行创新。[2]

德·梅朗所言的这种创造力的缺失存在于科学和艺术的广泛领域,这些革命性的尝试和创新源自那种对现有制度和形式的突破,中国人对古老生存模式的顺从导致了创造力的缺失。这一观念与蒋友仁所言的"优化自然"存在相反的理解,德·梅朗没有把人独立为自然外的一种力量,而是将二者一体化来理解。因为在18世纪欧洲自然观的不断转变中,自然不再是需要被征服的对象,真正的创造力在于突破人与自然的二元对立,实现一种内在的和谐与统一。

第三节　作为理性的观看与作为科学的感知

一、观看机制与理性桎梏

18世纪的欧洲对中国传统绘画等视觉文本和观看机制表现出质疑。这些质疑主要体现在两个方面:一方面是自文艺复兴以来,欧洲绘画在技术表现上的坚持与中国艺术不同——欧洲对图形和图像客观呈现的规则性约束,中国

---

① 参见:巴多明:《巴多明神父致法国科学院院长德·梅朗先生的信(1730)》,载《耶稣会士中国书简集:中国回忆录》(第四卷),杜赫德编,耿昇译,大象出版社,2005,第38—40页。
② 巴多明:《巴多明神父致法国科学院院长德·梅朗先生的信(1730)》,载《耶稣会士中国书简集:中国回忆录》(第四卷),杜赫德编,耿昇译,大象出版社,2005,第39页。

艺术被揭示为不尊重客观真实的视觉错觉；另一方面是对感官所能感知到的某种品质，"中国商品"在欧洲人的视野中展现出"不成熟"的趣味引导，受到完善鉴赏力的质疑。这些质疑成为18世纪欧洲文化交往中排斥中国审美观念的重要评判标准。

我们试图通过欧洲的审美视角来评判中国艺术时，面临的一组核心矛盾在于如何调和感性直觉与理性分析之间的距离。这种矛盾可以追溯到对"发明"概念的不同理解。在西方传统中，发明常被视为一种理性操作的结果，通过逻辑推理和系统方法得出的创新。而在中国艺术中，尤其是当中国园林进入欧洲人视野后，发明更多地被视为一种灵感的迸发，是通过与自然和谐共处而获得的顿悟。

在近代早期哲学中，17世纪的方法辩论和18世纪的美学辩论围绕发明或天才展开，尤其是发明的方法或艺术，尽管它们是现代性兴起的核心，但其连续性尚未得到充分研究。[①]从文艺复兴时期开始，人们越来越意识到人类创造新奇事物的能力超出了古人的想象，这种意识促使了关于方法的辩论。方法辩论实际上是关于发明和现代意义上的天才的辩论。随着时间的推移，这种对人类创造力的重新认识不仅影响了科学和技术领域，也深刻影响了对艺术和美学的讨论，进而催生了18世纪关于美学的辩论。在这些辩论中，中国体认被视为理解人类创造力的关键，也是矛盾最为明显的美学话题。

乔瓦尼·巴蒂斯塔·维柯（Giovanni Battista Vico）在他的《新科学》中质疑一种中国的观看模式，对中国绘画进行了批判：

> 尽管因为天气温和，中国人极具精妙之才，创造出很多精细的事物，但至今绘画中还不会用阴影。只有用阴影绘画才可以突出高度强光。中国人的绘画却无深浅明暗的区分，所以最粗拙。至于从中国传来的塑像也说明在浇铸（或雕塑）方面中国也与埃及人一样生疏。[②]

虽然维柯的观点带有明显的文化偏见，通常基于西方艺术传统并设有一

---

① See: Stefanie Buchenau, *The Founding of Aesthetics in the German Enlightenment: The Art of Invention and the Invention of Art*, Cambridge: Cambridge University Press, 2013, p. 15.

② 维柯：《新科学》，费超译，京华出版社，2000，第69页。

些普遍适用的标准，但其根源在于他作为"理性而成熟"的科学观念逻辑的维护者，依据了欧洲近代早期的机械理性主义，强调通过理性分析和逻辑推理来获得确定的知识。维柯最初学习了风靡那不勒斯的笛卡尔哲学，与大部分同时代的哲学家、美学家一样，接受了笛卡尔的逻辑主义和合理主义。但是他同时又认为人类历史和文化不能仅仅通过理性来理解，也要强调感性、情感和想象力在理解人类行为中的重要性。

维柯认为异教民族的原始祖先通过想象力进行创造，与神的纯粹理智创造不同，他们被称为"诗人"，意为创造者。[①]他所倡导的诗性智慧也基于一种具体的科学范式，这种诗性智慧就是重视创造性想象力在理解和解释世界中的作用。古代诗性智慧源于一种粗糙的玄学，发展出逻辑学、伦理学、经济学、政治学和物理学等学科，均具有诗性特征。通过这种智慧，异教人类创造了神话、语言、社会结构和宇宙观，形成了人类历史的基础。[②]"创造力"（发明）是一个多元的概念，它不仅涵盖了艺术创作中的灵感和直觉，还涉及哲学和科学中的创新思维。维柯的诗性智慧强调了创造力在知识体系中的核心地位，认为通过想象和创造，人类能够超越经验的限制，探索未知的领域。

既然想象力和创造得到了承认，鉴赏力便在18世纪的理性主义语境中被视为一种能力，在广义上涉及可感知的事物，即那些被了解的事物，是通过感官的判断来实现的。典型的就是鲍姆嘉通所坚持的"广义上的体验是关于感官事物的判断，即那些被感知到的事物。它归因于感知待判断对象的感官器官，如眼睛或耳朵。判断力通过灵魂的力量来表现宇宙，认识到世界上的一切都是部分完美和不完美的。错误的判断是判断的失误，倾向于失误的判断被称为草率判断，导致品位的腐化"[③]。同时，鲍姆嘉通还认为判断力避免失误的能力在于其成熟性，这种判断力的成熟即非凡的鉴赏力是更纯粹的，也是可以后天习得的。[④]根据这种逻辑，审美判断是可以借助科学知识和经验来完善

① 参见：维柯：《新科学》，费超译，京华出版社，2000，第137页。

② 参见：维柯：《新科学》，费超译，京华出版社，2000，第134-135页。

③ Alexander Baumgarten, *Metaphysics*: *A Critical Translation with Kant's Elucidations*, *Selected Notes and Related Materials*, London and New York: Bloomsbury Academic, 2013, p. 224.

④ See: Alexander Baumgarten, *Metaphysics*: *A Critical Translation with Kant's Elucidations*, *Selected Notes and Related Materials*, London and New York: Bloomsbury Academic, 2013, p. 224.

的,但科学和经验并不作为审美判断的唯一要素。尽管在哲学思考上这一道理是清楚的,但是现实中并没有对中国所带来的体验给予相应的理解,因而造成了两种物觉理解上的矛盾和困惑。

一方面,技术理念上的不同并不能代表经验的滞后,欧洲自身就有这种先例。拜占庭文化在罗马政府和基督教的影响下形成,主要继承了经过改造的希腊文化传统。"透视技巧曾在古典时代被艺术家们发展到极致,但在那个新兴时代的艺术家们看来,这些技巧不再那么重要(正如它们后来对现代艺术家们也不那么重要)。晚期帝国的艺术家们在作品中减少了对物理现实的强调,用丰富、闪烁的色彩装饰他们的作品,传达出一种天堂般的光辉和宗教的庄严感。"[1]另一方面,一些显著的证据表明,中国曾经吸收了欧洲的几何学知识,学习了透视法。16世纪利玛窦已经以上帝之名将透视法送到了中国。徐光启翻译的《几何原本》中就有这样的记载:

> 其一察目视势,以远近、正邪、高下之差照物状,可画立圆立方之度数于平版之上,可远测物度及真形,画小使目视大,画近使目视远,画圆使目视球,画像有坳突,画室屋有明暗也。[2]

因此,在维柯生活的时代,中国已经接触并部分吸收了西方的透视法和几何学知识。尽管中国艺术家精通这些技法,但他们在作品中是否运用这些技法更多地体现了审美选择,而非技术能力的不足。事实上,这是一种关于艺术"发明"观念或者创造力在表征上呈现的矛盾。这种视觉矛盾的观念为当时的欧洲提供了一个典型的例证,以解释绝对的理性对艺术发明理解的局限。

"立体造型"在中国艺术中一直是陌生的概念,尽管明暗法和凹凸法早已通过佛教艺术传入,但一直被视为外来技术,仅用于外来题材。18世纪,欧洲透视法和光影明暗法再次引起中国人的兴趣,年希尧在意大利耶稣会士郎世宁的帮助下撰写了《视学》,介绍西方绘画技法。[3]中国绘画策略的不成熟与其

---

[1]　Judith M. Bennett, *Medieval Europe*: *A Short History*, New York: The McGraw-Hill Companies, Inc., 2010, p. 56.

[2]　利玛窦述:《几何原本》,徐光启译,王红霞点校,上海古籍出版社,2011,第7页。

[3]　参见:迈克尔·苏立文:《东西方艺术的交会》,赵潇译,上海人民出版社,2014,第65页。

多角度空间特征之间的修辞联系,成为欧洲人对中国艺术总体印象的一部分。这些印象几乎完全是通过瓷器和其他出口到西方的装饰品上的装饰形成的。1755年,英国学者詹姆斯·马里奥特(James Marriot)指出,中国绘画常常违背事物的真实,使用虚假的光影、透视和比例,色彩鲜艳,缺乏表达和意义。多视角技术通过将瓷器表面的白色融入画面,统一材料与装饰,强化了欧洲观众眼中的"中国性",尽管这种空间描述被认为是"虚构"的。①在18世纪的中欧交流中,与科学打交道的技术实践者成为最先受到视觉发现冲击的人。在传教士的宣传下,透视法得以进入宫廷,并在清宫发展为"通景画",踏入了传统中国绘画未曾涉足的领域。通景画打破了在物理层面上将观者与被识别为画作的物质对象联系起来的预设,使客观世界无缝地延续到画作中,挑战了中国传统观看习惯和主流格式(如卷轴、册页、扇面和屏风)的媒介特性,并未流行开来。相对而言,当带有浓厚宗教意味的自鸣钟被引入宫廷时,迅速赢得了人们的喜爱。这不仅因为其外观采用了中国风物的造型,更本质的原因是内部机械结构——一种内置的"理性"。欧洲人将这种内在驱动机制视为统治艺术品的核心价值。

　　所谓对中国的美学发现有两种理解。第一种仅仅是形式上的,是欧洲观看机制的一种自身的投射,"中国艺术"只是一个形式上起到参照作用的概念。第二种是对创造力的理解上,欧洲启蒙时代自然观、宇宙观的科学判识模式以获取可靠的知识为前提,并用这种认识世界基础的"经验"来解释自己目之所及的真实。建立在理性之上的"参照"逻辑反过来也被传教士用在中国,是可以将某种实践经验转化成理论体系的,成为耶稣会士深信不疑并试图通过艺术交流想要帮助中国人实现的认知。

---

① See: Stacey Sloboda, *Chinoiserie: Commerce and Critical Ornament in Eighteenth Century Britain*, Manchester: Manchester University Press, 2017, p. 24.

图1-3　通景画《桐荫仕女图》屏　北京故宫博物院藏

自来华传教开始,耶稣会的领导者就意识到视觉艺术在其传教事业中扮演的重要角色。在他们前往中国、巴西、印度、日本及东南亚进行布道传教的过程中,绘画与图像逐渐成为关键的传播媒介。几位才华横溢的耶稣会士艺术家,如郎世宁、王致诚和艾启蒙(Jgnatius Sickeltart)等较为活跃,在18世纪的清朝宫廷工作,建立了中西绘画风格的互鉴基础。尽管这些耶稣会士画家与宫廷艺术联系密切,但人们倾向于认为他们创作的作品很少流传到更广泛的民众中。而事实上同一时期苏州制作的一种流行奢华版画,展现了西方强烈的影响。①除了传教,更重要的是宣扬欧洲的理性。"中国风"是基于视觉经验力量而形成的一种经验观念的主体,瓷器等中国风格物品和装饰在感知"中国"层面发挥了重要作用,是因为物觉本身是建立这种经验的基础,尽管这是美学层面的认识,但在18世纪的更多交流中有着决定性影响。如果说视觉(感觉)经验限制了想象的结构和内容,那么观看形式上的差异不仅导致了内容的差异,也造成了感知能力的差异,最终造成了知识上的困惑和矛盾。日历、时钟、天文学图解等科学产物的使用者意识到的可能只是可以被感知的一个虚

① See: Hiromitsu Kobayashi, "Suzhou Prints and Western Perspective: The Painting Techniques of Jesuit Artists at the Qing Court, and Dissemination of the Contemporary Court Style of Painting to Mid-Eighteenth-Century Chinese Society Through Woodblock Prints", *The Jesuits Cultures*, *Sciences*, *and the Arts*, *1540-1773*, Toronto, Buffalo and London: University of Toronto Press, 2006, p. 262.

构时空,艺术创造虽不足以解释物质现实的本质,但在一种被感性保留和确认的现实当中,成为科学想象力的有力证据。

二、心灵的工具与感知的规则

美的创造意义强调完善原则的重要性,也强调这一原则与人类体验之间的结合度。除了审美理性主义者之外,英国的沙夫茨伯里所提出的"赋予形式的形式",强调真正的美是内在的,它通过外在形式表达出来;威廉·荷加斯(William Hogarth)强调的"美的线条",认为形式能够引发观者的视觉愉悦和情感共鸣。机械化美学知识与创造性意义的融合,审美原则与个体体验之间关系的同化,成为18世纪启蒙知识建构中一项重要的任务。

这项任务与欧洲中国观之间的交集,是一条埋藏较深的线索。它不仅是视觉传统的互视,也与人类心智的揭示相关。中国传统重视艺术作品的诗性,强调语言和图像背后的深层意义。在西方人视野中,中国的诗歌、书法、绘画、建筑、陶瓷、音乐等领域有一个核心特质,即重视作品中的诗意暗示性,比如强调"言外之意"和"象外之象",这种特质可以通过比喻性的语言观察到,首先是由自然图像决定的,其次才是关注语言和图像背后的意义。[1]这种审美取向相较于自文艺复兴以来在欧洲绘画中占主导地位的线性透视法或以模仿为基础的创作方法,增添了一种暗示性的特质。由于无法仅凭理性这一单一工具来分辨,一旦文化环境发生变化,具有强烈隐喻功能的文学作品在通过图像呈现时,其艺术载体的社会艺术功能也随之消失。

通过戈特霍尔德·埃夫莱姆·莱辛(Gotthold Ephraim Lessing)在《拉奥孔》里提出的问题,我们可以看到18世纪的美学家看待这种暗示性特质的一般逻辑。莱辛写道:"是否艺术家所运用的每一个细节就都可以移到诗人的作品里去而还能产生同样好的效果呢?无可怀疑,答案是肯定的;因为凡是我们在艺术作品里发见为美的东西,并不是直接由眼睛,而是由想象力通过眼睛去发见其为美的。"[2]因此,通过对想象力(发明创造力)的强调,艺术家能够超越现实的限

---

① See: Karl-Heinz Pohl, "Identity and Hybridity - Chinese Culture and Aesthetics in the Age of Globalization", *Intercultural Aesthetics*: *A Worldview Perspective*, 2009, p. 89.

② 莱辛:《拉奥孔》,朱光潜译,商务印书馆,2017,第44页。

制,创造出新的美学体验和意义。对观看的理解被认为是鉴赏家的专属领域,在18世纪被看作一种个性化的能力,而非一种普遍的意识。同样,约翰·戈特弗里德·赫尔德(Johann Gottfried Herder)也会认为,"一切太早地强制的循规蹈矩,都是有害的,而且永远是有害的,就像人们在埃及和中国的规定的和他律的(seinsollenden)审美趣味之上所看到的那样。创造者确实首先让混乱酝酿完成,并且仅仅通过内在的自然法则使世界发展达到和谐、秩序和美"①。继而,审美趣味只有通过天才,通过训练的自然力量才可能形成。可见,欧洲鉴赏家的任务是让想象力通过眼睛去发现,能够深入理解和欣赏这些新的审美维度,以看的方式揭示作品中的深层次的社会(科学)基础。

这种理解想象力在理性主义传统中来自人类对灵魂或心灵的思考。17世纪中叶,笛卡尔对灵魂与自然的关系进行了进一步思考,以完善自己的认识论哲学。笛卡尔认为"欣赏"可以实现人类对美好的渴望,自然在人类中植入了一种不完美的感觉,"完美的东西"则试图通过想象在"另一个自我"身上得以实现,以实现最终的完美。②这种观点不仅揭示了感知与心灵之间的深刻联系,也强调了想象力在感知过程中的重要作用。在笛卡尔那里,身心的二元论将纯粹的理性和人的感官完全割裂开来,在想象产生时,人的精神转向物体,并在此基础上迎合感官得来的观念。③精神通过想象与物体紧密联结,但这种想象并不提供物体存在的必然性证明,只是猜测物体可能存在;而感官感知的颜色、声音等观念虽不清晰,却更容易通过记忆和感官进入想象。

在莱布尼茨和沃尔夫的哲学中,他们都强调对感知原则的重视,并且多次提到这是科学的一部分,但在18世纪的知识语境中,"科学"一词包含了更多不同的意义。沃尔夫始终承认上帝、人的灵魂、身体的共存,在通过经验找到并承认存在"肉体"和"灵魂"两种状态之后,也就承认了肉体和灵魂的创造者,通过祂的力量产生了这两类存在。在进行哲学思考之前,通过自我考察所认识的存在就是上帝、人的灵魂和身体④——在这个不变的存在原则的基础上,哲

---

① 约翰·哥特弗里特·赫尔德:《赫尔德美学文选》,张玉能译,同济大学出版社,2007,第96-97页。

② 参见:勒内·笛卡尔:《论灵魂的激情》,贾江鸿译,商务印书馆,2017,第57-58页。

③ 参见:笛卡尔:《第一哲学沉思集:反驳和答辩》,庞景仁译,商务印书馆,2017,第81页。

④ See: Christian Wolff, *Preliminary Discourse on Philosophy in General*, New York: Bobbs-Merrill, 1963, p. 33.

学作为一门科学,它所处理的事物也就应该是从某些不可改变的原则中以合理的顺序推断出来的知识。①因此,如何符合上帝(肉体和灵魂的创造者)的第一原则,也就成了弄清人类"感觉"科学的前提条件。

关于心灵之于鉴赏力的作用,经验主义哲学提出了一种关于物觉的解释。乔治·贝克莱(George Berkeley)认为感官不论如何组合,如何混杂,也始终必须依托心灵而存在,"存在"必须是有色有形的看得到的或者能感触到的,离开知觉的绝对"存在"是完全不可理解的,所谓存在(esse)就是被感知(percepi)。②他在《视觉新论》中论述道:

> 要想精确地、不混淆地来研究视觉,则我们应常常记得,眼所摄取的对象可以分为两类,一是原始的,直接的,一是次等的,借助于前者的媒介的。第一种物象事实上既不是,外表上亦不是,在心外的,它们并不在远处。它们诚然可以变得较大、较小、较纷乱、较明白、较模糊,不过它们并不,而且亦就不能,走向我们或远离我们。任何时候,我们所以说,一个物象是在远处,我们所以说它走近或走远,我们一定是指后一种对象而言。这一种对象本是属于触觉的,它们并不真正为眼所知觉,只是为眼所暗示的,就如耳之能暗示思想于心中似的。③

通过强调感知的主观性和感知对象的独立性,贝克莱暗示了物质世界的存在是通过心灵的感知来实现的。这种彻底的唯心主义立场挑战了传统的实在论观念,认为物质世界的存在依赖于被感知的状态。但是通过这种特殊的哲学视角,我们可以洞察观看机制中的主观性和感知的相对性。贝克莱的视觉论点中,所见与感知并不相同,他认为人们所认识到的一切可感知的东西,都是自然的、实在的存在,而这些我们借感官所感知的东西,是不能独立于观念或感觉的。对于在绘画中描摹那些相类似的东西,贝克莱明确否定了心灵以外的东西可以存在于一种不能思考的实体中,理由是一个观念只能和观念

① See: Christian Wolff, *Preliminary Discourse on Philosophy in General*, New York: Bobbs-Merrill, 1963, p. 44.

② 参见:贝克莱:《人类知识原理》,关文运译,商务印书馆,2017,第23页。

③ 贝克莱:《视觉新论》,关文运译,商务印书馆,2017,第22页。

相似,并不能与别的任何东西相似。这就构成了一种抽象,物质原始的性质和其可感知的性质不可分离,且只存在于人的心灵中。

综合上述观点,无论是理性主义还是经验主义传统,在视觉机制中都强调了心灵的核心作用。现在我们回到中国的通景画的观看逻辑中,来看在个体体验中,两种审美理解在过程观念上的差异。在《视学》中,年希尧对感知和认知之间的关系做出了核心陈述,将其牢固地置于"看见"和"知道"之间一一对应的既定先例中。书中写道:"又如芥子最小,置之远处,蓦直视去,虽冥然无所见,而于目力极处,则一点之理仍存也。由此推之,万物能小如一点,一点亦能生万物。"①他的"视觉"概念中描述的两种极限——视觉极限和空间极限,"小"与"大"的鉴别是通过所见世界之物体与眼睛和心灵的关系来实现的。具体说来,是心灵将对物体的感知和想象反馈给了眼睛,空间感是主观想象领域的延伸。但是在18世纪欧洲的观看机制中,形式性观看仅仅归纳了我们看到的许多物体的相似性。物觉,作为物质所能展现的特征,虽然同样需要心灵的揭示,但是它的目的是工具化的,而并非创造力本身。感知被视为一种预定规则,人的创造要适应于这种规则,从而形成了对客观世界的理解方式。

审美理性主义传统认为只有理性才能建立可靠的规律,莱布尼茨认为人与动物在观看方式上的第一个本质区别就是人通常可以凭借理性而无须通过看就能获得实际经验到影像之间的感性联系,从而预见事物的发生,动物则只能归结到影像之间的感性联系,人和动物是通过这种有必然真理的内在原则的东西而区别的。②通过文艺复兴时期到18世纪早期哲学领域中对视觉表征的研究,想象力已经不仅仅局限在视觉文本中来理解,而是作为一种工具,通过空间构建和人类视觉机制在感性逻辑上进行拓荒。

所谓的发现,即视觉审美的本质在于通过视觉感知艺术作品或自然景观所引发的情感和认知体验。这种体验不仅涉及对形式、色彩、构图等视觉元素的欣赏,还包括对作品所传达的情感、思想和文化内涵的理解。亚里士多德在《诗学》(Poetics)第十一章中即界定了"发现"(discovery)一词的含义:从不知到知的转变。在悲剧中,亚里士多德指出:"发现,如该词本身所示,指从不知到

① 参见:年希尧撰《视学》清雍正[1723—1735]。
② 参见:莱布尼茨:《人类理智新论》(上),陈修斋译,商务印书馆,2017,第6页。

知的转变,即使置身于顺达之境或败逆之境中的人物认识到对方原来是自己的亲人或仇敌。"[1]他认为最佳的发现是与突转同时发生的,只有这样才能引发怜悯或恐惧。这种发现体验涉及感官与理智的双重互动,令个体能够在感知与理解之间架起桥梁。后来,培根提出了一种以实用性为衡量标准的方法,并批判了哲学继承的古代传统科学观和逻辑体系。他认为,过去从未有人认真地通过系统化的实验程序,从感官出发,为人类理解力开辟道路;相反,很多科学探索迷失在传说、争论、机会和混乱的经验之中。人们在试图发现新事物时,首先查看他人以前的观点,然后依靠个人的智慧和逻辑进行思考。然而,这种方法缺乏基础,只是基于意见,逻辑在科学发现中并不直接起作用,因为它主要用于检定和发明原则,而不是真正的发现。[2]而"莱布尼茨-沃尔夫传统"并不像培根那样完全否定了古代的逻辑,只是认为传统逻辑是不完整的,它们的价值仍然可以通过修正被体现出来,但前提是传统逻辑必须建立在坚实的、经过数学验证的概念之上,只有这样才能提供发现的工具。鲍姆嘉通最终整合了这些观点,他认为逻辑并不是所有形式的知识的工具,而只是形式的知识工具的一种,这种知识依赖于更高级的认知能力,通过我们感官获得知识的工具,将会是一种完全不同的工具,那就是美学。[3]

启蒙运动对理性与人本主义的重视奠定了美学评判的基本原则。雕塑、绘画、音乐和诗歌分别被视为触觉、视觉、听觉和想象领域的艺术形式,任何美的创造都需要通过外在形式表现,并依赖特定的感官器官来揭示其美感。它透露出凭借观感以解释现实世界的理解方式,"中国观"为启蒙运动提供了理解世界的不同方式。无论是不是符合基本的知觉(观看)科学方法,只要当视觉(绘画)的与非视觉(文学)的艺术共同描绘一种图景时,需要对一种暗示性的意义进行理解和发现时,心灵才会出于对艺术原则和宗教约束之间的共通点去找到自身存在的合理性。

---

① 亚里士多德:《诗学》,陈中梅译注,商务印书馆,1996,第89页。

② 参见:培根:《新工具》,许宝骙译,商务印书馆,2017,第64—66页。

③ See: Frederick Beiser, *Diotima's Children: German Aesthetic Rationalism from Leibniz to Lessing*, New York: Oxford University Press, 2009, p. 132.

第二章

从道德理解到审美判断

时间的消逝隐没了万象,却从未中断中国人的源流。大多数民族的古代历史只不过是由传说故事编缀而成,这些故事或是出于想象的虚构,或是源于国家形成以前的无知与野蛮状态。

——[法]弗朗斯瓦·魁奈

1721年,沃尔夫发表题为"论中国人的实践哲学"的演讲,认为孔子的道德箴言证明了自然理性能够获得道德真理,致使他与虔诚的神学家们的矛盾公开化。[①]在沃尔夫看来,只有"制度完善的国家中致力于良好社会风尚的人"才能够从事哲学工作,"哲学的真正基础就是与人类理性的自然性相一致的东西,违背人类理性的自然性的东西不能被看作是真正的基础"[②]。他认为中国人已经发展出了一种令人羡慕的实践哲学,而不需要任何神启。在这种实践哲学中,人的自主意识得到了彰示。根据沃尔夫对这种实践哲学的理解,人类心灵可以通过研究万物的本质来形成对善与恶的判断,从而有利于使所有行为的目标趋向于完善和最终的完美。这构成了理性主义传统中的一种普遍的实践哲学理想。在这种理想中,中国最具吸引力的部分在于,它通过关注人类

---

① See: Christian Wolff, *Preliminary Discourse on Philosophy in General*, New York: Bobbs-Merrill, 1963, p. vii.

② 夏瑞春编:《德国思想家论中国》,陈爱政等译,江苏人民出版社,1997,第32页。

的自然情感,为在政治和宗派冲突中饱受苦难的欧洲提供了一种理性主义的解药。

回到沃尔夫的哲学体系,哲学被分为三个部分:第一部分讨论上帝,第二部分讨论人的灵魂,第三部分讨论身体或物质。沃尔夫认为,在进行哲思之前,人们并不知道有哪类生物是哲学的适当对象,对上帝承认所依靠的可能理由,就像承认灵魂和身体之间的区别一样,因为人们进行哲学思考的目的在于获得某种确切知识,以应对那些通过感官和自我反省而混乱知晓的事物。[1]这种思考揭示了启蒙理性中这样一种倾向,即通过系统研究来获取确凿知识,以解决感官和自我反省所带来的混乱和不确定性。在沃尔夫看来,哲学的任务不仅是理解世界的结构和本质,还要为人类提供一种能够指导行为和决策的理性框架。这种知识传统重视对自然法则和道德原则的理解,既然人类理性具有内在的一致性和普遍性,那么也就能够通过对自然和社会现象的研究,发现普遍适用的道德真理。这种思路不仅反映了启蒙时代对科学的信任,也体现了对人类自主性和道德能力要求的新高度。

在英国,神学为人类高于自然的优越性提供了道德基础,主流宗教传统不认同许多东方宗教仍然保留的那种对自然的敬畏,科学的努力也以自然的存在来研究其自身,以获得一个为人类所支配的祛魅世界。[2]但是18世纪的自然观发生了转向,人们逐渐意识到,支配自然、盘剥自然的行为与道德感、审美感格格不入,东方的自然观重新被重视和理解。对人类优越性的批判与反思来自人类心智所兼有的良心和信仰本能。相对于动物,人类被视为拥有不朽灵魂的躯体,也正是一种高度的道德信仰和责任感,使得人们在对待自然的态度上表现出独特的审美和伦理观念。

---

[1]　See: Christian Wolff, *Preliminary Discourse on Philosophy in General*, New York: Bobbs-Merrill, 1963, pp. 33-34.

[2]　参见:基思·托马斯:《人类与自然世界:1500—1800年间英国观念的变化》,宋丽丽译,译林出版社,2008,第12页。

第一节　道德理解的两种维度

一、超自然的出发点

近代早期,非理性或经验(感觉)在塑造人们对世界的感知方面起到了至关重要的作用。以基督教为底色的欧洲,对中国风俗的评判伴有民族优越感和非宗教文化接受等问题。宗教信仰的深层根植性,使得域外视角难以在短时间内彻底融入人们道德理解的机制。特别是入华的传教士,往往倾向于以一种欧洲理想化的标准来衡量中国的民间信仰、艺术和科学。他们大多数在进入中国之前受过良好的艺术、神学和科学教育,一种对完美神学的道德理想的追求,以及启蒙时代对自然、人类生存的全面认识决定了他们对中国的一般性评价。同时,关于和谐、美、仁慈和真理理解的宗教视角,也影响了文化互视之间的自然观想。

1701年到达中国的传教士沙守信(Emeric Langlois de Chavagnac)在到访中国后指出了中国民间信仰、科学和艺术的诸多"弊端",他在书信中写道:

> 中国人瞧不起其他民族是最大的障碍之一,甚至在下层群众中也有这种情绪。他们十分执著于他们的国家、他们的道德、他们的风俗习惯和他们的学说信条,他们相信只有中国才配引起人们的注意。当我们指出他们崇拜的那些菩萨的荒唐时,当我们使他们承认基督教是伟大的、神圣的和颠扑不破的宗教时,他们似乎准备入教了,但事实远非如此[……]在科学和艺术上,尽管他们远远达不到欧洲那样的完美程度,但从来都不能说服他们照欧洲的方法做。为了让中国的建筑家们按欧洲的风格建造我们在皇宫里的教堂,甚至必须动用皇帝的权威。[①]

沙守信的书信提供了传教士对中国体认的具体实例,科学和艺术上的差异揭示了东西方之间理念上的隔阂,也揭示了中欧交流中文化互视的多层次性。尽管中国在某些领域具有独特的成就,但在传教士眼中,这些成就远未达

---

① 沙守信:《耶稣会传教士沙守信神父致本会郭弼恩神父的信》,载《耶稣会士中国书简集:中国回忆录》(第一卷),杜赫德编,郑德弟、吕一民、沈坚译,大象出版社,2005,第242页。

到欧洲的"完美"标准。传教士们试图用理性时代的观念来改进中国的技术和艺术，但这遭遇了中国工匠和建筑家们的抵制。这种抵制不是对技术方法的拒绝，而是源自一种对信仰侵蚀的防范。对中国建筑等美学的判断不仅关乎自然科学的基础，更是一种宗教体验的方式，一种超自然视角，它始终需要深刻地体验和理解上帝的存在和话语。

在这个与宗教信仰和神学密切相关的领域内，所谓的"完美标准"是一个完全宗教化的观念，既体现了欧洲古典主义的美学理想，又带有神圣天主教帝国主义的文化色彩。虔诚的路德教徒约阿希姆·朗格（Joachim Lange）及其同僚在给西格蒙德·雅各布·鲍姆嘉通（Siegmund Jacob Baumgarten）的信中提到，"品位"远不只是日常用来描述习惯性偏好的隐喻，而是精神上的品位：一种体验上帝话语的超自然力量的经历，从而获得一种活跃的、实际应用的精神真理的知识，这一切都是通过遵循"感知之道"发展而来的。①可见，一种引起智力认同但无力改变信众心灵的哲学语言，遭到了神学家们深深的怀疑。对中国持有批判态度的神学家和哲学家首先在自然观上否定中国，认为这种不依靠"神启"的自然观念不能带来完善的认识，而与之相对的是沃尔夫等人，认为孔子的道德箴言证明了自然理性能够获得道德真理。

弗拉维斯·格拉提安（Flavius Gratianus）的《教令集》（*Decretum Gratiani*）以一个基本命题开篇："人类社会的治理有两种方式，要么通过自然法，要么通过不成文的风俗"——要么通过自然，要么通过第二自然；这是西方社会思想的一个前提，不仅早于而且超越了中世纪的基督教表述。②"风俗"在近代早期的欧洲并不受到重视，被路德和加尔文等宗教理论家所指责，自然法则主导了启蒙运动时期的社会思想，莱布尼茨等人希望将理性和"自然秩序"带入欧洲"风

---

① See: Simon Grote, "From Spiritual Taste to Good Taste? Reflections on the Search for Aesthetic Theory's Pietist Roots", *Beyond Autonomy in Eighteenth-Century British and German Aesthetics*, New York: Routledge, 2020, p. 169.

② Donald R. Kelley, "'Second Nature': The Idea of Custom in European Law, Society, and Culture", *The Transmission of Culture in Early Modern Europe*, Philadelphia: University of Pennsylvania Press, 1990, p. 133.

俗”的荒野。①宗教实践致力于对自然的研究，一方面是为了获取可靠的文化背景，以更好地理解和思考中国的风俗；另一方面则是为了探索自然本身的创造力，为主体性和原始创造力实践寻找条件。1730年，巴多明神父在致法国科学院院长德·梅朗先生的信中写道：

> 我们的科学经常都处于默默无闻之中，更多地则是处于贫乏中，几乎始终都是游移不定的，但它们仍然超越了中国人的这些科学，它们在如此之多的世纪间始终被捧上了天。我清楚地看到，正是同样的才智才使中国人成了一个善于施政的、非常珍惜国家荣誉和关心国运昌盛的、特别善于自我以其驯服及其天性之恬静而感到幸运的民族，这种才智使中国最大可能地背离了精明的洞察力，这种充沛的活力和这种对于过去与未来的焦虑不安，人们均称之“好奇心”，这可以大幅度地推动科学的发展。②

在传教士巴多明看来，中国的不同自然风俗让他们在某种程度上偏离了推动科学发展的精明洞察力和好奇心。18世纪旅华传教士的观点虽然承认了中国人在治理和社会组织方面的才智，但他们将创造力狭隘地定义为科学突破，我们通常认为这是忽视了中国在文化、艺术和哲学等领域的独特成就的后果，但实际上传教士的偏见和文化优越感常常来自一种非理性的经验或认知。例如尼古拉·马勒伯朗士将“理”解释为中国特有的物质观念，他在书中写到中国人持有的观点：“理是永恒地存在于气中，它做成气并且把气安排在我们所见的这种完美的秩序之中，它也光照着这一部分净化了的、有机化了的气的这种至高无上的真理、智慧、正义……”③“气”代表物质世界，而“理”则是永恒存在于物质中的秩序和原则，赋予物质世界以完美的秩序。这种哲学观强调经验的重要性，认为真理、智慧和正义是通过对物质世界的观察和理解而获得的。而在“莱布尼茨-沃尔夫传统”中，也强调灵魂的物质性，它的感知与它所

---

①　See: Donald R. Kelley, “‘Second Nature’: The Idea of Custom in European Law, Society, and Culture”, *The Transmission of Culture in Early Modern Europe*, Philadelphia: University of Pennsylvania Press, 1990, p.154.

②　巴多明：《巴多明神父致法国科学院院长·梅朗先生的信》，载《耶稣会士中国书简集：中国回忆录》（第四卷），杜赫德编，耿昇译，大象出版社，2005，第38—39页。

③　庞景仁：《马勒伯朗士的“神”的观念和朱熹的“理”的观念》，冯俊译，商务印书馆，2005，第199页。

属载体的运动是和谐的,但它除了上帝以外,不接受任何外部物体的因果原动力。神学体系在18世纪欧洲感知东方世界的过程中仍然处于指导地位,它虚构的世界观指导了当时一切的思想基础和行为规范。这种神学体系不仅影响了传教士对中国文化和科学的理解,还塑造了他们对审美创造力的看法。传教士们往往从宗教和神学的视角来解释和评判中国的文化成就,而不是真正从科学和理性的角度出发。

巴多明在书信中质疑中国人表现出的无神论个体倾向,在一种言行不一致的现象中依然显示出对神灵的信仰:

> 我尚未见过在实际中是无神论者的中国人。我们有时发现,有人认为中国人在争执中会表现出无神论来,特别是当有人对他们略施压力的时候更为如此[……]我甚至还可以补充说,那些希望表现为无神论者的人数很少。如果他们之中的某些人于其书中试图完全从相貌上来解释一切,直至从死人和神鬼的外貌上进行解释,而未曾使用作为万物之创造者最高的神,那么他们就会抱怨其想法远未被沿用,而是被人们抛弃了。[①]

可见,在传教士对于信仰理解的结构中,无论是中国还是欧洲,社会压力、文化传统以及对宗教仪式的依赖,迫使人们在实际生活中仍然遵循宗教信仰,从而遵循于一个"造物主"。就像伏尔泰理解的那样,宗教是统治者加以利用的统治工具,他认为"孔子之前不久,老聃创造了一个相信魔鬼、符箓和方术的教派。公元前500年,中国曾存在一个类似伊壁鸠鲁派的教派……""中国容忍这些教派以供平民百姓之用,就像给他们一些粗糙的食物来养活他们一样,而与平民隔绝的官员士绅则享用精细的食品,似乎平民百姓不配有一种合乎理性的宗教似的"[②]。欧洲传统对中国自然和风俗的整体看法,通常通过对"物质"概念的某种精神解释来实现。在这种知识视角下,对创造力、仁慈和美的理解,为论证信仰的合理性以及两种文化中理性认识的差异提供了基础。

---

① 巴多明:《巴多明神父致法国科学院院长德·梅朗先生的信》,载《耶稣会士中国书简集:中国回忆录》(第四卷),杜赫德编,耿昇译,大象出版社,2005,第52页。

② 伏尔泰:《风俗论:论各民族的精神与风俗以及自查理曼至路易十三的历史》(上),梁守锵译,商务印书馆,2017,第255-257页。

欧洲传统的美学发现有其独特的环境背景。那些已成为经典的宗教艺术和文学一样,主要是少数受过教育阶层的必修课。艺术在神学场所中发挥的作用使其受到限制,其创作往往由宗教的"神旨"指导。当致力于神圣内心的完美理性发现了人类境况(风俗)与"自然"完美协调的文化环境时,便意识到了自身知觉与想象的局限性。这种发现促使人们找到了自然状态下另一套完美的原则,形成了一种更整体性的和谐观念,从而在自然规律中寻求并塑造一个自由完美的"人"。这种全新的人本主义美学探索不仅仅停留在艺术和宗教的层面,还与自然哲学发展相关联。通过对自然与人类关系的反思,欧洲的思想家们逐渐构建起一种既尊重自然规律又追求个人自由的理性体系,成为启蒙运动不可撼动的思想基石。

启蒙时代的历史赋予了审美趣味一种强大的认可力量,使其能够随着时代的变迁而不断演变。这表明审美趣味总是在趋近完美的过程中,但又始终无法达到绝对的完美境界。正如赫尔德的感叹:"气候、风俗、习惯,甚至精神的目的反对并且想要毁灭美的感性;我们的最高尚的道德本身看来好像在逃避它的限制。"①这里的"最高尚的道德本身"首先是一种信仰的表述,是希腊人自然天生的道德崇敬。传教士们的观念也不例外,他们对自然状态的反思使得审美和艺术知识的生产不得不考虑世俗以外的因素。这种反思使得对天才作品的理解跟神学意义上的目的论越来越接近,从而在根本上决定了他们理解中国的态度和思路。基于这种理解,美学的勘察试图在自然与人类的关系中寻找更高层次的和谐,这种和谐不仅仅是审美的追求,更是道德和信仰的体现。

二、心智的能动性

自然神论在启蒙运动中发展到新的高度,对道德和审美判断产生了关键影响。自然神论的部分基础由约翰·洛克(John Locke)和其他启蒙运动的宗教思想家所奠定,主要发展和维护了三种主要观念:第一,真正的基督教是一种合理且普世可接受的自然宗教和道德,任何不符合这一标准的信念或道德原

---

① 约翰·哥特弗里特·赫尔德:《赫尔德美学文选》,张玉能译,同济大学出版社,2007,第138页。

则都不应被信奉或遵守;第二,包括基督教在内的所有真宗教,诉求在于社会和个人的道德;第三,具备智识且受过启蒙的人,应对所有超自然启示的主张和神迹持怀疑态度。[1]理性和经验作为理解世界和指导行为的基础,拒绝了盲从权威和教条。在这种思想框架下,个人的道德成熟和审美能力的进步被视为人类理性发展的成果。在《论德行与价值》一文中,沙夫茨伯里详细描述了一体共生的审美判识与道德判识逻辑:

> 道德美丑。善于评判或审查别人思想的人,一定会有自己的眼光与感受能力,借此分辨比例,区别声音,并仔细检查所感受的每一种情操或思想。什么也逃不过它的苛评。它能感觉到人的情感中软和的与粗糙的,宜人的与令人厌恶的,也能发现不公平的与公平的,和谐的与不和谐的,而且如此真实确切,就如同在乐谱中或可感事物的外形或再现中一样。在与这些主体相关的事物中,它不能抑制其因一种事物而赞美与激动、厌恶与嘲讽而对另外一种事物又另眼相看。因此,否认事物当中常见和自然的崇高与美的自然感觉,在任何恰当思考这件事情的人看来都只是一种虚饰。[2]

在沙夫茨伯里看来,道德感与审美感相似,心灵能够感受到情感的不同品质,并对其产生真实的反应。但是,这种天然的道德感,并不意味着我们天生拥有道德价值的评判能力。智力或感官的欠缺不能作为不公正或不正当的理由。如果思想对象本身是合理和公正的,但感官受损导致错误的感知,这只是感官的问题,不应视为不公正。然而,信仰与判断力的滥用则会导致荒唐的结果。[3]显然,莎夫茨伯里的观念中包含了理性主义的影子,他在强调理性在道德判断和审美判断中重要性的同时,也认为人类心灵通过理性可以感知和理解道德与美的标准。

除此之外,沙夫茨伯里认为人类内心存在天然对治理与秩序的情感和原则,即使在被压迫和偏见所笼罩的环境中,这种对治理和秩序的内在情感依然

---

[1] 参见:罗杰·奥尔森:《基督教神学思想史》,吴瑞诚、徐成德译,上海人民出版社,2014,第551-552页。

[2] 沙夫茨伯里:《人、风俗、意见与时代之特征:沙夫茨伯里选集》,李斯译,武汉大学出版社,2010,第153-154页。

[3] 参见:沙夫茨伯里:《人、风俗、意见与时代之特征:沙夫茨伯里选集》,李斯译,武汉大学出版社,2010,第155-156页。

存在,并且影响着人们的行为和态度。这种体验来源于一种东方想象:

除开这种偏见与堕落之外,很明显可以看出,仍然存在一种公共的原则,哪怕在这个原则受到践踏和压制最甚的地方。哪怕最恶劣的治安官,就是最专横的那种,也会显示出对它的足够的热忱与情感。在不知道别种治理的地方,人们也从不忽视践行这样的忠诚与职责,那是因为还有更好的一种治理形式。东方的国家,还有许多野蛮国度,一直都是,并保持为这种治理的范例。但是,他们对自己的君主怀有个人的敬爱,无论这君王如何对待他们自己,这说明,人类心里对治理与秩序有一种多么天然的情感。①

换言之,人类对治理和秩序的天然情感,即使在最恶劣的条件下,仍然会表现出对公共原则的热忱和忠诚。它反映了人类心中对更好治理形式的渴望,以及个人与集体之间复杂的情感纽带。沙夫茨伯里相信自然界有一种内在的秩序与和谐美,这种秩序与和谐可以通过心智来感知和理解,美和道德都是这种自然法则的体现。心智的作用在于调和理性与情感,通过培养心智,我们能够发展出更高层次的道德和美的感知能力,以实现一种和谐。英国和德国的知识传统理解和谐与完善的路径不同,沙夫茨伯里的心智是理解经验的一种工具,这种完善性、和谐性是有道德倾向和实用倾向的,而德国的理性主义传统中的完善则源于对形而上学的关注,是对系统性和统一性的一种理解。但是在理解完善性的逻辑中,两者都强调了通过人类心智来达到对世界更深层次理解和感知提升的共同目标。

在鲍姆嘉通的"美学"概念中,虽然上帝体现了最完整和普遍的内在联系,万物皆由上帝衍生而来,但理解上帝的完美性却有不同途径——某些完美特质比其他特质更容易让我们把握上帝的本质。因此,在探寻上帝的本质时,我们应当选择那些最易于推演出其他完美特质的属性作为切入点。②最大的先验真理属于上帝,即上帝自身完美的最高秩序,存在中最好的法则在最完美的

---

① 沙夫茨伯里:《人、风俗、意见与时代之特征:沙夫茨伯里选集》,李斯译,武汉大学出版社,2010,第59页。

② See: Alexander Baumgarten, *Metaphysics: A Critical Translation with Kant's Elucidations, Selected Notes and Related Materials*, London and New York: Bloomsbury Academic, 2013, p. 283.

存在中，即最好的事物之间的结合。^①所以，越是能在理解力上接近"完美"，就越接近美好。这种理性观念里的神学属性不仅对自然整体充满想象，更意味着对无数生命实体的心灵沟通提出的要求。比如18世纪亨利·尼德勒（Henry Needler）对崇高美的理解就被限制在这样的要求之中。他认为人的心灵本质会因欣赏任何美丽和卓越的事物而感到愉悦，对任何事物来说，尽善尽美越伟大、越崇高，灵魂从沉思中得到的快乐也就越崇高、越高雅：

> 人的心灵天生喜欢沉思任何美丽和卓越的事物；而当这些完美的特质在某个对象中越伟大和崇高时，灵魂从中获得的愉悦就越高尚。现在，上帝是一个具有无限完美和卓越的存在，所有散布在生物中的善良和美丽的光芒在祂身上汇聚并结合。因此，可以想象，对这样一个可爱而卓越的对象的沉思必定令灵魂感到极大的愉悦和满足。那些可能会困扰和阻碍理解的神圣属性和完美的无限性，实际上增加了这种愉悦。因为心灵天生喜欢探究无限，并乐于在不可测度的深渊中迷失自己。无限对象的宏伟和壮丽以一种难以言喻的满足感影响着它，有点儿像我们在观看辽阔的天空或广阔的海洋表面时所获得的那种满足感。因此，我们发现几何学中与无限有关的定理为好奇的心灵提供了最大的乐趣和满足。^②

在上帝这个无限完美的存在中，其不可思议的卓越性会给心灵带来深切的感激与愉悦。人的心灵天然倾向于思索无限之事物，而当我们观照神性本质时，唯有通过不断提升这种感激与愉悦之情，才能逐渐接近那无限的美。因此，无论是道德感还是愉悦感，在理解崇高之美的时候也是不能自然发生的，无论是理性的还是经验的，都对人的"能力"提出了要求。

对一种人的自然认知能力的诉求可以补充完善，这是"莱布尼茨-沃尔夫哲学"一个隐性的逻辑。莱布尼茨通过欧洲来华传教士关于中国的报告、著作和介绍性文章了解中国，后来通过结识从中国返回欧洲的西班牙天主教多明

---

① See: Alexander Baumgarten, *Metaphysics: A Critical Translation with Kant's Elucidations*, *Selected Notes and Related Materials*, London and New York: Bloomsbury Academic, 2013, p. 284.

② Henry Needler, "The Works (1724)", *The Sublime: A Reader in British Eighteenth-Century Aesthetic Theory*, New York: Cambridge University Press, 1996, p. 80.

我会传教士,从而进一步了解了中国各方面的情况。莱布尼茨在1697年用拉丁文编写的《中国近事》一书中提出了中西方知识彼此互补与促进的想法。他的哲学运用理性形式论证宗教信仰的影响。在他眼中,康熙皇帝允许天主教传播的原因在于他对天主教与儒教一致性的信任,尽管他是政治家,但若对两者的协调性存疑,便不会容许天主教存在。天主教和儒教都体现了自然法则的完美化,从根本上说,两者原则一致,不矛盾。①莱布尼茨认为,虽然所有被创造的存在都有某种程度的形而上的善,但物质和道德上的善(即幸福和美德)是仅属于有智慧的存在的特性。因此,他引入了一种可能性,即在选择具有最大整体善的世界时,上帝可能需要在这些价值之间做出选择,要么偏重整体的完美与和谐而牺牲心灵的幸福与美德,要么与之相反。②沃尔夫作为他的继承者进一步系统化了莱布尼茨哲学中的理性因素,他除了严格遵循逻辑推理环节,还明确了理性可以认识的范畴,包括上帝和人的心灵。这个理性的范畴和"人"可以判断的能力范围也就更广。

鲍姆嘉通是"莱布尼茨-沃尔夫传统"与康德之间架起概念桥梁的人,他的美学发展动力有部分源自他本人的这样一种理解,即人类的知识本质上仍然与感觉混合在一起。因此,如果没有感性的改善,知识就无法得到改善。在鲍姆嘉通之前,沃尔夫的学生比尔芬格已经发现了沃尔夫哲学体系中的一个漏洞,他认为沃尔夫的逻辑学只研究了人的"高级认识能力",而在他的体系中所谓的哲学只相当于逻辑学,而"感性认识"作为一种低级的认识能力则被排斥在哲学研究范围之外。因此,比尔芬格提出了建立以想象力为研究对象的逻辑学建议,并使用了"莱布尼茨-沃尔夫哲学"这一命名,以示其立场处于莱布尼茨和沃尔夫之间。虽然他曾经被任命为宫廷牧师,但因为与沃尔夫的交往导致人们指控他宣传无神论。

事实上,莱布尼茨强调过个体情感意志的作用,认为爱他人与爱上帝是一回事,因为上帝是普遍和谐的根基。真正的爱或成为一个有智慧的人与爱超

---

① 参见:G.G.莱布尼茨:《中国近事:为了照亮我们这个时代的历史》,梅谦立、杨保筠译,大象出版社,2005,第94页。

② See: Donald Rutherford, *Leibniz and the Rational Order of Nature*, Cambridge: Cambridge University Press, 1998, pp. 14-15.

越万物的上帝是一回事;爱所有的人与成为义人也是如此。[1]鲍姆嘉通更系统化了这一过程,认为理智和理性应根据道德的必然性来引导所有关于美的思维。然而,如果人们不能清晰地理解这些思维规则,就无法实现这一目标。因此,仅仅展示这些规则并加以示例是不够的。因为如果没有理论的指导,仅凭后天获得的自然美学,人们可能对这些规则的理解仍会模糊不清。为了避免美的艺术学说的理论变成仅由自居为主宰的理性创造的规则的简单排列,必须清晰、理智地掌握这些规则,并在科学形式的帮助下加以理解。[2]只有将这种思维完美化、细致化,方能实现研究审美才能的一般特性,从而构建一种对感性的完整认知体系。在这个体系内,关于人的道德秩序与情感认知充当了终极价值标准,从沃尔夫那里开始它已经从为宗教神学服务的标准中脱离了出来。

莱布尼茨在《中国近事》中赞许中国的道德精神,认为"中国人无论通过他们的精神和道德,还是关于正直的最理智和精辟的格言,都反映出他们已经开化到如此高的程度,因而一直走在其他异教国家的前面[……]他们远比其他国民更易于接受甚至信奉这些真理,这样,上帝即可如往常那样通过仁慈来感化中国人,最终使他们感到改信天主教是自己的义务"[3]。因此,中国人所展现的道德和心智,不仅反映出他们的文明程度,还表明他们在理解和接受真理方面具有独特的优势。相似的是,沙夫茨伯里的观念继承了英国自然神论基础,认为美在感官上体现的理性内容仅仅意味着多样性中的统一的古典原则。他已经抛弃了那种将事实与理性偶尔视为同一,且大多敌视艺术的二元论,转而采用一种宽松的泛神论一元论,将上帝、理性和物质自然视为同一,并认为可见事物的魅力是这一神圣原则的显现。[4]在这个整体性的自然视角中,自然的情感和人的自我的情感是统一的。人的趣味并不是为了符合艺术而存在的,所以要实现完善,获得美的旨趣就更需要理性,成熟心智是获得完善的最佳方式。

① 参见:莱布尼茨:《莱布尼茨自然哲学文集》,段德智编译,商务印书馆,2018,第30页。

② 参见:鲍姆嘉滕:《美学》,简明、王旭晓译,文化艺术出版社,1987,第38页。

③ G.G.莱布尼茨:《中国近事:为了照亮我们这个时代的历史》,梅谦立、杨保筠译,大象出版社,2005,第98页。

④ 参见:鲍桑葵:《美学史》,李步楼译,商务印书馆,2017,第244–245页。

第二节　启示与外化的道德观想

一、机械钟与神启的高尚隐喻

入华传教的耶稣会士倡导教权至上，认为一切世俗君主均须服从教皇。由于宗教和政治理念上的保守，他们对中国皇帝抱有幻想，认为没有皇帝的保护，传教工作不可能顺利展开。自鸣钟在18世纪中国的传播和流行，体现了入华耶稣会士用"理性"叩开帝王之门的策略。当他们的先驱利玛窦第三次进京的时候，就在他准备进呈皇帝的礼品中汇集了他为此而长期收集的欧洲珍奇之物：一幅耶稣基督画像、一幅圣母像、一只有报时装置的钟等。[①]后来，许多耶稣会士利用制造时钟的先进技术进入中国宫廷，并向中国人介绍这项技术的重要性。从利玛窦将西方的发条装置引入中国后，这种情况一直存在，并持续到中国封建王朝的末期。

18世纪的欧洲，在耶稣会士眼中，"君主们是上帝在人间的形象和代理人"[②]，因而享有最广泛的权力。中国的统治者了解了"自鸣钟"的实体概念，而对于到中国传教的耶稣会士来说，显然还有要表达的更深层次要义，它不仅仅是欧洲技术的缩影，还代表着欧洲希望灌输给中国人的信仰。精美的钟表，以其欧洲技术装置在装饰性外壳中，为耶稣会提供了科学与艺术之间的完美纽带，这两者都受到需求的驱动，并为他们确保了近两百年接触中国统治者的机会。西式钟表制造在中国的历史与耶稣会在宫廷的存在密不可分。在这里，他们引入了理论和机械，以努力教授信仰原则，从而进行宗教转化。[③]可以说，钟表原本是一个极具宗教意味的装置，而发条内核在整个18世纪代表着欧洲关键的机械技术。

从装置内部构成的革命性技术来看，被耶稣会士修饰成中国风格的自鸣

---

① 参见：杜赫德：《法文本第十四卷前言》，载《耶稣会士中国书简集：中国回忆录》（第六卷），杜赫德编，郑德弟译，大象出版社，2005，第7—8页。

② 蒋友仁：《传教士蒋友仁神父致嘉类思神父的信》，载《耶稣会士中国书简集：中国回忆录》（第五卷），杜赫德编，吕一民、沈坚、郑德弟译，大象出版社，2005，第231页。

③ See: Catherine Pagani, *"Eastern Magnificence and European Ingenuity": Clocks of Late Imperial China*, Ann Arbor: The University of Michigan Press, 2001, pp. 26–27.

钟,是宗教程式外化的一种全新体验,并迅速成为取悦皇帝的重要手段。比如康熙年间杜德美(Pierre Jartoux)神父由于精于解析学、代数、力学与钟表方面的理论而获得皇帝的特谕。[①]钱德明(Joseph-Marie Amiot)神父在给德·拉·图尔(de la Tour)神父的信中写道:

> 能够让皇帝高兴的是已故的沙如玉(Chalier)神父发明的著名的报更自鸣钟,此钟即便在欧洲也被人视为是一个奇迹,或至少是一件艺术杰作。能够使皇帝感到高兴的还有能提供更为变化多端、赏心悦目的喷射水柱的来自圣-彼埃尔山谷的著名的机械装置,这些喷射的水柱为由郎世宁神父设计并监工建造的欧洲风格的建筑群起了装饰作用[……]能使他感到高兴的还有杨自新(Thibault)神父根据皇帝的旨意刚刚幸运地制作完成的一只有自动装置的狮子,这种狮子能像普通的走兽那样行走百步,而所有能使狮子运动的发条皆藏在狮子的内部。令人惊讶的是,仅仅凭借最普通的钟表原理,这位可爱的神父就能够亲手发明和组装出各种令人叫绝的机械装置。[②]

通过展示这些令人惊叹的技术奇迹,他们不仅展示了欧洲的科学和工艺成就,还巧妙地为基督教信仰的传播铺平了道路。以时钟为代表的机械物件无疑迅速达到了取悦朝廷的目的。这些机械在文化上的意义远远超过了它们本身的功能。它们原本的目的是以新奇的方式进入皇家的视野,通过这种方式宣传一体化的欧洲信仰,最终实现传教的目的。

清朝皇室收藏的精致时钟,无论是中国制造的还是西方制造的,都基于当时欧洲装饰艺术的时尚。它们大部分是在18世纪下半叶由不同的中心生产的。进入清朝皇室收藏的精美钟表不仅基于当时欧洲装饰艺术的潮流,而且洛可可风格的延伸以及对远东的想象在设计中也得到了极大的体现。[③]与此同时,随着耶稣会士对中国资料的积累,他们对中国宫廷生活的了解日益深

---

① 参见:洪若翰:《耶稣会传教士洪若翰神父致国王忏悔师、本会可敬的拉雪兹神父的信》,载《耶稣会士中国书简集:中国回忆录》(第一卷),杜赫德编,郑德弟、吕一民、沈坚译,大象出版社,2005,第309页。

② 钱德明:《钱德明神父致本会德·拉·图尔神父的信》,载《耶稣会士中国书简集:中国回忆录》(第五卷),杜赫德编,吕一民、沈坚、郑德弟译,大象出版社,2005,第51页。

③ See: Catherine Pagani, *"Eastern Magnificence and European Ingenuity"*: *Clocks of Late Imperial China*, Ann Arbor: The University of Michigan Press, 2001, p. 125.

入。他们发现,当时正处于封建社会鼎盛时期的中国,对无功能化的纯粹审美鉴赏表现出极大的热情,这一判断与宫廷的奢靡密不可分,并与同时期的法国路易十四时代极为相似。然而,不同之处在于,欧洲在启蒙运动中找到了推动社会变革的理性思维,并借此酝酿生产方式的革新。这一切对于当时身处紫禁城的人而言,是难以想象的。尽管紫禁城外观华丽,统治者却未曾意识到,这种追求背后隐藏着一个由理性取代专制的寓言。

根据传教士白晋的描述,康熙皇帝倾心于西洋科学,重视传教士,乐于听取其宣扬的教义。这在白晋等人看来是具备了一种"皈依的品质",在给路易十四的秘密信笺中他写道:

> 由于上帝通过科学和艺术把幸福的倾向灌输进他的心灵,以及他对宗教的兴趣,我们有理由预言:有朝一日,他将可能成为在中国崇拜偶像教的破坏者,并使自己能同陛下一样,把打倒异端邪说和在全世界推广宗教引以为荣。

> 陛下,如果在您的庇佑下臻于尽善尽美的艺术和科学,已经吸引了中国皇帝对我们神圣宗教的重视,从而使中国人——尽管中国人是天性骄傲的民族,总以为自己的文明能影响其他所有的国家——认识到福音的优越性超过他们虚空的哲学,最后,同他们的皇帝一起皈依我们的宗教,这对陛下将是多大的荣幸![①]

传教士白晋的观点和策略反映了他将科学与艺术作为传教工具的创新思路。他认为,通过展示西方科学和艺术的优越性,可以影响康熙皇帝的心灵,激发其对基督教的兴趣,并预言康熙有朝一日可能会破除中国的偶像崇拜,推广基督教。白晋试图将宗教信仰与个人幸福联系起来,以此吸引中国皇帝和人民,同时通过文化优越性的论证,促使他们认识到基督教的价值。他对中国文化的看法是,中国人虽然自视文明优越,但在科学和艺术的影响下,最终会皈依基督教。这一策略显示了白晋在传教过程中,有意图利用文化媒介和思想渗透,实现其宗教传播的目标。

然而,在乾隆皇帝的眼中,钟表并非朴实得当,反而变化多样,争奇斗艳,

---

① 中国社会科学院历史研究所清史研究室编:《清史资料》(第一辑),中华书局,1980,第195—196页。

成为奢华的象征,成为极具观赏价值的艺术品,这无疑对当时清宫中的钟表制作和收藏具有巨大的导向作用。随着这种看法的形成,搜罗样式新、玩意奇的钟表不仅成为皇帝不自觉的行为,更重要的是导致了大量西洋钟表的进口和清宫造办处钟表的规模生产。[1]皇帝对新奇、独特钟表的追求,反映了他对新颖和奇特事物的偏好,也形成了相应的文化氛围。

不过,统治者也有意识地通过限制耶稣会钟表师和机械师的活动来控制钟表制造在帝国内部的传播,以显示帝国的权威。这一时期的自鸣钟多为洛可可式的,就在这种风格达到顶峰,欧洲瓷器工业化也正如火如荼的时候,"中国风"在更广阔的全球市场中失去它的阶级象征意义。欧洲上层社会对中国艺术品的热情减退,标志着中西方文化交流进入了一个新的阶段。对钟表的审美偏好不仅促进了技术的交流,同时也体现了清朝统治者在文化交流中的主动姿态。这种策略反映了清朝在文化吸收与自主权维护之间的微妙平衡。

在传教士的眼中,自鸣钟不仅是精密的机械装置和艺术品,更是实现宗教启示程式化的重要工具。一方面,复杂机械结构和精美装饰象征着上帝的智慧和创造力,传教士通过展示这些钟表来传递基督教的教义和理念。另一方面,自鸣钟作为西洋科技与艺术的结晶,体现了东西方文化交流的延续性,传教士通过赠送自鸣钟拉近与中国皇帝和官员的关系。除此之外,自鸣钟的报时功能和复杂机械装置在视觉和听觉上给人以强烈的冲击,激发观者的好奇心和敬畏感,为传教士通过感性维度传播基督教教义提供了理想的契机。可以说,自鸣钟在传教士眼中不仅是展示西方科技与艺术的工具,是高尚的象征,更是实现宗教启示程式化的重要手段,通过一种极强的隐喻性进行着价值观输出。

二、"中国风"与庸俗化的品性象征

前工业时代的手工制造者依靠深度知识和经验来获得成功,意识到材料的来源及其性质,并掌握这些材料的转化过程,使我们能够根据它们自己的条件来理解物体。[2]通过欣赏和使用"中国风"物品,欧洲人不仅体验到了异国文

---

① 参见:郭福祥:《时间的历史映像:中国钟表史论集》,故宫出版社,2013,第62页。

② See: Edward S. Cooke, *Global Objects: Toward a Connected Art History*, Princeton: Princeton University Press, 2022, pp. 95–96.

化的魅力,更在潜移默化中接受了对自然和材料的尊重,对"中国风"物品的喜爱,也是在表达他们对工艺物质价值的认同。

在18世纪的英国,随着全球贸易的扩展和对外交流的增加,"中国风"物品迅速成为上流社会和中产阶级的追捧对象。"中国风"物品的流行不仅是对异国情调的简单模仿,更是对东方文化的一种理想化和浪漫化的投射。这种投射反映了当时英国社会对异域文化的好奇和向往,同时也是一种对本土文化的反思和补充。"中国风"这个术语往往与小巧的装饰品联系在一起,仅是一种边缘的、通俗化的装饰之美。在阿道夫·利奇温(Adolf Reichwein)看来,外国风格元素悄无声息地归化为本土风格的一部分,这与时尚本身并无关联,确实没有任何真正的异国情调可言,而在那些具有中国艺术风格的物品中,这种异国情调却得到了强调。[①]"中国风"物品在英国的流行,实际上是对中国文化的一种再创造和再诠释。这种非实用性的简单复制是洛可可时代装饰的标志,在这个过程中,英国工匠和设计师们通过自己的理解和想象,将"中国风"物品融入英国的艺术和生活中,形成了一种独特的混合风格。

例如,茶具、瓷器和漆器等"中国风"物品在英国被广泛接受和喜爱。这些物品不仅装点了贵族和富裕中产阶级的家庭,还成为社交场合的重要元素。英国家庭中的中国风格茶具不仅展示了主人的品位和财富,也象征着他们对异国文化的欣赏和接受。史学家玛克辛·伯格(Maxine Berg)指出"中国风"设计和物件融入了巴洛克风格和后来的洛可可风格,并与西方艺术相协调,他们在传达异国情调的同时更加随意;亚洲奢侈品和设计也易于吸收和传递跨文化特征,跨越了更远的距离,使得它们成为技术、设计和美学高度的成功传播者。[②]这意味着中国风格可能是既不明确又不稳定的文化感受,他们被欧洲视为一种浮于外在的点缀。他们与中国传统所要传达的物觉素养完全是两种极端,对"中国风"的审美心理由此产生了随意性。通过欣赏和拥有这些"中国风"物品,英国人不仅在物质上获得了满足,更在精神上找到了品性想象的一种共鸣。

---

① See: Adolf Reichwein, *China and Europe: Intellectual and Artistic Contacts in the Eighteenth Century*, London: Routledge and Kegan Paul, 1968, p. 62.

② See: Maxine Berg, *Luxury and Pleasure in Eighteenth-Century Britain*, New York: Oxford University Press, 2007, p. 52.

图2-1　1733年威廉·荷加斯的版画作品中十一个男子围着一张桌子喝酒,桌子上放有中国
　　　人物的瓷制潘趣酒碗

在《道德情操论》(*The Theory of Moral Sentiments*)中,亚当·斯密(Adam Smith)探讨了习惯和风气对人类审美判断的广泛影响。他指出,尽管人们普遍认为衣服和家具的样式受习惯和风气的支配,但这种影响实际上扩展到包括音乐、诗歌和建筑在内的所有艺术形式。斯密强调,不同艺术形式的流行样式和审美标准在不同时间和文化背景下都受到了习惯和风气的显著影响,而这种影响往往被人们忽视或低估:

一座精心建造的房屋可以持续存在许多世纪;一首优美的歌曲可以通过口头相传而流传好几代;一首精心写作的诗篇可以与世长存;所有这些艺术品依据创作它们的特殊风格、特殊情趣或手法,接连流行多年。很少有人有机会在他的一生中见到这些艺术品的式样有任何重大变化。很少有人对在不同的

年代和国家流行的各种样式具有如此之多的经验和知识,以致对它们表示完全满足,或者不带偏见地在它们和现时在本国出现的事物之间作出判断。因此,很少有人愿意承认,习惯或风气对他们关于任何艺术品中什么是美的或者其他方面的判断具有很大的影响;而是认为,他们应该在观察它们时想到的一切准则,都是以理智和本性,而不是以习惯或偏见为依据。可是,只要稍微留神一下,他们就会相信情况正好相反,并确信习惯和风气对建筑学、诗歌和音乐的影响,同对衣服和家具的影响一样确定无疑。①

斯密的论述揭示了审美判断的相对性和社会性,强调了文化和时代背景在审美标准形成中的重要作用。尽管人们倾向于认为他们的审美标准基于理智和本性,但实际上,按照斯密的经验主义逻辑,这些标准在很大程度上受到习惯和风气的影响。因此"中国风"所展现出来的一种持久的时代艺术形式,是一种欧洲时尚的映射。有意思的是,利奇温认为把中国风格与其他外来元素区分开来是必要的,因为毕竟在建筑中,中国风格从一开始并没有被广泛使用,而是保留在特殊用途中,其首要目标在于外观的赏心悦目。②但是根据李约瑟的观点和前文(第一章 第二节)中的论述我们可以得知事实并非如此。可以说,"功能"与"形式"在18世纪欧洲的中国观中始终没有被清晰地分开——"功能"依靠深度知识和物觉经验来获得;"形式"是这种经验的外化,且受到习惯和风气的影响。

迈克尔·苏立文(Michael Sullivan)教授认为,"尽管欧洲人对中国艺术理解较少,但他们仍然认识到中国艺术是他们因其他原因所仰慕的伟大文明的体现,并从中获取所需。对18世纪欧洲艺术品位的研究已经表明,实际上当时欧洲人所受到的中国美术的影响比他们自己意识到的要深刻得多"③。这种影响实际上满足了18世纪欧洲人在精神意识上的某种缺憾,尤其是个性解放的精神需求。这种对自由的追求带来了形式上的创新和解放。两种审美文化的差异体现在不同的文化机制、个体触动、自由思考的视觉形式、感官之间的关系

---

①　亚当·斯密:《道德情操论》,蒋自强等译,商务印书馆,2017,第249页。

②　See: Adolf Reichwein, *China and Europe: Intellectual and Artistic Contacts in the Eighteenth Century*, London: Routledge and Kegan Paul, 1968, p. 62.

③　迈克尔·苏立文:《东西方艺术的交会》,赵潇译,上海人民出版社,2014,第12页。

以及多样性的感性动力上。然而,正是在这段时期,荷加斯把"多样性"定义为美的主要原则之一。他作为英国本土著名版画家、讽刺画家和欧洲连环漫画的先驱,在这种环境中很自然地从创造的角度对审美判断进行分析。他认为变化创造了更多的可能性,制造了更具美感的事物,因而也厌倦了对称。

古典艺术历来重视形式美中的对称性,认为其体现了事物间的一致和整齐,是高尚与优美的代名词。毕达哥拉斯学派、大卫·休谟(David Hume)和丹尼·狄德罗(Denis Diderot)都强调对称在美感中的重要性,认为其与自然界的秩序和协调性相联系。[①]与之相反的是,荷加斯在美学观念中强调线条的多变,在18世纪初东方主题开始弥散在欧洲艺术装饰中的时候,即刻受到了一些英国知识分子的严厉批评,他们多是新古典主义风格的早期倡导者。关于这种风格的讨论很快就在英国流行了起来。有意思的是,18世纪中叶一种强调激情和极端情感的崇高风尚开始复兴,强化了绘画作为唯一能够视觉传达基督教宗教崇高真理的艺术形式,颠覆了启蒙运动的理性理想。[②]正是在这样一个时间节点,作为风尚代名词的"中国风"闯入了信仰崇高的对立面,在一个艺术展示越来越多地进入非宗教空间的时代,流行风格的品性不断遭受质疑。

在18世纪中叶,随着艺术风格的多样化和对激情表现的重新审视,对称性不再是美的唯一标准。荷加斯的曲线美学强调了变化和流动的魅力,这种对线条的重视揭示了艺术品中隐藏的情感力量。与此同时,东方艺术的引入挑战了西方传统的审美观念,促使人们重新思考美的多样性价值。从这个角度来说,荷加斯无疑是矛盾的,他曾提出:"中国人在绘画和雕塑方面的尝试大多是趣味平淡的,尽管中国人把自己的作品雕琢得非常精巧。似乎人们全都是用一样的眼光看这些事物的,这种弊病是他们互相模仿彼此的作品所造成的偏见的自然后果。"[③]荷加斯对东方艺术持批判态度,但他对变化和流动的重视实际上与东方艺术中的动态线条有着共鸣。这种矛盾反映了18世纪欧洲社会对异国文化的一种矛盾心态:一方面,他们的物觉被中国风格的独特魅力所吸

---

① 参见:蒋孔阳、朱立元主编:《西方美学史·第3卷:十七十八世纪美学》,北京师范大学出版社,2013,第208-209页。

② See: Nigel Aston, *Art and Religion in Eighteenth-Century Europe*, London: Reaktion Books Ltd., 2009, p. 42.

③ 威廉·荷加斯:《美的分析:荷加斯论美》,杨成寅译,上海人民美术出版社,2019,第34页。

引;另一方面,他们又对这种"庸俗化"的风格品性感到不适和困惑。正是这些观点不断揭示着彼时艺术氛围中对于美学标准的分歧和争论,推动了形式美学观念的进步和多样化。

第三节　信仰秩序中的和谐美德

一、人本观念的吸纳与排斥

耶稣会士把孔子描述成一位杰出的自然神论哲学家和政治家,这种理解对理性主义者有很大吸引力,在整个欧洲产生了深远的影响。一种对理性主义和启蒙思想的追求,反映了当时欧洲知识分子对理性、秩序和良好治理的向往。耶稣会在17至18世纪成为欧洲了解中国的主要且几乎是唯一的内部信息来源。由于耶稣会意图向欧洲人展示一个理想化的中国形象,暗示东方与基督教西方的基本相似性,并宣称中国在哲学和政治上已准备好接受基督教信息,这导致他们的记述倾向于理想化中国政府,并过分强调其儒教的自然或普遍本质。[1]在18世纪初期,德国对中国的印象基于法国耶稣会士在他们的众多旅行报告和学术出版物中对孔子的解释。根据这些耶稣会士的说法,孔子是一位卓越的自然神论哲学家和政治家,他的礼仪要求没有特殊的宗教意义,因此新皈依的中国基督徒可以毫无顾虑地遵循。这种解释吸引了理性主义者,因为这可以合理指明一个完全基于启蒙哲学而建立的令人钦佩的国家。[2]在这种背景下,耶稣会士的描述不仅仅是文化交流的产物,更是一种生存共情的表现。他们试图通过将中国的儒家思想与西方的自然神论哲学相结合,在两种文化之间找到共鸣,以促进基督教在中国的接受。然而,这种理想化的描述也带来了复杂的后果。一方面,它吸引了许多西方思想家和政治家,使他们对中国的政治制度和哲学产生浓厚兴趣,并视其为理想的社会模型。另一方

---

① See: Phil Dodds, "'One Vast Empire': China, Progress, and the Scottish Enlightenment", *Global Intellectual History*, 2018, Vol. 3, Iss. 1, p. 50.

② See: Ernst Rose, "China as a Symbol of Reaction in Germany, 1830−1880", *Comparative Literature*, Vol. 3, No. 1, 1951, p. 57.

面,这种过于表象化的描述可能导致对中国实际情况的误读,忽视了中国文化结构内部的历史复杂性。

人本关注真正展开,是基于18世纪中叶之后欧洲思维的转向。卡西尔认为,从方法论的角度来看,古典主义理论在美学领域的统治被打破,这一变化与笛卡尔和牛顿之间自然科学理论的变革相伴随。虽然这两者在表现形式和实现手段上截然不同,但它们都旨在将思想从演绎法的绝对统治中解放出来,为事实、现象和直接观察开辟道路。[①]艺术不再仅仅关注其形式,而是更加注重其对观众的影响和体验。人本成为理解艺术和认识论的核心,取代了过去对客观物性的关注。同时,这种变化也促使心理学和认识论在探索人类经验和知识的过程中,寻求更贴近人本主义的答案。到了18世纪,那些供私人集会的场所获得了合法地位,它们逐渐发展成为推动公共权力接受舆论监督的重要空间。这个公共领域和公共权力领域又是相分离的,但是在欧洲各国常用来代替"公共"的一般是"世界"或"人类","公众"一词在18世纪的德国开始出现大范围使用的时候实际上已经指向了更广泛的"人类"或"世界"的概念。[②]这种变化反映了人们对社会结构和人际关系的重新思考,强调了个人在公共事务中的重要性。这种对人本认识的转变,不仅在政治和社会层面引发了广泛的讨论,也在哲学和美学领域产生了深远影响。人们开始关注个体的权利和自由,强调通过理性和共情来构建一个更加公正和人道的社会。18世纪的这些思维转变,既是对自然科学和美学领域的革新,也是对人类自身和社会结构的深刻反思。通过对共情和人本认识的强调,人们逐渐形成了一种新的世界观,将启蒙精神进一步推进。

对中国思想的理解,使得欧洲思想家们传统的二元对立观念开始转变。他们逐渐认识到,理性与感性并非必然对立,而是可以在某种程度上相互补充,相互促进。中国对有关自然与人类社会和谐共存的强调,为欧洲启蒙思想提供了一种新的视角,使他们能够更全面地理解人类经验和知识的复杂性。这是沃尔夫在其理论中所体现的,他试图在感性与理性之间找到一种新的平衡。这种平衡不仅仅是对理性主义的反思,更是对人类整体认知方式的重新

---

① 参见:E.卡西勒:《启蒙哲学》,顾伟铭等译,山东人民出版社,1988,第292页。

② 参见:哈贝马斯:《公共领域的结构转型》,曹卫东等译,学林出版社,1999,第24页。

审视。"理性"作为一个相对的概念,其内涵和外延在不同的历史时期、不同的文化背景下不断演变和扩展。无论是莱布尼茨的微知觉理论,还是沃尔夫对中国哲学的借鉴,都表明了理性与感性、信仰与知识之间的复杂关系。这种对中国思想的吸收和理解,实际上是欧洲思想家们试图通过共情来跨越文化界限,理解和尊重他者的智慧和经验。共情不仅是一种情感上的理解,更是一种认知上的开放态度,打破了文化的隔阂,寻找到了理性与感性、信仰与知识之间的新平衡,完善的观念获得了新的视角。

理性主义者通过分解混乱的知识来阐释感性知识的存在,理性主义美学的目的也是找到美学的根本原则,除了沃尔夫和鲍姆嘉通,实际上最早在莱布尼茨那里,一种微知觉理论就被用以阐释这个问题,认为"就是这些微知觉形成了这种难以名状的东西,形成了这些趣味,这些合成整体很明白、分开各部分则很混乱的感觉性质的影像,这些环绕着我们的物体给予我们的印象,那是包含着无穷的,以及每一件事物与宇宙中所有其余事物之间的这种联系"[①]。莱布尼茨进一步将其解释成一种"感觉不到的知觉",也正是由于这些"感觉不到的知觉"才能构成同一的个人,"说明了灵魂与身体之间的这种奇妙的前定的和谐,甚至是一切单子或单纯实体之间的前定和谐,这种前定和谐代替了它们彼此之间那种站不住脚的影响"[②]。所以莱布尼茨关于人类感性的阐述核心依然是物质观念,是源自一种自然科学的工具逻辑,从物理意义上说人是对微知觉起到决定性作用的。但是莱布尼茨始终坚持上帝的善创造了完美,正是通过美我们意识到了完美,进而肯定了其创造者的智慧和善良,通过美,我们从神圣的创造中获得快乐,使我们准备接受上帝之道。[③]在审美维度上,这个终极法则又被强调掌握在上帝的手中。因此,他们要么将中国哲学中的"理"视为上帝的一部分,即"第一推动者"和"万物的理由";要么局限于物质层面,未能从根本上突破天道与人道、自然与人为的相通和统一的内在哲学精神。诸多传教士的视野始终未能贯通这种自然秩序的机制。

---

① 莱布尼茨:《人类理智新论》(上),陈修斋译,商务印书馆,2017,第10页

② 莱布尼茨:《人类理智新论》(上),陈修斋译,商务印书馆,2017,第11页。

③ See: Frederick Beiser, *Diotima's Children: German aesthetic rationalism from Leibniz to Lessing*, New York: Oxford University Press, 2009, p. 33.

18世纪欧洲学者们围绕中国世俗文化与基督教正统信仰的关系展开了持续而深入的论辩，这场关于信仰体系与文明形态的讨论挑战了基督教中心主义的文化认知模式，成为启蒙运动中重审宗教与理性关系的视角之一。反基督教的情绪借助中国文化宣扬人性与自由，而基督教的坚定维护者则将其视为不可被教化的异端。因此，从某种层面上说，中国既是一个想象中的问题中心，同时此种生存智慧也代表了问题的解决方案。米歇尔·福柯（Michel Foucault）认为，从古典时期起，贯穿欧洲文化的社会情感逐渐演变，产生了"理性"与"非理性"之间的区分。理性被限制在一个由神性构建的防御体系中，其主导地位缺乏合法性，对疯癫的压制既不公正也不合乎道德。理性并非遵循固定不变的原则，而是随着不同时代的权力结构和利益分配机制的演变而不断变化。这种观点揭示了一个更深层次的文化和哲学冲突，即理性与非理性、信仰与自由之间的对立与融洽。在欧洲思想家试图理解和吸收中国智慧的过程中，他们不仅面临着跨文化交流的挑战，还需要重新审视自身的哲学和社会结构。这种审视不仅涉及对理性界限的质疑，也反映了对信仰体系的反思。

基督教能否在中国广泛传播，在相当程度上取决于对中国社会习俗的适应以及对于儒家学说和传统礼仪采取的态度，"礼仪之争"涉及的主要问题之一就是祭祖尊孔。祭祖作为中国人的信仰，与基督教义相违背，从18世纪开始中国的统治阶级就没有在宗教层面上给予祭祖任何的身份。康熙在1700年宣称，中国祭祖敬孔的礼节不过是一种崇敬的礼节，并无宗教性质。这一表态是对白晋等传教士就"礼仪之争"向罗马教廷求裁的直接回应，虽出于调和中西文化冲突的善意，但在罗马教廷看来，由非基督教君主来判定礼仪的宗教属性是对教会权威的严重挑战，这最终促使教皇克莱孟十一世在1704年颁布禁止传教士参与祭祖尊孔的禁令。[1]虽然这些禁令及之后的一系列纷争都是通过国家机器的强制命令实施的，但这种役使却加剧了在中国的传教士内心的挣扎。多数传教士拒绝"离经叛道"，最终导致他们干预中国封建社会知识分子和文人社会生活的策略陷入被动。然而，其根本原因并不是其无视中国的礼俗和社会特点，而是无法理解中国的自然观念，从而破坏了决定统治基础的人本生存秩序。

---

① 参见：沈福伟：《中西文化交流史》，上海人民出版社，2017，第364页。

自然的观念并没有通过魁奈成为欧洲理想世界的模型,在他看来"一个没有容忍心的国家,如果处在一些强大而有容忍心的国家的包围之中,那是非常不利的。宗教自由能把人和财富吸引过来。宗教上极端的不容忍会迫使人们离开自己的国家,并阻挡他们回国"①。魁奈的人类自然观念是一种包容的理智,在这种状态中人通过对自然足够的理解来协调人与环境的关系。总的来说,彼时欧洲的环境似乎还很难接纳这种状态,在美学上的体现是典型的:他们认为自然之美是上帝的创造,而理解和自然相处就需要接近上帝。对沃尔夫而言,大自然的美是超越一切的,它的目的超出了人类理解的极限,人类的思维简单地假设了宇宙的完美,以及一个仁慈和智慧的造物主的存在,祂创造了所有可能的世界中的最佳状态。②通过欧洲对中国园林的发现,自鸣钟的神学启示,欧洲片面地看到了关于和谐美的理解中一种强烈的人本化。而对于大部分抱有上帝信仰的思想家来说,媒介并不是人类艺术家,而是一种自然的原力,它始终只能是对上帝能力的确认。而对于中国的和谐来说,自然秩序的完善则超越了宗教命题的片面性,实现了全体性。

二、从信仰差异到生存共情

在一部分耶稣会传教士的眼中,中国人在实践一种信仰体系,这种体系与基督教本质上并不对立,只是需要通过基督的殉道和上帝恩典的启示来放大。耶稣会士在16世纪末至18世纪初持续倡导的"儒家-基督教"结合,不仅引发了对耶稣会伦理实践的怀疑,甚至复活了自16世纪末以来一直困扰欧洲天主教和新教道德良知的一类质疑。③天主教神学家认为,耶稣会士为了赢得中国人的信任和接受,过于宽容地接受了儒家思想和礼仪,甚至在某些情况下淡化了基督教的核心教义。这种做法被认为是对基督教纯洁性的妥协,甚至是对异教信仰的容忍。

---

① 魁奈:《魁奈经济著作选集》,吴斐丹、张草纫选译,商务印书馆,2017,第118页。

② See: Stefanie Buchenau, *The Founding of Aesthetics in the German Enlightenment: The Art of Invention and the Invention of Art*, Cambridge: Cambridge University Press, 2013, p. 215

③ See: David Martin Jones, *The Image of China in Western Social and Political Thought*, New York: Palgrave, 2001, p. 16.

入华耶稣会士们在中国热衷于"上层路线",他们将重心放在宫廷之中,侧重于与中国皇帝、文武百官、皇亲国戚及文人士大夫的交流,而对百姓的生存状态关注较少。这一现象的原因是多方面的。首先,他们原本扮演导师的角色,与欧洲的教育事业有着密切关联。其次,他们大多出身欧洲的贵族阶层,有着特立独行的行事风格。从表面上看,处在封建社会晚期的中国对外来文化总体上友好,但天主教的传教事业在华推进艰难。其原因就在于天主教的传教方式简单地分裂了中国社会在宏观层面的信仰和微观层面的社会风俗,无法被中国的统治阶层和民众共同接受。一部分主张修改"适应政策"的耶稣会士所传讲之教义与西方正统教义有别,日常所行之教礼又与西方所行不同,故而有可能会使得中国教徒对于天主教的理解产生偏差,引发天主教内部之争,支持和反对"适应政策"的两派传教士围绕是否可以实施中国礼仪展开激烈争论,继而引发清朝政府和罗马教廷介入,最终导致明清天主教禁教的历史事件——"中国礼仪之争"。[①]最初的冲突集中于耶稣会的诡辩术,但随后扩大到对"哲学"罪的指控,以及对耶稣会在最终异教文化中战略效用的考量。[②]在宗教传播的过程中,信仰的纯粹性可能会与任何当地的传统和习俗发生冲突。坚持信仰的纯粹性可能会导致对当地文化的不尊重和排斥,从而引发社会矛盾和冲突。而和谐观念则强调文化认同和相互尊重,通过文化适应来实现宗教传播的目的。与机械的、自然的观念互通不同的是,这种在宗教道德上更根本化的和谐并没有获得完全的认同。

模仿自然可以理解为一种直观的物质性描述,而艺术家对自然的模仿则经历了从纯粹的想象过程到实践体验的转变。欧洲对中国的理解和广泛的评判通常基于前一种直观判断,而后一种通过实践体验获得的理解则更具内在性和深度,受到宗教信仰的牵制。比如在弗朗斯瓦·费内隆(François Fénelon)看来,要救欧洲必须要接受古代希腊文化的指导,因而采取了一种坚决地反中国的态度。费内隆是法国天主教大主教,他本身就主张所有新教派要与天主

---

① 参见:谢子卿:《中国礼仪之争和路易十四时期的法国:1640—1710早期全球化时代的天主教海外扩张》,上海远东出版社,2018,第2页。

② See: David Martin Jones, *The Image of China in Western Social and Political Thought*, New York: Palgrave, 2001, p. 16.

教重新统一,当礼仪问题发生的时候,他始终抱着怀疑的态度,认为中国在科技上故步自封,认为中国的建筑缺乏平衡,绘画没有结构,漆的发明则是由于自然的环境。①他在1712年出版的有名的《死人的对话》(Dialogues des morts)中有"孔子与苏格拉底"一章,他借苏格拉底的名义来反对中国文化,认为孔子希望将其哲学价值普世化,比苏格拉底要有野心。②费内隆并没有完全否定中国文化,而是试图在其宗教信仰框架内理解和评价中国的伦理和哲学传统。一种开放但审慎的态度影响了他的历史观和文化观。

相反,魁奈对中国的态度表现出高度的赞赏和积极性。他认为中国在农业政策、治理体系和道德伦理方面的实践对欧洲具有重要的借鉴意义,并且这些实践与他的重农主义理念有许多相似之处。这种态度反映了启蒙时代欧洲知识分子对东方文化和制度的尊重和浓厚兴趣。但在他1767年所著论文《中华帝国的专制制度》中仍然提出了一些异类的历史观,认为近代中国人也许篡改了他们的编年史,他们把那些来自他们祖先、根据传说而流传下来的有关宇宙观、人类创世、洪水的故事等资料都纳入中国的古代王朝纪事。③他指出这些想法有启蒙目的的早期征兆,认为中国的这种历史观正是一种为合理的世俗社会服务的历史观,因此也是对人类凭借理性和经验摆脱神权和其他神秘力量的象征。可见,魁奈尽管承认中国在道德和哲学上有独特的贡献,但同时十分坚持基督教信仰的优越性。

可以说,基于信仰差异的评判没有某种个人化的观点有绝对的效果,但是基于接纳中国的程度,欧洲有一个共同且明确的标准,即对中国的体认如何服务于欧洲信仰,那些适宜于欧洲的观念如何欧洲化。正如洛夫乔伊所理解的那样——中国造园艺术所追求的只是通过新奇和变化获得效果,并非模仿所达到的高度;中国艺术家追求的原创性和新古典主义美学理论是不同的,和模仿"自然"效果的理想也不一致。④许多基督徒和基督教神学家与其他领域中的知识分子之间的讨论只是在"中国"概念的边缘上互动,是外在的,无法通过

---

① 参见:朱谦之:《中国哲学对欧洲的影响》,上海人民出版社,2006,第193页。

② 参见:朱谦之:《中国哲学对欧洲的影响》,上海人民出版社,2006,第193页。

③ 参见:弗朗斯瓦·魁奈:《中华帝国的专制制度》,谈敏译,商务印书馆,1992,第32页。

④ 参见:阿瑟·O.洛夫乔伊:《观念史论文集》,吴相译,商务印书馆,2018,第156—157页。

对艺术家的模仿接近这种新的创造方式。但是,无论是宗教的还是无神论的神秘主义者,无论在东方还是西方,都声称他们所体验到的统一感或所认识到的精神现实是如此独特,以至于无法用言语表达。[①]在试图找回原始的自由状态、自我中心的过程中,对精神诠释方式的强调,让人们更愿意相信在理性的原则之外,始终有一种信仰维度上经验判断的标准存在。

在基督教史或更广泛的亚伯拉罕信仰中,自然与人类生存并不是完全独立的系统,而是与道德观念密切相关的,上帝被视为对人类命运具有决定权的存在。但这并不意味着人类及其文化仅仅依赖于神圣的力量,相反,人类及其文化深深植根于生命形式的共同进化史中,并与世界上的无生命形式、物质和能量动态地联系在一起。然而,大多数西方哲学传统以二元论的方式将人类定义为本质上处于自然之外,作为无形的心灵,能够接触到永恒的精神领域。[②]这种二元论的思想深刻影响了西方的道德观念和伦理体系,自然界被视为人类的对立面或工具,人类被赋予了对自然的管理和统治权。这种观点不仅影响了西方的宗教和哲学,也深刻地体现在美学的理解模式中。随着自然观念的不断演进,一些博物学家、哲学家开始意识到人只是自然伟大链条中的一环,并不比其他环节更重要,认为在自然史研究中诉求终极因不合适。除了科学发现,他们还共同面对着欧洲的生存现实。

在魁奈和费内隆时代的欧洲,人民对于和谐的向往基于这样的背景:除了不安定的波罗的海地区重新燃起战火外,欧洲总体是稳定的,亨利四世恢复了法国的宗教和平;1604年英国与西班牙旷日持久的战争也宣告结束;神圣罗马帝国在1606年以后在与土耳其人的长期战争中,享有一段喘息的机会,而它的两个主要的宗派集团,还是勉强参与了战争。[③]那些难得的和谐环境给予了人们更多关于生命思考的环境。三十年战争(1618—1648年)所带来的灾难性后果更是无法估量的。17世纪总体上来说是一个暴力和动乱的时代,除了战争,

① See: Zhang Longxi, *The Tao and the Logos: Literary Hermeneutics, East and West*, Durham & London: Duke University Press, 1992, p. 46.

② See: Louise Westling, *The Logos of the Living World: Merleau-Ponty, Animals, and Language*, New York: Fordham University Press, 2014, p. 13.

③ 参见:E.E.里奇等主编:《剑桥欧洲经济史(第四卷):16世纪、17世纪不断扩张的欧洲经济》,张锦冬等译,经济科学出版社,2003,第37页。

饥荒与瘟疫接踵而来,社会基本结构尤其是人口数量也发生了重大变化。关于生存问题的讨论在人类思想史上一直未曾停止过,但是在17世纪的"退行"之后,18世纪欧洲对于自然秩序的思考被赋予了一种新的活力。魁奈和亚当·斯密描写了许多令人羡慕但并不熟悉的中国生活,甚至在18世纪的英国小说中我们也经常可以看到类似的幻想,他们把理想中的自然描绘成一个"伊甸园"式的图景,自然的生存状态表达着对和谐的渴望。这似乎是17世纪动荡后的一种对人的反思。财富的获取,改善"贫瘠"的自然环境,以及商业的发展和高雅的品位共同组成了一种稳定有序的自然状态,这种状态寄托着短暂和平所带来的人类生存快乐和对命运的满足。

中国的哲学和伦理体系,特别是儒家思想所强调的和谐,将人类与自然理解为一个不可分割的整体,冲击了绝对化的信仰体系,带来生存经验和政治智慧的改变。莱布尼茨正是认为在这方面中国要优于欧洲。他在《中国近事》的开篇中谈道:"如果说我们在手工艺技能上与之相比不分上下,而在思辨科学方面要略胜一筹的话,那么在实践哲学方面,即在生活与人类实际方面的伦理以及治国学说方面,我们实在是相形见绌了。"①因此,莱布尼茨认为应该向中国学习的方面在于实践哲学。在道德上,这种实践哲学是现实中为了减少内部冲突,对公共安全和共同生活准则进行的周到考虑,被视为一种更高级的生存智慧。

---

① 夏瑞春编:《德国思想家论中国》,陈爱政等译,江苏人民出版社,1997,第4—5页。

第三章
向美学延伸的认识：自律与他律

就在最美妙的诗人时期之后，两眼一闭，虚假的审美趣味就可能同时突然降临，如果诗歌、艺术和良好审美趣味不会成为思想方法的民族中介，那么什么东西也就不可能存在了。

——［德］约翰·哥特弗里特·赫尔德

传统上，18 世纪被视为现代审美自律（自主）的确立时期，当美学在德国成为一门独立学科时，"审美"并未完全实现"自律"（autonomy）。经验主义者关注的是艺术作品如何通过感官直接影响观众，尤其是英国经验主义者强调知识来源于经验和感官感知。在英国的经验主义者看来，美是主观的，依赖于个人的感知和情感反应。美学领域的"自律"起源于这种传统，并在康德的《判断力批判》中最终形成。然而，审美判断和体验显然不是完全独立的，而是受到外部因素的影响。审美活动依赖于外部的规范和标准，在某些历史场景中，特定的艺术形式或风格可能被视为优雅而高贵的，而在另一些材料中则可被证实并非如此。这种差异反映了社会文化对审美标准的影响，即审美"他律"（heteronomy）。康德将其视为"把外人的判断当作自己判断的规定根据"①。

在欧洲对中国的宏大想象中，感性认识的变化围绕着审美主体和审美语

---

① 康德：《判断力批判》，邓晓芒译，人民出版社，2002，第 124 页。

境的变更展开,自律与他律成为观察中国过程中美学知识生产与衍生的两条主要路径。"感性学"作为一块完整的知识领域,理智的逻辑哲学并不能完全解释其中产生的概念,因此在具体的审美创造过程中,人们通常只是通过具象的和抽象的感知来完善知识,或者通过隐喻来把握内涵。中国形象在18世纪欧洲的再现诠释了这种"想象力逻辑"的知识建构原则。

沙夫茨伯里被认为是第一个呼吁人们关注审美无利害性(aesthetic disinterestedness)的哲学家,无利害性原则启发了对"美学"基本概念的重新思考,它绕开了提炼一些核心观念模糊不清、缺乏支撑的感知抽象性,回到了对直觉的关注。在实践中,审美自律的实现依赖于无利害性的审美态度。只有当审美主体以无利害的态度进行审美判断时,才能真正实现审美自律。德国启蒙运动同样强调自主想象力的重要性,并将其视为人类直觉形成的心理机制。这种机制的形成过程原本是独立于感官(知觉)的。在18世纪的知识氛围中,自主想象力被视为天才的特权,因为天才的想象力超越了普通感官所能认知的事物意象。在构建中国形象的过程中,"感官认知"实际上是通过近代早期的瓷器贸易、视觉艺术的交流以及耶稣会士的叙述性文献等媒介所丰富起来的一种体验。这些媒介最初是抽象的,中国风格的某些主题在被欧洲人采用之前,已经从西亚借鉴了元素,并渗透到远东和南亚的异国情调中。这类物质文化等外生性的因素,正是影响感知判断的"他律"的具体化。

第一节　想象的自律

一、空间的虚构与文明想象

柏拉图的《理想国》中讲述了可见和可知的两个世界影像与实物之比正如意见世界与知识世界之比。可知世界被苏格拉底分成两个部分,"在第一部分里面,灵魂把可见世界中的那些本身也有自己的影像的实物作为影像;研究只能由假定出发,而且不是由假定上升到原理,而是由假定下降到结论"①。柏拉

---

① 参见:柏拉图:《理想国》,郭斌和、张竹明译,商务印书馆,2017,第272页。

图的圣贤思维影响，在欧洲历史叙述中多有体现，尤其是在对东方的描述中。欧洲关于东方的历史叙述常常从一个假想开始，它从不需要证明，而是通过类比来论证想象力，是一种纯粹的理想推论。欧洲的思想传统中也常有对于影像与实物、意见与知识、假定与结论之间复杂关系的探讨。这种探讨不仅影响了欧洲自身的艺术和文学创作方式，也塑造了独特的历史观。

尽管从克罗狄斯·托勒密（Claudius Ptolemaeus）时代一直到尼古拉斯·哥白尼（Nicolaus Copernicus）时代，欧洲的知识储备中几乎没有关于中国的真实信息，欧洲人视野中所谓的"中国"在近代早期之前一直是一个想象的概念，但是欧洲人仍然会像《理想国》的洞穴映射中描述的那样，习惯从想象中获得他们看待外部世界的视角，逐步建构起认识中国乃至东方世界整体的过程。这种对东方世界的想象和建构，常常带有浓厚的神秘主义和浪漫主义色彩。欧洲人通过零星的旅行者、商人以及传教士的报告，逐渐拼凑出一个理想化的东方形象。在东行传教士的报告中，中国被描述为一个充满异域风情、富饶而先进的文明，这种描述满足了欧洲人对未知世界的好奇心和对理性世界的幻想。亨利·鲍德（Henri Baudet）在描述欧洲人与非欧洲人的关系时，将欧洲对外部世界的探寻视为一种欧洲自身对理想化和谐的寻踪与重塑，这个过程从时间转向空间：

欧洲人与非欧洲人之间的关系总体上似乎由两个因素所支配，这两个因素各自独立运作。一个是由物质事实决定的，正如关系通常可以由事实决定一样。另一个则由内在的冲动所驱动，更为强烈和迫切。这种冲动并非源于客观事实——黄金、白银、香料等，而是源于对深刻的、理想化的、终极和谐的怀念，这仍被视为创世的真正目的[……]起初，我们的文化从时间的角度来思考那种和谐，在我们自身或另一个"绝对"的过去中寻求它[……]在随后的时代，又以空间的角度去寻求那种完美的和谐：在一个真实或不存在的当代世界中，所有吸引想象力的外部世界在某种程度上都与它联系起来。①

欧洲人的外部想象虽然受到物质实在与史实的影响，但其本质是一种内

---

① Henri Baudet, *Paradise on Earth: Some Thoughts on European Images of Non-European Man*, New Haven and London: Yale University Press, 1965, p. 74.

在的、理想化的冲动。这种源自对终极和谐的追求的冲动,在不同历史阶段都与其特定的思维方式和想象基础相互交织。从古典哲学到宗教运动,从文艺复兴到浪漫主义,直至当代跨文化研究,欧洲对终极和谐的追求始终贯穿其中。因此,欧洲对他异空间的想象不仅体现为理解与艺术化的改写,而且更深层地反映了其内在的理想化冲动和对和谐的永恒追寻。

在希罗多德(Herodotus)和斯特拉博(Strabo)时代的古希腊,西方文明就开始了对东方世界的感性建构。由于地理位置的遥远,自那时起,东方的一切通常只能通过"探索"来获得认识。马可·波罗(Marco Polo)时代对"契丹国"的寻找、阿拉伯世界对中国的"发现",以及最终通过"寻找"实现的航海大发现,都是欧洲人从空间上获取完美精神力量的证据。中国是"被发现"的客观存在,而欧洲则是这一"发现"的主体。古希腊人的"历史"(Historia)词根意思是"看"或(通过看而达到)"知",这一意思仍保留在动词histōr("判断")里,Historia包含通过分析和辨察掌握信息的意思。①这种通过观察和分析来获取知识的方式,体现了欧洲人对未知世界的探索精神和求知欲望。这种精神贯穿于整个历史进程中。从古希腊的地理探险,到文艺复兴的文化复兴,再到科学革命的重大突破,欧洲人对未知世界的探索精神和求知欲望一直是推动欧洲文明不断前进的重要动力。

通过不断地"寻找"和"发现",欧洲人在文化理解上丰富了对世界的认知。然而,一个更为本质的内在因素是他们对空间依附性的信仰。中世纪以来的欧洲,基督教的影响就使得这种对地理空间的追求与宗教信仰紧密结合在一起。圣奥古斯丁等天主教圣师强调神圣秩序和灵魂救赎,认为人类的终极和谐在于与神的统一。这一时期的艺术和文化反映了这种宗教性的理想化冲动,教堂建筑、宗教绘画和文学作品都在表达对神圣和谐现实的追求。在欧洲中世纪的宗教文化中,地点依附成为一个显著特点。尽管圣人不受地理限制,但人们相信其遗物所在地聚集着圣人的美德力量,这也成为十字军东征的重要精神起源。②朝圣者们长途跋涉前往圣地,期望通过接触圣人的遗物和遗迹来获得精神上的启迪和救赎。空间依附性强化了地方性的宗教崇拜,追求内

---

① 参见:亚里士多德:《诗学》,陈中梅译注,商务印书馆,1996,第254页。
② 参见:乔纳森·莱利-史密斯:《牛津十字军史》,郑希宝译,北京日报出版社,2022,第27—28页。

在和谐与外在秩序的结合，塑造了欧洲独特的社会结构和宗教文化品格。

阿塔那修斯·基歇尔是一位德国传教士、学者和科学家。他在17世纪的欧洲以其学识和多才多艺而著称，被誉为"最后的文艺复兴者"之一。基歇尔对中国文化和语言特别感兴趣，凭借个人在地质、医学、宗教方面的专长，加上自己的想象力，最终完成了《中国图说：基于宗教、世俗文物和各种自然、技术奇观及有价值事物的阐释汇编》(*China Monumentis qua Sacris quà Profanis，nec non variis Naturae & Artis Spectaculis*，后简称《中国图说》)。此书成为17至18世纪推动欧洲理解中国最有影响力的著作。由于地理限制，欧洲对远东地区的想象非常有限。近代早期，人们只能通过有限的媒介获取少量知识。这些媒介的转译以一种带有奇特视角的逻辑看待东方，有时这种视角如同诗篇歌颂人类的丰功伟绩或某种神谕的力量。

图3-1 1667年拉丁文版《中国图说》插图

基歇尔的《中国图说》不仅仅是对地理和文化的记录，更是对东方世界的奇特想象与诗意表达。书中充满了对中国自然景观、建筑艺术、宗教仪式和社会习俗的详细描绘,这些描绘不仅基于他所能获得的实际资料,还夹杂了大量的推测和想象。欧洲中心观作为一种根深蒂固的认知范式,其渊源可追溯至西方文明的历史神话叙事。这种建立在神话起源基础上的中心论思维,构建了一种二元对立的世界观结构,并在历史进程中不断强化。然而,这种认知框架下产生的文本评价,不应简单视作对史实的客观推论,而应理解为特定历史语境中的主体认知表达。这些认知表达虽带有主观性,但其价值恰恰在于揭示了跨文化想象的历史维度。在不同文化语境中,这种想象通过"共通性审美模式"的建构,使具体历史叙事得以超越其偶然性与特殊性,上升为某种普遍的艺术真理表达,从而催生出多元的历史文本诠释空间。因此,主观的评价并不是史实的推论,而应视为个体的感受。感受不能因其真实性而被否定,在不同语境中讨论审美的"共通模式"让历史(故事)实现了从偶然性、特殊性向普遍的艺术真理的跨越,继而衍生出复数的历史文本,以容纳更丰富的叙事。基歇尔通过这些描绘,向欧洲读者展示了一个既真实又神秘的东方世界。基歇尔的工作在某种程度上反映了近代早期欧洲知识界的一种普遍心态,即通过探索和理解异域文化来丰富自身的知识体系。正如亨利·鲍德所描述的,从时间的角度来思考那种和谐在空间想象中找到了替代。

在《中国图说》中,我们可以观察到基歇尔对中国的描述在审美意义上的"发现"与实际情况存在显著差异。然而,这种差异并非毫无根源,而是可以追溯到一些基本的想象原则,具体说来,是构成一半真实、一半虚构的自然状态。这种自然的想象逻辑长久以来储存于欧洲的历史中,尽管古希腊历史中有些部分可能带有神话或传说的色彩,但整体上,现代考古学和历史学的进展也不断验证和补充着历史的真实性。从斯特拉博开始,古希腊就第一次留下了有关赛里斯人(Sères)的记载,他用神话、寓言和更新的地理幻想加以修饰,诸如他提到的赛里斯人是可以把自己的寿命延长到200多岁的怪人。在希罗多德的"历史"中,"在伊赛多涅斯人的那面住着独眼人种阿里玛斯波伊人,在阿里玛斯波伊人的那面住着看守黄金的格律普斯,而在这些人的那面则又是领地一直伸张到大海的极北居民"[1]。阿里玛斯波伊人分布在斋桑泊附近的额尔齐

---

① 希罗多德:《希罗多德历史:希腊波斯战争史》,王以铸译,商务印书馆,2017,第316-317页。

斯河流域[①],而"看守黄金的格律普斯"在希腊神话中指的是一种狮身鹰头怪兽。这些描述虽然不完全准确,但已经接近了古代中国的疆域地貌。尽管这些描述更多地反映了亚欧大陆的中间地带,但它们在早期希罗多德的作品中成为区域的象征性命名。因此,在历史上,欧洲人对"中国"或远东地区的想象,其情感上的价值远远超过了真实性的意义。

斯特拉博则试图从地缘上给予东方更为精细化的描述,在他的描述中,巴克特里亚(Bactria)的一部分延伸到了阿里亚(Aria)北部边界,根据阿尔忒米塔的阿波罗多罗斯所说,希腊人之所以鼓动巴克特里亚起来造反,是由于这个地区的富饶使他们获得了强大的力量,不仅成了阿里亚纳(Ariana),而且还成了印度的统治者……他们征服的部落比亚历山大更多,巴克特里亚历代国王还把自己的帝国扩张到了赛里斯人和弗里尼人的地区。[②]"巴克特里亚"是希腊人的称呼,而在中国的史料记载中,斯特拉博所描述的国度是确实存在的,也就是古大夏国。根据司马迁《史记·匈奴列传》的描述:"汉使杨信于匈奴。是时汉东拔秽貉、朝鲜以为郡,而西置酒泉郡以鬲绝胡与羌通之路。汉又西通月氏、大夏,又以公主妻乌孙王,以分匈奴西方之援国。"[③]月氏人原来居住在今甘肃西南部的祁连山一带,后被匈奴逼迫不断西移,最后住到了今阿富汗东北部的阿姆河上游。而大夏(大夏国)也就是希腊人称之为巴克特里亚的地方,在今阿富汗之北部,国都蓝氏城(今名瓦齐拉巴德)。而这里原本是希腊人最东端的殖民地,在古希腊的地理观中,这个位置也被视为边缘属地。在航海时代开启之前,欧洲的西侧被认为是无法逾越的海洋,因此东方自然成为他们能够想象的最遥远的方位。

古希腊历史大致描绘了一个欧罗巴大陆边缘世界的样貌,古希腊城邦被视为中心地带,而东方大陆则被视为外部世界,从而形成了关于东方的整体印象。然而,自近代早期尤其是16世纪以来,随着欧洲人视野的扩宽,他们逐渐认识到中国所处的地理全貌。除了贸易和战争之外,欧洲人更迫不及待地在文化层面对"东方"想象进行验证。一些遵从古典世界观的统治者和思想家将

---

① 指今新疆维吾尔自治区阿勒泰地区。

② 参见:斯特拉博:《地理学》,李铁匠译,上海三联书店,2014,第768页。

③ 司马迁:《史记》(第四册),中华书局,2011,第2537页。

符合欧洲中心的世界秩序作为蓝图,通过重构关于东方的知识体系,建立文化等级观念,以及重新诠释东方文明的历史逻辑,来合法化其全球扩张的政治诉求。这种认知不仅影响了近代早期欧洲的中国观建构,甚至还为后续的殖民话语体系奠定了基础。例如,《山海舆地全图》展示了亚细亚、欧罗巴、利未亚、亚墨利加和墨瓦腊泥加等地理知识,向中国人完整地展现了近代地理学的知识。这不仅是地理知识的传播,更是文化交流和权力关系的一部分,通过这种方式,欧洲试图在全球范围内确立其中心地位。16世纪末,利玛窦印制时还用中文做了标识,然而很难让当时的中国人信服地图上并未出现重大的错误,因为地图上中国的面积还不到世界的千分之一,这与中国所相信的宇宙大相径庭。[1]到了18世纪,欧洲自视为世界的中心,"中国"对于欧洲来说已不仅仅是一个文化真实价值的衡量标准,而是成为一个更广泛的区域文化概念。中国更多地以图形和文字的形式出现在欧洲的商品中,这些物质媒介的艺术化进一步丰富了欧洲人对中国的幻想。

　　欧洲对于东方的历史叙述始于一个假设,该假设通过经验的类比来证明想象力,并由空间想象力的自律性主导。在国体意义上的"中国"出现之前,历史文本中的"中国"概念也是通过想象力构建的,这些材料反过来又被用作人类情感的证据来修饰现实世界。对这一原则的持续遵循解释了自近代早期至18世纪以来,中国形象在欧洲再现的基本逻辑。精神上的"中国",或更广泛地说,精神上的世界版图,即便在今天,地理概念中仍包含着关于"隐秘权力关系"以及神话描述的元素。空间想象构成了人类地理结构和世界观的重要部分。空间描述不仅仅是对自然环境的叙述,更是社会、文化和权力关系的反映。地理概念中的权力关系不仅存在于政治中,也存在于内部社会结构和文化想象的美学互动中。

二、理性束缚中的自由向往力

　　文化之间的冲突和张力塑造了不同历史时期全球史的丰富性。历史学家尽力避免将情感简单化为固定的文化特征,但非常注重审美逻辑在具体历史

---

[1] 参见:利玛窦:《利玛窦书信集》,文铮译,商务印书馆,2018,第83页。

情境和互动中被建构和理解的过程。通过这种方式,文化的多样性和复杂性
得以在历史叙述中展现出来,使得我们能够更深刻地理解不同文化之间的关
系及其演变,同时也能提供新的视角来重审文化现象及其根源。

　　回看欧洲的古希腊诗歌传统,自希罗多德时代的想象开始,古希腊人便将
欧洲以东的大片区域圈定为一个文化整体。从那时起,东方与西方被艺术描
绘成两个截然不同的"世界"。在埃斯库罗斯的《波斯人》中,阿托萨的一场梦
境,勾勒出这两个世界的永无休止的对立与纠葛:

　　　　自从我的儿子带着人马前去践踏希腊后,我在夜间做了许多噩梦。但我
　　从没有见过一个梦境像昨夜的那么清楚。我可以告诉你:
　　　　我在梦中看见两位穿得很漂亮的女郎,有一位穿着波斯的长袍,有一位穿
　　着希腊的短服。她两人的身材比现在的人高大得多,而且美丽无瑕,简直是同
　　宗的姊妹;她们的命运注定了一位生长在希腊,一位寄居在外邦。据我看来,
　　这一对人彼此发生了争吵;我的儿子知道了这事,便出来劝阻她们,安慰她们;
　　他用绊带系着她们的颈项,把她们驾在车前。有一位很高傲地带着靮绊,听顺
　　缰辔的牵引。那另一位却竭力反抗,双手拆散了驾马的车具。她脱离了辔头,
　　用力拖着车子跑,把衡轭折成了两截。我的儿子从车上滚了下来,他的父亲大
　　流士立在旁边怜恤他;他看见了父亲,撕毁了自己身上的衣袍。[①]

　　埃斯库罗斯的写作引出了与地理方位相关联的审美维度上的命运思考。
古希腊人的文明中心特征促使他们不断试图与所谓的"野蛮人"区分开来,古
希腊文学则再现了这种文明中心的观念。这些文学想象同样成就了"欧洲"与
"亚洲"关系的隐喻,成为"东方"与"西方"文明的对照。在这个梦里,预示了希
腊和波斯是姐妹,她们同宗,但彼此不同。在表达悲哀时常常撕毁衣袍,这种
仪式性行为作为深刻情感的外在表现,被许多历史记载和文学作品详细描述。
这种情感表现不仅揭示了希腊人对命运的敬畏,也反映了他们对自身文化身
份的深刻认同。在这种文化表达中,命运不仅仅是个人的宿命,更是文明之间
相互影响和冲突的象征。埃斯库罗斯的浪漫思考,不仅深化了对命运和文明

---

①　埃斯库罗斯、索福克勒斯:《埃斯库罗斯悲剧三种　索福克勒斯悲剧四种》,罗念生译,世纪出版集
团、上海人民出版社,2007,第30页。

关系的探讨,也为后世的美学提供了参考。《希波战争史》中充斥着对异邦的浪漫想象,这部奠基欧洲文明史的作品不仅描绘了东西方的冲突,还塑造了欧洲人对东方的持久想象。尽管这个东方过于广义,但其延伸出的是对整个异域文化的态度,古希腊文学不仅塑造了古希腊人对自身文化优越性的认知,也体现了其对外部文化的好奇和浪漫化的视角。

埃斯库罗斯的作品强调命运、地理方位和文明之间的关系,突出的是一种浪漫化和象征性的思考。这种写作风格重视情感和文化身份的表达,通过对命运和文明冲突的探讨,揭示了复杂的文明关系和对异域文化的浪漫想象。相比之下,18世纪的理性主义诗歌传统则更注重理性、秩序和逻辑。理性主义诗人倾向于通过清晰的逻辑和理智的分析来探索人类的经验,他们强调道德教化和社会秩序,往往采用更为直接和明晰的表达方式。诗歌被视为理性主义时代"想象力的逻辑",区别于数学和逻辑。诗歌更多地依赖于感官和想象力,而非纯粹的理性。诗人的目标是通过描述和比喻再现自然。尤其是18世纪的德国审美理性主义传统,推崇理性、秩序和道德教化,约翰·克里斯托夫·戈特雪德(Johann Christoph Gottsched)对诗歌领域的形式提出过明确的理性要求,认为诗歌的创作应该服从理性的统治。他在著作《批判的诗学》中强调了规则的优先性,即先有理论上的或者道德上的真,再有诗的情节,情节只是用具体事例来说明这个真。尽管这一看法遭到一些批评家的反对,但是它所体现的正是一种古典式的模仿原则。

我们可以进一步联想在这些关于东方景象的描绘中所呈现的美学原则与古典诗歌创作理想的相似性。戈特雪德认为诗歌的直接泉源在于人的情感之中,而美存在于事物的天性之中,只有通过对自然的精细入微的模仿,才能达到艺术作品的完美境界。在他的理解中,诗需要遵守真实性,诗歌创作的情节与描写必须遵从这一原则,所谓的诗歌的真实性,具体是指"被描绘的东西与事实上发生的事件的相似,或者说内容与自然的一致"①。我们可以这样理解这种真实性,它首先应当符合的条件是在欧洲人对自然的认识的基础上。同时,所有描绘的情景必须符合自己所能认识的环境,比如在《批判的诗学》中曾

---

① 马奇主编:《西方美学史资料选编》(上卷),上海人民出版社,1987,第501页。

列举了古人模仿禽鸟学唱歌的例子。显然,人并不能通过艺术的模仿达到完全的一致,即便没有鸟类,人类仍然能学会歌唱,人们通过主观上对自然的审美认识(自律)以及这种对自然的模仿(阐释)表达心灵的满足。

戈特雪德提倡古典主义的文学标准,强调理性、规则和道德教化。尽管他是弥尔顿的反对者,认为文学作品应该遵循严格的结构和形式,认为弥尔顿的创作过于自由,违反了古典主义的文学标准,但是戈特雪德揭示了理性主义传统中思想之间的连贯性和一致性中非常重要的指向,说明了为什么某些想象和概念能够在我们的意识中自然地衔接和转换。外部想象和自身理性批判力之间的纠葛成就了浪漫主义的萌芽。根据卡尔·威廉·弗里德里希·施莱格尔(Karl Wilhelm Friedrich Schlegel)的观点,"如果现代诗歌的各个地域性的部分从它们的相互关联中割裂出来,并作为单独自存的整体来考察的话,那么它们就是不可解释的。它们只有通过相互之间才获得支持和意义"[①]。施莱格尔的观点强调现代诗歌各个地域性部分之间的相互关联性,只有在彼此联系的背景下才能获得支持和意义,这深刻体现了浪漫主义的起源和核心特征。浪漫主义强调整体性和多样性,重视不同文化的交融与对话,反对单一性和封闭性,关注个体与整体的关系,并重新解读历史和传统。这不仅反映了浪漫主义对艺术和文学的多元视角和开放态度,也强调了各部分在更广泛文化背景中的相互支持和意义。

在18世纪初,尽管古典主义仍在欧洲戏剧舞台上占据主导地位,但随着启蒙运动的推进,古典主义的陈旧规则已无法适应新的时代生活。古典主义者原本坚持以理性审视和衡量社会的一切,旨在重建一个符合永恒真理与正义的理性王国。然而,在戏剧和文学创作以及美学理论研究中,要求作品必须符合理性规则已显得"过时"。在18世纪欧洲观察者眼中,异域风情与艺术心灵的统一激发了艺术家们不受约束的反理性主义美学。他们找到了一种不安于现状的能量,将两种文明之间的审美差距宣泄释放。在这一过程中,艺术被视为一个独立的感性领域,使人们能够接触到陌生形式。异样的艺术引领了一种追求新奇的共同心理。

---

① 转引自阿瑟·O.洛夫乔伊:《存在巨链:对一个观念的历史的研究》,张传有、高秉江译,商务印书馆,2015,第24页。

约翰·约阿希姆·温克尔曼(Johann Joachim Winckelmann)和赫尔德明确表达了与希腊精神之间深刻的道德交集,这种亲希腊精神(Philhellenism)体现了一种独特的美和多样的伦理价值与追求。①尽管近代早期的科学观察缺乏可靠的证据,宗教观的解释也不一致,但丝毫不影响18世纪欧洲启蒙时代对古希腊文化的高度认同感在知识传播中的地位。到18世纪后期,"古代"不仅指古代建筑的发现或希腊、罗马风格的流行,它还指一个想象的世界,以及一个基于过去精心挑选的文学和艺术残余的信仰的集合。②这种认同感的局限迫使人们重新审视审美判断中的理性与情感。启蒙思想家逐渐意识到,单纯依靠理性无法全面理解人类经验和社会现象,因此开始倡导一种更加包容和多元的视角,试图将理性与感性、古典与创新相融合。他们从异域文化中汲取灵感,打破了传统的教条框架,为后来的浪漫主义运动奠定了基础。

围绕美学知识的功能,18世纪的欧洲经历了一场观念革命,这场革命不仅涉及"艺术"与"美"的概念变化,还从更深层次反映了"人本"与"自由"价值的解放,而这一点在18世纪的英国小说中表现得尤为明显。在对海外旅行和冒险的痴迷描绘中,中国被虚构为对欧洲商品永不满足的东方市场。在丹尼尔·笛福(Daniel Defoe)的作品中,这种对中国的情感表现得尤为明显。他在《鲁滨逊的沉思集》(*Serious Reflections of Robinson Crusoe*)中引用了耶稣会的资料来描绘中国。他将中国描述为文明的巅峰,其治理和秩序为日益扩大的贸易提供了基础;相较之下,东南亚和太平洋地区常被描述为欧洲人能够轻松获取商品并与当地人达成有利交易的地方,远东承载了对欧洲人而言的神话,即能够维持一种无止境且利润丰厚的贸易。③在具体的小说文本中,这种隐喻性描绘充满了细节。主角鲁滨逊·克鲁索(Robinson Crusoe)的经历与选择最直接地体现了这一点。

---

① See: Damian Valdez, *German Philhellenism*: *The Pathos of the Historical Imagination from Winckelmann to Goethe*, New York: Palgrave Macmillan, 2014, p. 5.

② See: John Harry North, *Winckelmann's "Philosophy of Art"*: *A Prelude to German Classicism*, Newcastle: Cambridge Scholars Publishing, 2012, p. 44.

③ See: Robert Markley, "'I have now done with my island, and all manner of discourse about it': Crusoe's Farther Adventures and the Unwritten History of the Novel", *A Companion to the Eighteenth-Century English Novel and Culture*, Malden (MA): Wiley-Blackwell, 2005, p. 29.

　　克鲁索出生在一个中产阶级家庭，但在笛福的笔下，他并没有听从父亲的劝告，加入英国的中产阶级，而是选择到海上经商。在一次前往非洲的航海途中，他遇到了风暴。"鲁宾逊"不仅成为当时中小资产阶级心目中的英雄人物，而且成为西方文学中第一个理想化的新兴资产者。但是在小说中，他一开始被笛福赋予与普遍新兴资产阶级观念格格不入的品质，不仅鄙视懒惰，颂扬劳动，而且拒绝奢侈。当他被拯救出荒岛后，他唯一的财富就是那些从沉船中打捞上来的硬币，这些钱不是他自己劳动的产物。之后，他通过引入移民，建立了一个殖民地。但这笔花销是用他在巴西甘蔗种植园的利润和他第一次奴隶之旅的投资收益支付的，而不是来自荒岛。在重新融入世界经济和它的奢华之后，鲁滨逊回到了环游世界和新一轮冒险的生活中，而不是依靠艰苦的工作来自给自足。①在奢侈品贸易的背景下，即使有清晰的新教价值观，也难以抵挡奢侈品和奴隶制所带来的财富诱惑。故事中充满了对资产阶级原始资本积累的赞美，同时也宣扬了向海外未知世界扩张的精神。在全球化早期贸易的背景下，当时欧洲社会新兴的价值观开始取代根深蒂固的信仰。"自由"的概念和开辟新世界秩序的精神在文学与艺术中以一种全新的体验形式展现出来。

　　从18世纪开始，人们对自然的体验和重新理解成为整个欧洲美学知识探讨的一个重要问题。为了阐明审美无利害性，沙夫茨伯里选择了一种更为熟悉的审美对象，即自然景观，他将无私跟占有或使用对象的欲望对立起来，比如拥有海洋所带来的享受与单纯欣赏海洋之美所带来的享受是截然不同的。但激发"强烈欲望、愿望和希望"的对象仅仅通过观看并不能满足。②这种无利害性的审美体验能够超越实用性需求，最开始并不是一种"能力"，而是强调一种心灵的自由状态。一般认为，18世纪现代美学自主性的确立，缘起于英国美学理论，经康德的《判断力批判》发展，并在德国浪漫主义中实现。在沙夫茨伯里看来，理解自然的美需要从整体上看待自然，而不是仅仅关注个体部分。自然的和谐美来自各部分之间的有机联系，社会并不是为了约束人类的自私行

①　See: Kenneth Pomeranz, Steven Topik, *The World That Trade Created: Society, Culture, and the World Economy, 1400 to The Present*, London and New York: Routledge, pp. 171–172.

②　See: Jerome Stolnitz, "On the Origins of 'Aesthetic Disinterestedness'", *The Journal of Aesthetics and Art Criticism*, Vol. 20, No. 2, 1961, p. 134.

为而存在的必要之恶,而是自然完美秩序的一部分。人类的社会性是自然赋予的,是一种内在的美。

亚当·斯密则揭示了人性那些强烈欲望中自私与道德之间的矛盾。他通过假设一个欧洲人对中国发生的巨大灾难的反应,说明了人类通常对与自己无关的事情缺乏深切的情感,而对自身的微小不幸却异常关注。斯密还指出,人性中存在一种更强大的力量,即理性、道德和良心,这些内在的道德指引促使人们在许多情况下为了他人的利益而牺牲自己的利益。这种力量帮助人们超越自私的本能,从而追求更高尚的行为和道德标准。在笛福的笔下,克服自然的过程显得顺理成章。鲁滨逊成为一个与自然对抗并最终战胜自然的个体。这不仅是对另一种感性的呼唤,也是通过情感自律来证明价值的过程。这种情感的产生环境是整个欧洲对"自爱"与个体价值的宣扬。个人利益是人们从事社会经济活动的出发点,这种基于个人利益的利己主义被斯密称为"自爱"。这种"自爱"支配着人类个人行为的动机,并且具有不同的倾向。人们对自身价值的追求和利益的实现与同情心相关联,是人在社会中发挥作用的体现。

歌颂海上自由贸易的资本主义文化本质上是对旧有世界体系的挑战。18世纪中期以后,欧洲传教士开始意识到中国的"仪式"在保持地位差别、促进社会凝聚和传播神圣道德规范方面的重要作用。欧洲人认识到中国伦理与政治的不可分割,最为典型的是中国园林艺术对自然的尊重与接纳——让他们受到了启发。东方生活的各个主要方面和各个阶层都在推进这些仪式,从皇帝到农民,这代表了他们履行道德义务,也是美学和世界观想象的神圣符号。因此,中国的仪式使欧洲人以不同的方式思考这种机制运作所必需的制度和惯例。在工业革命的前夜,对中国的判断已经不再是基于一种想象力或者仅仅是需要被"发现"的地方,不再是通过通常规定的"理智认识"进行比较的过程,而是越来越强调在一个标准化的社会生产模式中,理解文化差异与审美愉悦。

18世纪英国小说的实践向读者揭示了对新人文主义思潮的关注,这一思潮集合了经验主义和反宗教情绪等多种重要人文精神。然而,中国风格在文学艺术作品中的影响,常常表现为缺乏规范的概念和内涵,更多的是特殊性的描述和思考。此外,这些作品一致认为感性的品位无法通过学习获得,品位被视为上层阶级的习惯。"品位"和"情感"的一个重要作用是展现对资产阶级的支持。英国保守党政治讽刺作家约翰·谢伯尔(John Shebbeare)批判了"中国风"艺术,将其视为国家道德、经济甚至物质衰退的象征。他和荷加斯等人的批评聚焦于当时的时尚及其导致的过度消耗,特别强调了中国风格的影响。由于经济发展和审美态度鼓励了装饰艺术的模仿和创新,中国艺术和它所模仿的外国作品被批评家视为海外贸易构成的经济、社会和审美危险的象征。①在18世纪50年代中期,对所谓的中国品位时尚的抱怨变得相当普遍,这明显与欧洲美学理解语境的变化脱不了干系。

可以说,18世纪的"中国热"(Chinese vogue)并不代表所有的中国物品都受欢迎。1735年,杜赫德就这样评价过中国绘画,他认为切不可仅凭中国人瓷器上的图案来判断他们的形貌。詹金斯(Eugenia Zuroski Jenkins)关注了中国风格在品位机能中的结构作用,品位的机能承担了调节作为理性主体性的一部分想象力。在欧洲的"中国热"达到顶峰的时候,中国事物的形式和文化意义也是多样的,而且常常是矛盾的。在他看来,鉴于中国文化在漫长的18世纪英国文化中占有重要地位,正是中国风格的多样性和概念的易变性使其成为18世纪早期英国趣味和想象理论的中心形象,相较于对英式理性构成的威胁,让人又爱又恨的中式物件在一开始便佐证了理性的附加功能。②在进行跨文化比较时,我们需要避开一些历史上的巧合因素,以得出更令人信服的结论。商业竞争和资本逐利、对奢侈品道德影响的争论以及将品位具象化的问题,都在18世纪的欧洲经济需求中占据着特殊地位,如此,"中国风"消费品才在刺激经济变化方面发挥了重要作用。

---

① See: Stacey Sloboda, *Chinoiserie*: *Commerce and Critical Ornament in Eighteenth-Century Britain*, Manchester: Manchester University Press, 2017, pp. 59–60.

② See: Eugenia Zuroski Jenkins, *A Taste for China*: *English Subjectivity and the Prehistory of Orientalism*, Oxford: Oxford University Press, 2013, p. 67.

第二节　物性的他律

一、物质认知的历史吸引力

审美他律性有着复杂的形成背景,其中历史信息和文化环境深深嵌入审美属性之中。持有审美他律原则的哲学思考通常以为,一种审美形态及其形成过程并不是由形而上学的外在精神所驱动的,而是与物质之间有着更为紧密而实在的联系。这种观念还表现为,将全球化早期之前的欧洲对中国乃至整个东方世界的看法,等同为一种"物质崇拜"的情感再现。物质描述在构成"中国"的完整概念的思想史中,最初是由不同文化之间持续不断的贸易关系所创造的,并最终通过审美层面的物觉理解,聚合为影响近代早期中国观的核心因素。

早在3世纪左右,罗马就试图通过占领的城市控制中国产品销售的中心,但波斯到处在挡道,经过继续向东和向南扩张,一度强大到了可以与罗马人和埃塞俄比亚人争夺制海权。[1]而当东罗马帝国试图重振旗鼓时,已为时太晚,中国丝绸已经落入了波斯人之手,因此必须接受波斯人的敲诈勒索,如数向他们付款方能得到中国丝绸,当时的丝绸已经成了决定拜占庭帝国各项政策的一种重要因素。[2]然而,丝绸的秘密一直被中国人严加保守。此时,有人成功地避开了中国检查者的监视,从赛林达偷了一些蚕籽到拜占庭,这成为希腊人开创这一新产业的基础,从而帮助查士丁尼解决了帝国丝绸贸易中的极其重要的难题。蚕种迅速繁殖,大片的桑树种植也出现了,许多丝绸织造坊迅速建立起来,其中最重要的工坊就位于君士坦丁堡。[3]丝绸的传播无疑是改变亚欧地缘格局的重要历史事件,这对整个欧洲当时的刺激是显而易见的。回到欧洲的文化立场来看,无论是古希腊还是古罗马都始终希望在人类心灵的理解中创造、改造自然,从而衍生出艺术、神话和智慧,但是这种理想仅仅延续了一个封闭的世界里自然环境所赋予的独创性,心灵的无限想象鼓舞着欧洲传统

---

① 参见:布尔努瓦《丝绸之路》,耿昇译,中国藏学出版社,2016,第111页。
② 参见:布尔努瓦《丝绸之路》,耿昇译,中国藏学出版社,2016,第111页。
③ 参见:A. A. 瓦西列夫《拜占庭帝国史:324—1453》,徐家玲译,商务印书馆,2019,第261-262页。

中自由的精神力量，他们迫切地寻求发现一个更广阔的物质世界，以促成信仰对世俗想象的检验。显然，世俗化的野心在教条而单一的文化空间中是难以实现的，唯有从外来民族那里才能获得具有启示性的历史。

伊朗学者伊赫桑·雅斯特（Ehsan Yarshate）认为，丝绸的秘密据说被中国人严密保守。虽然其传入波斯的确切日期不确定，"但如果我们相信关于一位中国公主在公元419年将蚕偷运到和田的故事，那么这个日期不会晚于此"[①]。"家蚕在罗马帝国中已为人所知，并在公元552年由查士丁尼将丝绸生产定为国家垄断[……]解决欧洲人丝绸之谜的事件被归因于'印度僧侣'，他们从西域带来了家蚕；或者是一个波斯人从赛里斯国（在此情况下意为中国）用空心竹管带来了昆虫……"[②]这个僧侣的故事衍生自《大唐西域记》，根据书中的记载：

> 王城东南五六里，有麻射僧伽蓝，此国先王妃所立也。昔者此国未知桑蚕，闻东国也有，命使以求。时东国君秘而不赐，严敕关防，无令桑蚕种出也。瞿萨旦那王乃卑辞下礼，求婚东国。国君有怀远之志，遂允其请。瞿萨旦那王命使迎妇，而诫曰："尔致辞东国君女，我国素无丝绵桑蚕之种，可以持来，自为裳服。"女闻其言，密求其种，以桑蚕之子，置帽絮中。既至关防，主者遍索，唯王女帽不敢以验。遂入瞿萨旦那国，止麻射伽蓝故地，方备仪礼，奉迎入宫，以桑蚕种留于此地。阳春告始，乃植其桑。蚕月既临，复事采养。[③]

最终，家蚕在公元552年被罗马帝国所熟知，在562年丝绸生产已经被查士丁尼垄断。丝绸产业成为国家垄断的产业，并使政府获得大笔收入。这虽然并不足以改善帝国处于危机中的财政状况，但拜占庭丝织品被运往西欧各地，装饰着西方君主的宫廷和富商的宅邸，让查士丁尼时期的商贸活动产生巨大变化。[④]因此可以说在欧洲历史上与中国的文化对话，更确切地说是从中国的物质获取，间接影响了拜占庭的国运，继而影响了欧洲的文化版图。

---

① Ehsan Yarshater, ed. *The Cambridge History of Iran. Vol. 3*：*The Seleucid，Parthian and Sasanian Periods*，Cambridge：Cambridge University Press，2006，p. 549.

② Ehsan Yarshater, ed. *The Cambridge History of Iran. Vol. 3*：*The Seleucid，Parthian and Sasanian periods*，Cambridge：Cambridge University Press，2006，p. 549.

③ 玄奘、辩机撰：《大唐西域记汇校》（卷第十二），范祥雍汇校，上海古籍出版社，2011，第619页。

④ 参见：A. A. 瓦西列夫：《拜占庭帝国史：324—1453》，徐家玲译，商务印书馆，2019，第262页。

　　通过这样的方式，整个欧洲外部就形成了一个虚构的商业财富和新经济结构的陷阱。尤其对于历代封建统治者来说，自那时起，拥有东方的财富在某种程度上也就成为一种政治意义和象征。即使在路易十四时代的法兰西、工业革命前的英格兰，我们仍然感受得到这种东方崇拜观念的存在和延续。此外，建立欧洲帝国的"文明使命"还带有浓厚的宗教色彩，其目的是将非洲和亚洲的原住民基督教化。①十字军东征的政治本质在于，西欧的封建领主和骑士以收复被侵占的土地的名义对地中海东岸国家发动的战争，最终的精神指引则是宗教意义上的世界中心：圣城耶路撒冷。历来试图一统欧洲的文化都企图向宗教信仰寻求"庇佑"。

　　基督教十字军东征进一步巩固了骑士作为连接世俗社会与教会的桥梁作用。骑士团为蛮族武士的风尚披上了神圣的宗教外衣，使得这起源于蛮族的粗犷野性在基督教信仰与西班牙浪漫情怀的熏陶下，转化为文明高雅的骑士精神，成为中世纪文学歌颂的主题。同时为西方文明奠定重要精神根基的还有古希腊文明开创的文学、艺术和哲学传统。因此，通过早期欧洲文学艺术，尤其是古希腊文献对东方的注解，对这些地缘位置模糊的文本阅读和解释，欧洲人获得了东方的视野，形成了对远端的想象。从古希腊开始，关于"东方"的传说：怪物和恶魔，神圣与宝藏，长生族与风俗奇观……由于地理方位的遥远而藏匿于尘世之外，在斯特拉博和希罗多德那里开始慢慢地融入了早期欧洲的大众想象，并逐渐渗透到通俗文学和艺术创作中。

　　当亚当·斯密等人意识到贸易的推动力时，东亚的"黯然失色"才刚刚开始。相反，在18世纪上半叶，中国经历的和平、繁荣和人口增长成为欧洲启蒙运动的领军人物的灵感来源。而到了18世纪下半叶，欧洲军事力量的迅猛发展削弱了中国的正面形象，促使欧洲商人和冒险家更加关注这个由文人治理的帝国在军事上的脆弱性，并对其贸易中的官僚和文化障碍感到不满。这些批评和抱怨最终形成了一种根本上负面的看法。②欧洲观察者常常借鉴其自

---

① See: Joanna Waley-Cohen, "Religion, War, and Empire-Building in Eighteenth-Century China", *The International History Review*, Vol. 20, Iss. 2, 1998, p. 337.

② See: Giovanni Arrighi, *Adam Smith in Beijing: Lineages of the Twenty-First Century*, London: Verso, 2007, p. 4.

身的历史经验,试图理解中国如何在古代传统与现代化之间寻求平衡。对于许多欧洲人而言,中国丰富的文化遗产既是一个神秘的东方象征,也是一个潜在的利益领域。

这种利益上的他律与宗教战争有着历史关联。当欧洲大部分地区的骑士精神逐渐消匿之际,葡萄牙却还因骑士精神充满斗志,甚至在若奥一世时期达到了空前的鼎盛。年迈却崇尚骑士精神的努诺·阿尔瓦雷斯,是葡萄牙年轻一代心目中的勇士,也正在他们这个时代,骑士小说这种奇特的文学运动把那一去不复返的骑士时代过分地理想化了。[①]最终,这种情绪诱导他们决定侵伐摩洛哥,夺取休达城。事实上拿下休达一方面是给穆斯林一个打击;另一方面对于葡萄牙来说,进攻摩洛哥在逻辑上是十字军运动的继续。[②]葡萄牙人在到达摩洛哥后发现了休达港无数来自东方的丝绸、珠宝和香料,这些他们从未见过的奇珍异宝成为此后他们推进航海事业的重要动力。当然,葡萄牙获得的另外两本文献的影响也不能被忽略。一本是阿伯拉罕·克雷斯奎斯在1375年左右绘制的世界地图《卡塔洛尼亚地图集》,另一本则是佩德罗王子带回的《马可·波罗游记》。可以说,正是这种财富的不断发现和对古代东方幻想的不断印证指引着欧洲东进的力量。

在这一时期,欧洲对东方的看法出现了微妙的变化。尽管十字军东征未能实现其最初的宗教理想,但他们在劫掠的财物中发现了许多来自东方的珍宝,这些物品和故事逐渐将原本希腊人听过的关于印度及更远地方的传说转化为一种向往。这种向往不仅反映了对物质财富的渴望,更体现了对东方文化的浓厚兴趣和想象。十字军东征增强了近东对欧洲人的影响,因为与黎凡特(Levant)的商业关系,欧洲在12世纪实现了从一个"债务人"向"债权人"的转变,归来的十字军还把货物和故事从亚洲带到欧洲腹地,让欧洲和中国之间的陆路关系比以往任何时候都要密切。[③]在神话故事中,已知世界边界之外的生

---

① 参见:查·爱·诺埃尔:《葡萄牙史》,南京师范学院教育系翻译组译,商务印书馆香港分馆,1979,第47页。

② 参见:查·爱·诺埃尔:《葡萄牙史》,南京师范学院教育系翻译组译,商务印书馆香港分馆,1979,第48页。

③ See: Donald F. Lach, *Asia in the Making of Europe*, Vol. II, Book I: *the Visual Arts*, Chicago and London: The University of Chicago Press, 1994, p. 4.

活不断被具象化和真实化。然而,许多早期古希腊作家,如希罗多德,并不总是清楚地理方位。因此,中国成为一种幻想的叠加,寻找一个心理上的远东财富目标成了他们长久的夙愿。

中世纪晚期,作为财富与君权象征的中国形象,《马可·波罗游记》《曼德维尔游记》《鄂多立克东游录》出现在欧洲人的视野中,塑造了中国物质财富的这种象征地位。①在原来中国建立的朝贡制度内,王权为各种贸易制定了规则,它的主要目的是让统治者在这些交换中获得巨大的价值。随着远东经济霸权丧失和中国在以欧洲为中心的全球经济中被边缘化,这种经济局面上的扭转最终延伸到了文化领域,甚至有些时候世界经济的起落是由文化讲述者决定的。在大航海时代,欧洲各国对贸易网络的扩张明显热情高涨,文化上的中心意识改变了他们对海外财富的看法,除了冒险与掠夺,还产生了寻求以欧洲为中心的物质生产模式和文化输出模式。

对东方物质的获取不仅具有经济上和物质上的"掠夺"和"占有"的意义,更重要的是其文化意义。这种文化意义与历史有着不可分割的联系。通过对物质的认知,欧洲形成了关于"中国"的模糊整体概念。中国的物质文化在改变欧洲历史进程的事件中产生了更大的吸引力,成为影响近代早期中国观的重要外因。这种吸引力不仅体现在对瓷器、丝绸、茶叶等具体物品的追求上,更渗透到欧洲的艺术、哲学和科学之中,促使欧洲对中国的文化、科技和思想产生了深远的兴趣,从而进一步推动了文化上的吸纳。

这种物质掠夺的诗意化实际上反映了欧洲极为丰富的心境,历史以不同的叙事形式存在于不同人类群体的故事中,神话传说、瓷器锦缎、建筑与绘画成为记载这些故事的特殊文化载体。狄德罗指出了个体审美感知受到自然和文化多样性影响的不可避免性。他强调一种假设前提的重要性,"自然不能在各部分中保持这样的相似,并且在各种形状方面造成这样的变化多端,而不常常使那种它在另一种有机体中掩藏起来的东西,在这种有机体中显露出来"②。狄德罗的观点揭示了自然界的多样性和复杂性,强调了在不同有机体中隐藏和显现的特质之间的联系。这种观察不仅反映了18世纪自然观的丰富性,也

① 参见:周宁:《天朝遥远:西方的中国形象研究》(上),北京大学出版社,2006,第25页。
② 狄德罗:《狄德罗哲学选集》,江天骥等译,商务印书馆,2017,第70页。

为后来的哲学研究提供了重要的理论基础。因而我们不可能通过某一种机体的表现形式全面地了解自然，所以人所能感受到的自然始终是不确定的、模棱两可的，因此通过体验我们获得的可能是"大部分被剥夺了这一'界'的形状、性质及机能，而披上了另一'界'的形状、性质及机能"[①]。对狄德罗来说，人类对自然的感知始终是不确定的，因为自然界的不同表现形式可能掩藏不同的特性，从而映射出启蒙时代对经验的重视。同时，他也揭示了自然界的动态变化和多样性，强调了通过单一视角无法全面理解自然的观点，这是人类认识的局限。

温克尔曼和赫尔德在古希腊发现了两种理想：一是倾向于更早的荷马时代和更古老的生活，颂扬原始、纷乱的人性，与自然和谐相处，陶醉于原始和自然的律令；二是一种被巅峰所吸引的感觉，并试图在那里确定一种永恒的美，它不仅体现了美的最高境界，而且见证了人类最高尚、最幸福的状态。从而将关于感性的讨论带入了一个新高度。除了那些以愉悦情感作为判断的主体之外，对于历史现实的描绘和价值重估，以及对域外幻想、历史幻想的实体化探究，让"他律"不再是标准而固化的。欧洲人在对原始自然状态的追寻中，发现了感性认知的根源性力量；在对永恒之美的凝望中，又确立了感性判断的普遍有效性。人们的知觉体认已然突破了笛卡尔式的心物二元，转而在古典理想与感性认知的辩证关系中，通过对原始生命状态的追忆与对完美形式的向往，重新理解了感性的历史逻辑。美学知识的本质绝非仅止于对艺术形式与情感样态的探讨，它更应被视作一种通向人类经验本源的考古学路径：在对感性认知的追溯中，我们得以窥见人类如何在历史进程中建构其与外部世界的关系，如何在审美体验中确立其存在的方式。

审美他律的价值考虑成为出现在美学判断中的先决条件和基本经验。18世纪的法国画家、"中国风"洛可可艺术家和设计师让-巴普蒂斯特·皮耶芒（Jean-Baptiste Pillement）设计的一些花的版画被命名为"波斯花卉"。从雕刻的数量来看，想必是广受欢迎的，但找不到任何理由将它们与波斯关联起来，它们的自然生境明显是中国。[②]在皮耶芒的这些广受欢迎的作品中，包括作者

---

① 狄德罗：《狄德罗哲学选集》，江天骥等译，商务印书馆，2017，第69页。

② See：Hugh Honour, *Chinoiserie: The Vision of Cathay*, London：John Murray, 1961, p. 95.

在内的审美过程是自主构成的,艺术家完全按照他认为合适的审美原则和冲动来进行创作。那么一定有一种内生性的情感导致这个"东方"和"西方"边界的概念性模糊。历史想象的作用是显而易见的,在一个较为完整的地缘描述中,"中国"这个概念并非目之所及的可见世界的一部分,是因为历史写就的开端是从欧洲人的视野展开的,它作为寻找"美"的主体,自然地将自己放置在某种观察者的中心位置。这个中心位置往往是美学文本的艺术创作自由定义的原则,是内容与所见之"自然"的一致,是一种古典式的模仿。它继承了从古希腊开始直至近代早期欧洲特殊的知识逻辑以及更广泛的文明气候所塑造的普遍价值观。

二、利益约制与风格的混合

大量装饰性工艺品通过贸易进入了欧洲人的视觉生活空间,它们通常是功能性的日用品,如地毯、家具等。这些物品常常恰到好处地出现在荷加斯等艺术家的作品中,使得生活场景中的"中国风"物品具有符号意义,融入欧洲的日常生活图景,成为时代的象征,并为新古典主义美学的兴起奠定了情感基础。资产阶级的艺术品收藏者之所以认为自己拥有艺术品,是因为他们在法律上拥有对相关物质实体的权利。这种通过物质占有而决定的主客体的固定关系,只有在客体、艺术性质和主体被固定和具体化的情况下才可能存在,也意味着社会历史政治、经济和文化力量在决定一件物品是否是艺术品的过程中起到了决定性的作用。①欧洲印刷术等大规模生产技术的普及使肖像画等艺术作品以前所未有的速度复制传播,中产阶级的富人希望通过艺术来确认他们的地位,比如在西班牙王位继承战争(1702年至1713年)中为路易十四的军队提供物资而发家的那些立约人,都通过艺术品的交易攫取了大量的财富。②在18世纪,以英国伦敦为中心的瓷器仿制活动兴起后,中国物品变得愈加普遍,它们不再仅仅展示某种风尚或品位。各个社会阶层都参与到类似装

---

① See: Richard Stopford, "The Transcendental Economy of Aesthetic Autonomy", *Aesthetic and Artistic Autonomy*, London and New York: Bloomsbury Academic, 2013, p. 212.

② See: Nigel Aston, *Art and Religion in Eighteenth-Century Europe*, London: Reaktion Books Ltd., 2009, p. 41.

饰品文化的生产和改造中。欧洲以外的文化艺术被视为低级的"原始素材",并被迫进行"改良"以符合欧洲的美学标准。在这个过程中,那些不符合欧洲趣味的艺术被认为是"低级"的。

戈德史密斯(Goldsmith)在《世界公民;或一位居住在伦敦的中国哲学家写给其东方友人的书信》(*Citizen of the World*;*or Letters from a Chinese Philosopher*, *Residing in London to His Friends in the East*)的开篇中写道:

> 我决心进行一次新的冒险。中国的华贵家具早已被买光了,我要带点儿中国道德观念到集市上去试试。如果中国人损害了我们的品位,我将尝试他们能在多大程度上帮助我们提高理解力。但是,由于其他人都是用马车进入市场的,所以我要谨慎地开始尝试用手推车。我就这样决定了,把我的货物捆起来,大胆地冒险。我刚一进集市,就觉得以前支撑着一百辆马车的冰面在我脚下裂开了,手推车和其他东西都沉到了海底。[①]

戈德史密斯将接触中国视为一种冒险。这种"冒险"和"谨慎的尝试"通过引用自然的例子,试图将文化差异转化为生活化的鲜明对比,体现了尝试将不同文化元素融入自身文化的愿望。意识到市场上已经充斥着中国的华贵装饰品,这些物品已经被买光了,于是,戈德史密斯决定带点儿新的东西(中国的道德观念)来测试市场的接受程度。他希望通过这种尝试,能够在欧洲的文化土壤中播下东方智慧的种子。

《世界公民》是一部以书信体形式写成的作品,通过一位假想的中国旅行者在欧洲的见闻和评论,探讨了18世纪欧洲社会的各种问题。这部作品以幽默和讽刺的笔调,揭示了当时社会的虚伪、腐败和不公正。戈德史密斯以一个外来者的视角观察欧洲的风俗习惯、政治制度、经济状况和文化生活。他的评论既带有东方文化的智慧,又充满了对西方社会现象的深刻洞察。通过这些书信,戈德史密斯在18世纪中期尤为突出地表现了外国影响在塑造英国公民社会中的作用,强调了人文主义在商业化中的美德和高贵性。

重商主义时期,欧洲通过频繁的对外交流巩固了其经济霸权,这种霸权不

---

① Goldsmith O., *Citizen of the World*;*or Letters from a Chinese Philosopher*, *Residing in London to His Friends in the East*, *Vol. 1*, London:Vernor, Hood & Sharpe, Poultry, 1807, p. vi.

仅仅体现在殖民地的扩张上,还表现为国家工业竞争力的提升和在自由市场中获取最大利益的能力。商业优势的驱动力在于利润的产生,除了工农业之外,欧洲发现对文化和思想的激励对于推进资本主义意识形态也是必要的。在这一时期,文化交流成为一种重要的工具,被用来塑造和传播资本主义价值观。欧洲学者和艺术家们开始探索和借鉴外国文化,尤其是东方文化,以丰富自己的创作和思想。这不仅促进了文化的多样性,也为资本主义意识形态提供了新的视角和灵感。中国文化因其独特的哲学和艺术风格,成为欧洲文化界的一个重要参考点。

物质需求推动的科学生产使生产效率得以提升,并迅速在艺术装饰领域得到了体现。商品的跨文化交流不断加速,一方面意味着商品的经济潜力,另一方面也预示着人们对建立一种共通的文化认知模式和审美范式的需求。无论是在材质上还是在整体设计上,所谓的"中国风格"在大规模进入欧洲时,已经在不断的文化交融中发生了一些变化。中国生产的瓷器在适应欧洲文化习俗方面表现尤为显著,它们不仅在图案和形状上进行了调整,以迎合欧洲消费者的审美和使用习惯,还在制作工艺上融合了欧洲的技术和理念。这种跨文化的融合不仅促进了贸易的发展,也在一定程度上推动了中西方的理解和认同。国家是西方早期资产阶级用来巩固并扩展其在生产领域获得的经济霸权至商业和金融领域的必要工具,而文化则成为包装这一霸权及其政治、经济利益和动机的手段。中国风物在欧洲的想象、贸易与再创造的历史也印证了欧洲的这样一种观念,即世界历史牢牢地以欧洲为中心,并由推动其地理扩张的政治和经济紧迫性所驱动。这种视角不仅强化了欧洲对外部世界的主导地位,也在一定程度上制造了一种强制性的关联性,将其他文化纳入欧洲中心论的框架之中。

在18世纪中后期,西方对中国瓷器的需求刺激了生产,并鼓励了外来风格物品的制造(如带有纹章的碗等)。为了扩大市场的接受程度,这些产品在设计上呈现出兼收并蓄的风格,一些媒介的图案也被借用以丰富其他媒介。瓷器开始模仿银器、漆器以及石材和木头的纹理;锦缎图案被用于瓷器的镶边。① 从呈现的内容上来说，"阳伞仕女""三博士"都是常见的瓷器图案和主题：

1734年（雍正十二年），荷兰公司董事会委托代尔夫特的熟练工匠布伦克（Cornelis Pronk）设计了一批样品，包括成套餐具、茶具及各种专供摆设的瓷瓶，并绘上纹饰、图案。其中两个图案的题材颇为有趣。"阳伞仕女"（The Parasol Lady）的图案，画面上一位贵妇人正在喂鸟，一个侍女撑着阳伞立在身后，其题材类似西天瑶池王母娘娘的故事。"三博士"（The Three Doctors）图案，画面上有三位博士坐在桌边清谈，显然取材于福、禄、寿三星聚会的故事，但都带有欧洲绘画的风格。这两个图案在18世纪后期颇为流行，在中国外销瓷和日本、欧洲瓷器中多所采用。②

一些图像学的信息表明，"阳伞仕女"是符合洛可可时代风格的生活画像。这些阳伞女士和有华盖符号的中国形象成为洛可可时代"中国风"的典型象征。多见于让-安托万·华托（Jean-Antoine Watteau）和弗朗斯瓦·布歇（François Boucher）的作品中。而"三博士"尽管跟在中国语境中的"福、禄、寿"是完全风马牛不相及的所指，却因为符合了西方基督教"东方三贤士"③的想象成为热销品。

人在获取思维原材料的过程中，感官并不是仅凭内在意识进行测定，而是保持在一定范围内，并受到环境的引导。18世纪随着欧洲瓷器贸易的大量增加，一个不争的事实是，在瓷器统治上层阶级品位的时代，瓷器作为新奇、神奇且不可理解的事物，已经开始被欧洲工业体系所接受。通过大规模复制生产，瓷器作为一种新兴的物质媒介，在资产阶级主导的消费文化中逐渐确立了其新的物质属性和身份标识，平民化属性逐渐取代了曾经贵族专享品的特征，成为商品交易的常见符码。譬如，在萨克森，制造瓷器作为新产业在很短的时间内成为最大的收入来源之一。当腓特烈大帝在七年战争中染指萨克森时，他

---

① See: Susan Naquin, Evelyn S. Rawski, *Chinese Society in the Eighteenth Century*, New Haven and London: Yale University Press, 1987, p. 77.

② 章文钦：《广东十三行与早期中西关系》，广东经济出版社，2009，第319页。

③ "东方三贤士"（Three Wise Men）或者"三个国王"（Three Kings）。

还用瓷器来偿还债务。①但是从18世纪70年代开始,随着法国古典主义样式让位于德国的狂飙突进运动,作家们开始抛弃极其刻板、有严格程式的古典主义,转向采取强调个性和创作自由的表达方式,普遍刻板模仿中国的瓷器即刻成了一种想象力衰退的旧贵族的图腾,其价格也在几乎同一时间开始下跌,甚至成为不值钱的压舱物。当然,商业对于物质理解并非唯一的因素。由于地理空间的限制,对异邦文化的不同理解一直存在。这种理解最初表现为差异,但当与利益相关时,这种差异才转化为偏见。

　　另一个值得一提的例子是,希罗多德称印度再向东便是一片沙漠,称印度人有许多民族,他们所说的语言都不一样,而且其中的一部分是游牧民族。古印度多民族、幅员辽阔的景象潜伏在西方人的意识中,跟对中国类似的描述在想象中混淆。这些带有强烈想象的历史观延续千年并不夸张,犹如今天的神话故事仍然暗示着某种宗教指引,他们以信仰的存在形式代代相传,以至于后来真正属于东方传奇的“中国风”在18世纪开始盛行之前的一百多年,西班牙和葡萄牙这些“最具备条件”的国家并没有中国风物的流行痕迹,但他们作为最早开辟新航路的国家广泛受到了印度建筑的影响。虽然18世纪远东(尤其是中国)艺术也没能够在伊比利亚半岛掀起多大的浪潮,人们却在葡萄牙的教堂中找到了更多关于他们混淆“中国”和“印度”概念的证据。例如,里斯本圣洛克教堂的地板上许多地毯都被证实是在远东制造的,用于做弥撒的彩色丝绸和黄金法衣也可能来自中国,包括两套加冕服、一件十字裾、一条圣杯面纱、一樽棺罩、两条披肩和三条饰带。相关记载这些物件至少是1695年的,但在当时它们被描述为用印度缎子和黄色布料制成的法衣。②这些物品几乎都是17世纪晚期最为神圣、象征权力的道具,解释了“最具备条件”的西班牙和葡萄牙并没有明显“中国风”流行痕迹的原因。

　　可以推测,外界强加的物质化意识形态误解和混淆,尤其是与阶级和财富差异相关的因素,对欧洲的中国观产生了影响。瓷器等商品在展示商品文化

---

① See: Adolf Reichwein, *China and Europe: Intellectual and Artistic Contacts in the Eighteenth Century*, London: Routledge and Kegan Paul, 1968, p. 31.

② See: Nuno Vassallo E. Silva, "Art in the Service of God: The Impact of the Society of Jesus on the Decorative Arts in Portugal", *The Jesuits II: Cultures, Sciences, and the Arts, 1540–1773*, Toronto, Buffalo and London: University of Toronto Press, 2006, p. 193.

与个人品位之间的价值关系时,其与"中国"的关联被突出强调,这引发了对中国的贬低和利益化的审美态度。这种态度源于欧洲自身的物质观想,反映了特定时期欧洲大环境中的道德和财富观,表现出一种在文化创造的惰性下外生性的美学评判标准。

第四章
体验的机制：跨语境的审美识读

当迦勒底人还只是在粗糙的砖坯上刻字时，中国人已在轻便的竹简上刻字，他们还保存有这些古代的竹简，外面涂着清漆不至于腐烂，这可能是世界上最古老的文物了。

——[法]伏尔泰

18世纪的欧洲自然哲学家和神学家在观察和解释自然现象时，力图找到共同的理论基础。在研究中国的经验和知识的过程中，历史判断常常受到感性因素的影响，这在欧洲早期的全球化跨文化交流中形成了一些表征联想的基本惯例和规律。早在中世纪和文艺复兴早期的艺术创作中，欧洲已经开始借鉴近东的装饰风格，并将其融入后来的艺术创作中。一部分艺术家逐渐将这些体验发展为规律性的美学认识，并在18世纪的跨文化环境中催生出一种叠加的想象"错觉"。欧洲思想家们在吸收东方文化元素的同时，也在不断反思自身的传统。

中国的经验和知识，尤其是其独特的感性认知方式，促使欧洲学者重新审视理性与感性的关系。随着自然观和科学知识的进步，欧洲的教条式思维受到挑战。一些哲学家为了维护欧洲信仰的根基，仍然努力寻找新的神学解释和辩护方式，试图通过理性和逻辑证明上帝的存在，从而在新的思想环境中重新确立宗教的地位和意义。传教士以理性作为感受物理运动的判断标准，这些规则不仅仅是机械地指引某些行为，而是通过提供理由，赋予这些行为以意义和目的。因此，我们可以看到他们始终以一种目的论的观点解释美学现象。这种目的论的观点不仅体现在美学现象的解释上，还贯穿于整个18世纪欧洲理解中国的思维方式中。例如，在描述中国景观和艺术现象时，他们不仅仅满足于描述现象本身，更致力于揭示其背后的因果关系和目的。符合欧洲逻辑的目的解释过程，使得理性化的美学判识具有更强的说服力和解释力。

16世纪之后，旅华传教士、学者一直在研究中国的图像和文字，试图理解其目的结构和知识原则。然而，像基歇尔这样从未到过中国的传教士，通过书信的方式也构建了对中国的图式轮廓。这些幻想出来的形象与人物的身份、思想和感情通过文本建构起最初的关联性，除了人和物的基本外观，还有文字和奇异的隐喻。这种识别过程依赖于某些尚未完全发展的媒介理解机制，展示了他们试图通过典型化的形象和身份来符号化中国的美学理念。欧洲对感性化想象的基础和知识体验过程，以及欧洲人对中国文化产生浓厚兴趣的根本原因，或许在于他们遵循了一种更容易被欧洲人理解和接受的方式。

第一节　权力体验与景观政治

一、权力中心的景观象征

在晚近的美学研究中，洛夫乔伊的研究方法强调了观念的历史和发展，强调了象征的重要性。他认为思想和概念是历史进程中的重要因素，而这些观念往往通过象征和符号化的方式得以传承和演变。在他看来，18世纪中国的造园实践破除了形式限制，深刻影响了欧洲。比如钱伯斯创作出浪漫主义的一种变体，是将园林比拟作抒情诗，以表达和唤起一种多变的情致，是"寄情"或显示"力度"。中国园林不仅仅是自然景观的再现，更是一种情感和哲学的符号。园林中的每一处设计、每一处景观都蕴含着深刻的思想和情感，通过象征性的手法将这些思想和情感传达给观者。正如钱伯斯所言，园林不仅是物理空间的构造,更是情感和思想的载体,这被认为是早期浪漫主义的表现。

　　然而,在传教士的文本中,这事实上只是试图呈现的众多细节之一。"无规则"只是对中国园林的一种理解,或者说是英国人形式观念的一种变革的体现。它甚至不能体现入华传教士试图传递的整体建筑美学印象。在这种浪漫主义的情调之外,显然还存在一种更为正统的、宏大的宫廷建筑设计程式,王致诚在致达索(d'Assant)先生的书信中已经明确指出了这一点:

　　这座皇宫至少有第戎宫(Dijon)那样恢宏。我向您提起第戎这座城市,是因为您很熟悉它。它基本上是由一大批主体建筑群(正屋)组成,彼此之间互相脱离,但却设计成了一种相当漂亮的对称布局,由宽敞的院落、花园和花坛分隔开来。①

　　王致诚所说的"对称布局",是欧洲人对宫廷建筑或者说具备政治功能建筑的一个典型印象。建筑的对称和秩序不仅是形式上的美感,更是一种象征,象征着社会的等级和秩序。秩序井然指的是布局和安排整齐有序。皇宫和官员府邸的对称布局不仅是为了美观,更是为了体现权力和地位。王致诚也指出,对于皇室园林的理解,应将北京皇宫及其宗亲、大臣、富商的园林也吸纳进来:

　　在我们之中,人们希望到处都千篇一律的单调与对称。人们希望其中没有任何不配套和任何不得体的地方,看某一部位与其正面或背面者是否完全相匹配。在中国,人们也喜欢这种对称,这种秩序井然的状况,这种巧夺天工的安排。我在本封信开头处就向您讲到的北京的皇宫即符合这种审美观。宗王和王公大臣们的府宅、衙门、稍富裕一些的私户民宅,它们都依照这条法则而修建。②

---

① 王致诚:《耶稣会士和中国宫廷画师王致诚修士致达索先生的信(1743年)》,载《耶稣会士中国书简集:中国回忆录》(第四卷),杜赫德编,耿昇译,大象出版社,2005,第289页。

② 王致诚:《耶稣会士和中国宫廷画师王致诚修士致达索先生的信(1743年)》,载《耶稣会士中国书简集:中国回忆录》(第四卷),杜赫德编,耿昇译,大象出版社,2005,第296页。

　　依据这篇信笺在当时欧洲的影响力，想必法国人已经清楚地认识到中国统治者对对称法则的理解与应用。在所有形式规则中，人们应当有一个基本的判断原则，但这个原则会受到一种更理想化的约束影响。这种理想化的约束不仅是对物质形式改变的理解，还是一种心灵的约束和信仰式体验。就像吉尔·德勒兹（Gilles Deleuze）理解的巴洛克对称：褶子不仅存在于物质世界，还存在于精神世界。物质和精神通过褶子相互渗透和影响，形成了一个统一的整体。褶子既是物质形式化的，又可从精神层面阐释，继而形成两者之间的纽带，使他们能够在不同层次上相互作用。

　　德勒兹借鉴了莱布尼茨的单子论来揭示18世纪巴洛克风格的秘密。他认为每一个单子都是一个小宇宙，包含了整个宇宙的信息。褶子在某种程度上可以看作单子的延伸，每一个褶子都包含了整个世界的复杂性和多样性。莱布尼茨哲学对于实在的理解是不依赖于任何其他的东西，未必是具有广延性的，他认为实在是没有广延的无数单子所组成，而单子又是非物质性的能动的精神实体。德勒兹认为莱布尼茨将使向下的沉陷和向上的升腾两者共存：第一，引力系统提供了一种可能的平衡，在这种平衡中，质量的总和不会进一步下降；第二，引力倾向于上升，这是失重状态下一个系统的最高愿望，在这种状态下，灵魂注定会变得理性。① 这两种层次一种是形而上学的，与灵魂有关，另一种是物质的。虽然物质限定于身体之内，但并不妨碍两种介质组成一个相似的世界。在德勒兹的解释中，巴洛克风格最卓越的贡献在于它的世界只有这两种层次，并由一个交叠态将与自己相呼应的层次分隔开来，成为新和谐形成的条件。

　　欧洲对中国的宏观想象受制于一种类似于交叠态的影响，在这种灵魂与物质的理想平衡之中，存在着一种关于最高权力的体验，它是规则制衡的中心。一方面，它是一切秩序的中心原则，中心是权力的顶峰，比如上帝或最高统治者，或是一个无法避开的中心隐喻，始终在"秩序"与"对称"的中心。另一方面，在美学判断中，由于物质与灵魂的相互约束，限制了关于模仿的一种更人本化的可能。"中心"解释了这种规则约束之下对于对称的执着，而生硬的模

---

① See：Gilles Deleuze, *The Fold*：*Leibniz and the Baroque*, London：The Athlone Press, 1993, p. 29.

仿则与物质生产的社会语境密切相关。

在近代早期欧洲的中国形象中，两个最为显著的主题分别是物质财富和君权政治。这两个主题催生了18世纪东方文化认同的特殊表现形式。尽管这些形象在19世纪尚未完全发展为明显的民族认同性，但它们在一定程度上调和了欧洲的理性认识与跨文化想象力之间的关系。在美学上，这种调和体现在崇高的宏大概念跟中国具体经验的结合之中。王权形象作为这种崇高的中心，体现了中国的帝王崇拜与欧洲文化中宗教情感的相似之处。无论是中国的帝王崇拜还是欧洲的宗教情感，都强调了文化统治者在国家中的决定性力量，这一特征在封建时代的鼎盛时期尤为显著。在域外中国学的研究中，这种权力的中心化体验被放大了。

美国"新清史"学派傅雷（Philippe Forêt）的研究曾以当时的承德避暑山庄为中心，进行了一系列景观的社会创造以及空间与权力关系的考察。他认为18世纪帝国景观作为一种媒介，形成了满族君主与汉人及非汉人之间的一条连贯的沟通渠道。比如承德的避暑山庄所形成的一系列景观足以证明清廷的生活图景，在概念上是景观的综合体，而在物理上是景观的分隔体。①通过重新诠释前朝的景观先例并整合中外因素可以被视作整个王朝中心机制的缩影，以此暗示景观对满族皇室来说不可取代的重要性。通过这种方式，承德不仅表达了清王朝的主权，还吸收了一些其所试图模仿的神圣内涵。尤其是其在地理位置上的文化、政治功能的重要性甚至可与军事功能比肩，这种图景可对外族实现文化上的威慑，尤其是对于北方少数民族。这就揭示了封建统治者如何通过景观的社会创造和空间与权力的关系，来实现其政治和文化目标。

由于中国以及整个东方的早期城市组织形式与西方截然不同，东方并没有形成以城市为核心的政治结构，因此清朝建造的宫城被认为是帝国事业最重要的建筑象征。18世纪的清代帝王重新建造了许多"中华帝国"最著名的建筑和景观，并对其进行了细致的打磨，以表达清王朝权力的绝对性。特里·伊格尔顿（Terry Eagleton）把诞生于18世纪的一种陌生的美学话语解读为专制主义统治内在的意识形态困境的预兆，并且为了自身的目的，其需要考虑感性的

① See: Philippe Forêt, *Mapping Chengde: The Qing Landscape Enterprise*, Honolulu: University of Hawaii Press, 2000, pp. 24—25.

(sensible)生活。①实际上在专制主义统治下，权力集中在少数统治者手中，反映了当时社会和政治结构中的深层次问题。对景观的利用可以看作一种美学手段，实践了统治者试图塑造和传播特定的意识形态。全球史研究同样持有类似的观点。美国当代汉学家卫周安(Joanna Waley-Cohen)认为视觉文化除了作为宫廷娱乐的重要形式，也是封建帝国工程的关键工具。清朝的多元文化主义以多种不同方式表现出来，除了文字以外，在视觉上通过皇帝的许多不同的正面形象来表现。②皇帝本人的多重身份的表征也预示着一种权力的集中化，一个文化上统治性的表征是利用自然和特意建造的景观来维系权力的特殊媒介。

图4-1　郎世宁　《乾隆皇帝大阅图》　北京故宫博物院藏

① 参见：特里·伊格尔顿：《审美意识形态》，王杰、傅德根、麦永雄译，广西师范大学出版社，2001，第3页。
② See：Joanna Waley-Cohen, *The Culture of War in China：Empire and the Military Under the Qing Dynasty*, London and New York：I. B. Tauris Publishers, 2006, p.11.

在1735年的《中华帝国全志》中,杜赫德神父对中国封建后期的权力运行逻辑以及政治和军事布局已经有了相当清晰的认识。他详细描述了中国古代政治体制中的父权制现象,从中央到地方的父权制政治结构使得中国人对帮助皇帝行使权力的官员表现出极大的尊重和迅速的服从。①在杜赫德看来,尽管中国是一个庞大且充满未知因素的国家,但这种严格的官僚体系是明确且严格的,少数官员能够有效地治理各个省份,这种等级制度非常完善,加之帝王和不同级别官员的合作,使得整个体系近乎完美。

将这种关于权力可视化的体验方式进行系统的理论化描述,就与20世纪"情境主义国际"(situationist international)所倡导的很多论点类似。情境主义国际的代表人物居伊·德波(Guy Debord)认为,"景观关系的那种拜物教和纯然客观的表象,掩盖人与人之间和阶级与阶级之间关系的真正特性:一种带有其必然规律性的第二自然对我们环境的统治"②。在艺术家和文学评论家所构成的组织内,"景观"被认为是制造虚假的现实,所谓的"景观"取代了真实的社会关系。具备政治功能的宫殿或其他社会景观,通过视觉和符号的操控创造了权力,使人们被动地接受信息。在中国研究领域,封建社会权力结构的隐蔽性和复杂性一直是一个核心命题,这不仅体现在社会史的研究中,从美学角度也能窥见一斑。假如我们将中国研究的描述与同时期欧洲封建统治的标志性建筑描述进行对比,会明显发现,这种理解角度很可能是欧洲自身文化和历史发展的产物。

凡尔赛宫在路易十四时期的社会中发挥了空前的重要作用。社会名流以被法国国王召进凡尔赛宫为荣耀,他们被金钱、名望、权势以及凡尔赛宫无可抗拒的宫廷魅力所吸引。宫廷的礼仪与娱乐活动随之将法国式的礼节、仪态和审美标准传播到各国的中上层阶级,进而生成为欧洲传统文化的一部分。"为使这些贵族仕女们住在宫中不至于烦闷得起而弑君,各行业的艺人均被召来安排娱乐节目,锦标赛、打猎、网球、撞球、游泳、划船、晚宴、舞会、舞蹈表演、歌舞剧、芭蕾、歌剧、演奏会、话剧等等。当路易率领群臣在运河里划船,当乐

---

① See: Jean-Baptiste Du Halde, *Description géographique*, *historique*, *chronologique*, *politique et physique de l'empire de la Chine et de la Tartarie chinoise*, Paris: P. G. Lemercier, 1735, pp. 22–23.

② 居伊·德波:《景观社会》,王昭凤译,南京大学出版社,2006,第7页。

器与歌舞打成一片,当火炬在星光下照耀着舞台——凡尔赛宫似乎成了人间天堂。"[1]路易十四通过奢华至极的宫廷生活,将法国的礼仪、生活趣味和审美标准传播至欧洲的上层社会,努力展现其统治时期的文化氛围。同时,这种宫廷生活的景象也向大众展示了王室和国家的经济和文化实力。在凡尔赛宫繁荣的早期图像中,这一中心地位的突出表现尤为明显,其始终的目标是传达一种中心化的象征意义。

尽管凡尔赛宫这样的宫廷建筑不像中国宫殿那样明显被视为军事威慑的必要场所,但其政治象征意义却丝毫不逊色。这座宫殿被视为君主及其追随者塑造王权形象的缩影,是以君主为中心构建的社会秩序的完美表征。尽管其内部有时暗含政治争议和腐败,但在欧洲的文学、宗教仪式和戏剧中,凡尔赛宫的美具有明确的等级地位。艺术作品中的凡尔赛宫将景观描绘得有序且威严,其宽阔的图式空间与极其精致的刻画模式被认为再现了现实世界的荣耀顷间。从内部到外部,凡尔赛宫的全景式展现几乎明确传达了统治者想要向民众展示的繁荣景象。

除了凡尔赛宫,许多18世纪的图像中所展现的宫殿园林景观是明显的中国元素中心化的。它们几乎如同凡尔赛宫一样,被以同样的模式刻画出来,像南京塔(The Nanking Porcelain Pagoda)等建筑明显的对称建构,呈现着全景式的中国园林布局模仿和精神想象。这一时期流行的中式宝塔的设计非常注重中心位置,这种中心化的结构在物理上对称,在布局上和谐,通过这种设计,权力的核心与建筑的中心重合。

在一个更宏大的历史观中来看待这些图景,就不仅是视觉化的政治,而是社会环境与社会秩序的可视化,是秩序的美学呈现方式。许多启蒙思想家认为环境对权力的运作产生了巨大的影响,反过来,我们的联想也受制于这种环境。例如,孟德斯鸠提到中国的皇帝被称颂为像天一样统治,这意味着皇帝的权威应该像自然界一样无声无息且顺畅地发挥作用。这种观点反映了封建社会中君主与臣民关系的极端形式,强调了权力的集中和无所不在的影响力。"国王的权威是一种巨大的推动力,它应能悄无声息、得心应手地发挥作用。

---

① 威尔·杜兰特:《世界文明史:路易十四时代》,台湾幼狮文化译,华夏出版社,2010,第30页。

中国人称颂他们的一个皇帝,说他像天那样统治,也就是说,以天作为模范。在一些场合,君主的权力应当施展到极限;而在另一些场合,则应该有所节制。"①孟德斯鸠的这段话强调了君主权力的灵活运用:一方面,君主的权威应当如同自然界的力量般无声而有效地运作;另一方面,在不同情境下,君主的权力需要在极限施展与适度节制之间取得平衡。这样的封建权力映射了一种君民关系的理想环境,这种环境不仅塑造了权力的运作方式,也影响了人们的思维联想。通过权力的可视化,视觉体验的秩序中出现了显性的权力符号,形成了模式化的审美反馈。

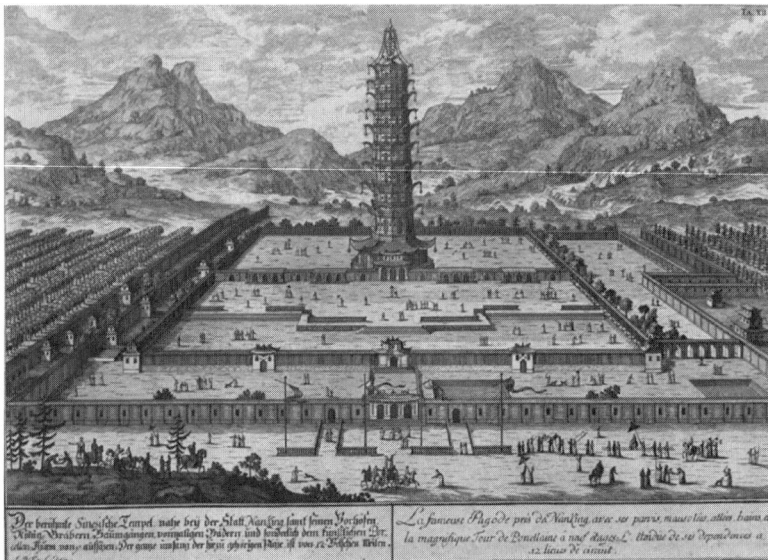

图4-2 约翰·伯纳德·菲舍尔·冯·埃拉赫 《南京塔》 1721年

在18世纪的中国研究中,通过美学和视觉象征形式来构建和传达意义几乎成为一个共识。这不仅是对文字资料缺失的一种补充性研究手段,也代表着18世纪建立和维持的统治关系,在视觉史料中有较高的显示度。西方学者试图通过其固有的知识体系和视觉文化研究路径来勾勒清代的王权体制与礼仪政治,复杂的统治实践被视为一个以君主为核心的政治文化范式。图式化

① 孟德斯鸠:《论法的精神》,许家星译,江西教育出版社,2014,第183页。

的文化整合机制,通过空间再现、仪式展演和图像传播等多重维度,从域外视角形成了一套完整的视觉政治体系。在这一体系中,从宫廷画院的御制版画到地方祭祀场景的图像记录,从帝王行宫的建筑布局到仪仗队列的空间编排,都成为权力展示与文化认同的双重载体。继而,抽象的政治理念转化为可感知的图像符号,通过观看机制的判断,各个族群、阶层得以在一个共同的视觉经验中确认其政治身份与文化归属。

二、从自然风景到政治秩序

18世纪的景观再现注入了观察者的逻辑,成为文化、权力和审美交织的产物。景观作为一种意识形态的构建,反映出特定的社会和文化价值观。在风景画的创作中,艺术家并不仅仅记录了自然景观,还在其中融入了对社会现实的批判和反思。例如,在18世纪末期的英国,圈地运动导致了农村景观的巨大变化,艺术家通过风景画记录了这一过程,同时也表达了对社会变革的关注和思考。

风景画作为一种艺术形式,不仅仅是对自然景观的简单再现,而是通过艺术家的独特视角和技法,将景观转化为一种可以被审美感知的对象。这种审美感知的过程要求观者将自己定位为与所观察环境不同的主体,从而使得这些环境可以被审视、转换、改造。这种审美化处理景观的方式,实际上揭示了景观的意识形态属性,即景观不仅是自然的存在,也是社会和文化建构的产物。通过审美化的景观,艺术家不仅展示了自然之美,更隐含了权力、控制和文化价值的传递。

安·伯明翰(Ann Bermingham)在描述1795年前后英国风景画时指出,圈地运动及其社会政治影响是18世纪末英国乡村风景画生产的重要推动力,艺术不仅产生并存在于意识形态中,还在于记录各种意识形态之间的矛盾。由于社会、经济、政治对艺术及艺术家的复杂作用机制,起源于18世纪末的"如画"的美学概念,将艺术家的生活及创作过程纳入研究,考察了特定时期的社会现实如何被主观地内化和表达:

在普赖斯和奈特的作品中——从 1794 年普赖斯的《论如画》(*Essay on the Picturesque*)和奈特的说教诗《风景》(*The Landscape*)到 1805 年奈特的《对趣味原理的分析调查》(*Analytical Inquiry into the Principles of Taste*),"如画性"被重新定义。该词渐渐地不再指克劳德式风景和布朗式园林的全景画面,而适时地指向其对立面,即指更小规模的、设计感不那么明显的如画园林。这种园林由各种私密隐匿景色组成,自然在其中呈现出粗糙、杂乱,甚至简朴的一面。[①]

伯明翰对 1712 年艾迪生《旁观者》中的自由做出了评价,认为这种自由实际上指的是对目之所及的风景全貌的掌握,观者对广阔自然的感受实际上是使广阔性服从于人的想象和视觉控制。[②]在欧洲,尤其是英法两国,将域外景观移植到自身建筑之内,并形成新的景观构型的例子并不少见。其中的私人杰作——汉密尔顿松山园(Pains hill)就是 18 世纪英格兰花园的代表,被戏称为"一幅活的绘画",被认为是英国风景园林运动中最重要、最杰出的代表之一。富于灵感的园艺学家汉密尔顿用其艺术家的想象力,将精心设计的不同地域风格的景观结合在一起,希望在这种"混合"中达到最佳的视觉效果,该园是英国受到不断发展的浪漫主义运动启发而形成的典型。在其精心设计的布景台中就包括了一个哥特式寺庙、一个土耳其帷幕、一个巴克斯庙和一座中国式的桥梁。[③]汉密尔顿不仅创造了一种视觉上的奇观,也象征性地展示了当时欧洲对东方和异域文化资源的掌控与再诠释。

通常认为,英国在这一时期受古典主义的影响相对较小,这反映出 18 世纪英国园林设计更多地受到浪漫主义和异域风情的启发,而非严格遵循古典主义的对称与秩序。在 18 世纪,欧洲的文学和艺术普遍经历着向古典主义转变的过程,但是这种"复古"倾向的矛头针对的是代表封建贵族阶级和宗教上层势力欣赏趣味的巴洛克风格,此时已经处于一种更为激烈的状态。[④]这种美学理念的转

①　安·伯明翰:《系统、秩序及抽象:1795 年前后英国风景画的政治》,载《风景与权力》,米切尔编,杨丽、万信琼译,译林出版社,2014,第 86—88 页。

②　参见:安·伯明翰:《系统、秩序及抽象:1795 年前后英国风景画的政治》,载《风景与权力》,米切尔编,杨丽、万信琼译,译林出版社,2014,第 90—91 页。

③　See: Kathleen Mahoney, *Gothic Style: Architecture and Interiors from the Eighteenth Century to the Present*, New York: Harry N. Abrams, INC., 1995, p. 34.

④　参见:温克尔曼:《希腊人的艺术》,邵大箴译,广西师范大学出版社,2001,第 2 页。

变不仅反映了当时欧洲社会文化的多样化和开放性,也体现了人们对自然和艺术的新的理解和追求。通过引入不同文化元素的景观,园林设计师们试图展示对异域文化的欣赏和理解,同时也在一定程度上接纳了对自然的敬畏和更为自由的精神。这种对景观的多元化处理,实际上映射了当时社会意识形态的变化,即从传统的等级秩序向更为开放和包容的文化观念转变。

因此,我们有理由相信,18世纪在法国的"跨世纪"的"中国风"舞会,很可能蕴含着更深层次的文化意义。这种文化表现行为不仅仅是对异域风情的简单模仿,更是统治者有意借用新文化形式来影响公共领域内的所有民众。通过引入和展示异国元素,统治者试图塑造和引导公众的审美趣味和文化认同,从而达到政治和社会控制的目的。这种策略反映了当时统治者对文化传播和社会影响力的深刻理解和巧妙利用。路易十四在位时的法国宫廷在受到广泛的中国元素的影响后,为了凸显凡尔赛宫的繁华,将宫中的瓷瓶全部改用沉甸甸的银质或仿金铜箔装饰,而漆柜则放在镀金的古典架子上,用以凸显它们的富丽堂皇。[1]他们试图对一成不变的欧洲传统古典艺术风格进行"中式改造",因为中国艺术被视为强大世界中心帝国的产物。因此,充满中国元素的宫廷装饰无疑隐喻了君主在秩序中的核心地位和巨大影响力。通过在宫廷和民间两极制造特定的目标受众,路易十四尝试通过"中国风"的宫廷式表达来塑造和巩固其政治实践。这种策略不仅展示了对异域文化的欣赏,也反映了统治者利用文化符号进行政治操控的深刻意图。

在英国,尽管类似的影响在时间上比法国滞后,但其在社会整体影响力上更加明显。一种自由无序的审美范式开始被接纳。由中国园林灵感演进而来的"散落歪齐"(Sharawadgi/Sharawaggi)是彼时英国威廉·丹皮尔爵士所造的词语,指一种景观园林或建筑风格,它避免了僵硬的线条和对称,意味着场景中拥有一个自然的外观。这个概念对18世纪的英国园林产生了很大的影响。实际上,18世纪被看作第一个人们可以肆无忌惮地谈论多种多样的装饰品位和风格的世纪。豪泽尔认为张扬的风格是摄政时期的特征之一,他写道:"新艺术的社会起源并非一清二楚。推动这一转折的,既有思想自由、具有反君主倾

---

① See: Hugh Honour, *Chinoiserie*: *The Vision of Cathay*, London: John Murray, 1961, p. 56.

向的贵族,也有上层市民。摄政时期的艺术越向洛可可靠拢,就越有宫廷-贵族特征,虽然这种艺术一开始就带有瓦解宫廷艺术的因素。"①"中国风"是这个时代重要的外在表征,它是18世纪自由内在的丰富精神与情感的显现。相比之下,古典主义则从局部的细节中抽象出普遍的真理,体现了一种静止的、永恒的本质。因此,自由想象允许"中国"的概念通过应用一个符合期待的中心想象(一个较为完善的国家秩序)达成有效的文化象征效果,并从某种"奇观"中汲取力量。但是,它似乎减弱了欧洲古典传统的魅力。景观所吸引的美学注意力似乎不需要某个经典的创作个体作为指引,它不需要标准。它仅仅是把注意力聚合在视觉媒介表达的模糊叙事之中,成为人类心灵直觉感受文化现象的外在反应,对一个抽象起源的想象往往先于对这种具体形象的认知。

　　建筑园艺在18世纪不仅仅是统治者个人爱好的表现,更重要的是它能够体现某种古典的统治风格。这种风格不仅局限于建筑本身的古典性,更在于它在特定的公共空间中所传达的深层文化寓意。在这些公共空间中,建筑园艺的布局、风格和细节都被赋予了特定的文化和政治意义,使其成为统治者巩固权力、传播思想的重要工具。乔治二世之子弗雷德里克王子曾在丘镇(丘园)兴建了一座花园,钱伯斯为其设计了众多亭台以供装饰。王子逝世后,在其遗孀的资助下,钱伯斯创作了更为奇特且令人惊叹的作品——丘镇中国宝塔。②丘镇的宝塔高耸入云,尽管其设计图纸是钱伯斯所谓的官方模型,但在许多细节上是凭空想象的。这种极尽精致的景观让人不禁联想到奢华的洛可可风格。无论建筑的高度,其在欧洲本土的独创性,还是其营造的神秘氛围,这座宝塔无时无刻不让人联想到宫廷生活。这使得这些中国风格建筑能够与欧洲古典遗迹一样,产生出强烈的权力隐喻:

　　人们可以坐在这个荒唐的庞然大物的阴影下细细品茶[……]设想自己身在中国,当钟声大作之际,可以想象寺院里正举行难以名状却欢快吓人的宗教仪式。人们可以把真实的世界扩展成奇思遐想中激动人心的梦幻生活,就好像法国宫廷对华托的绘画寄托的遐想一样。③

①　阿诺尔德·豪泽尔:《艺术社会史》,黄燎宇译,商务印书馆,2015,第352页。
②　参见:斯蒂芬·琼斯:《剑桥艺术史:18世纪艺术》,钱乘旦译,译林出版社,2017,第64页。
③　斯蒂芬·琼斯:《剑桥艺术史:18世纪艺术》,钱乘旦译,译林出版社,2017,第65页。

通过精心设计的园林和建筑,统治者不仅展示了个人的审美趣味和文化修养,更重要的其是秩序、权威和文明的象征。这些园林和建筑成为统治者权力的物质化表达,反映了他们对社会秩序和文化价值的理解和追求。温克尔曼认为,建筑无法模仿现实中存在之物,它必须以一般法则和比率规律为基础,因而具有更大的抽象性。[①]从这一角度来看,丘镇的中国宝塔不仅仅是对现实的模仿,它还象征着当时英国社会对某些审美秩序和普遍规律的高度共识。这种共识反映了建筑设计中的理性主义和规范化趋势,表明了人们对美学原则和文化价值的共同理解。

在近代早期的文化交流中,知识的获取往往依赖于视觉感官,并通过图像和人工制品进行表达。统治者的认知体现了一种政治美学的逻辑,这种逻辑不仅通过话语依附构建霸权,还通过视觉识别策略影响民众,从而在整个民族的风俗和风尚的形成中发挥作用。视觉艺术与其他艺术形式存在可读性上的差异,权力在视觉美学的层面上体现,往往会将帝王的形象给予明确的符号化,从而通过这样的知识呈现形式将人类社会与帝国统治联系起来。尼古拉斯·兰克莱特(Nicolas Lancret)通过轻喜剧式绘画反映了奥尔良公爵摄政期间及路易十五早期统治时期法国社会的品位和风尚。18世纪的洛可可画家为了体现真实,往往将权力刻画得具备较强的可读性,并与政治紧密相连。那些原本在艺术创造形式上所体现的束缚已经退化为僵化的生活方式,思想、可塑的创造物和人们的行为所受的束缚被打破了,风格消遣成为洛可可时代的一个重要特征。[②]"中国风"绘画较为明显地体现了这一点。传教士们在中国宫廷中的创作语境影响了艺术风格。当他们回到欧洲时,面对的是18世纪兴起的个人主义社会基础,以及对平等和自由的思考。例如,洛可可时期的华托和让-巴蒂斯特·约瑟夫·巴特(Jean-Baptiste Joseph Pater)的作品,通过图像呈现了角色的巨大潜力。他们将欧洲宫廷生活视为一个充满戏剧张力的舞台,这些创作中的角色根据其在特定群体中的可读性身份进行界定和塑造。

作为个体,统治者可能对艺术、哲学和宗教有浓厚的兴趣,他们对哲学和

① 参见:温克尔曼:《希腊人的艺术》,邵大箴译,广西师范大学出版社,2001,第115页。

② See: Adolf Reichwein, *China and Europe: Intellectual and Artistic Contacts in the Eighteenth Century*, London: Routledge and Kegan Paul, 1968, p. 25.

宗教的个人兴趣可能在理论和实践上造诣不深,但这并不影响统治者利用这些系统提供的意象和说辞。在清代,皇帝在个人信仰与国家意识形态之间的关系十分复杂。尽管皇帝可能拥有个人信仰,但国家作为一个整体并不具备特定信仰;政府可能会因为政治原因而鼓励或抑制某些信仰的表达。[①]宫廷画师王致诚在向达索先生描述帝王生活中的一些场景时往往就增加了一些场景性叙述,以凸显帝王被神圣化的封建文化政治张力,他在信中写道:

> 中国有一个神奇的节日叫做元宵节(灯节),它于每年农历元月十五日庆祝。任何一个即使是最贫穷的中国人,也都无不点起一盏灯笼。这里的人制造并出售各种形状、不同大小和价格不等的灯笼。这一天,整个中国都被灯笼照亮了。但没有任何一个地方的灯光比在皇帝那里,尤其是比在我刚才向您描述的房子中那样更光辉灿烂。没有任何一间房间、厅堂和走廊,不由多盏挂在天花板上的灯笼照亮。在所有的河渠、水塘之上都挂着五彩缤纷的灯笼,甚至那些于河面上来来往往的小船也作如此装饰。[②]

这些描述中的景象,往往被赋予了不可冒犯的尊严,从而更容易产生对某种现象及其意义的广泛内涵解释。例如,帝王生活场景在整个统治中的政治意义被拆解,这些历史和语词塑造了一种寓言,并在历史演进中被宿命化。这种寓言可能导致两个区域之间人为的文化断裂,就如同埃斯库罗斯的《波斯人》中描述的冲突那样。在中国的历史语境中,帝王的形象不仅是一种权力的象征,更是一种文化和精神的象征。这种形象通过各种艺术形式得以传递和巩固,如绘画、雕塑和文学作品。在这些艺术作品中,帝王的形象往往被理想化和神圣化,被赋予超越凡人的尊严和权威。这种理想化的过程不仅仅是为了彰显帝王的权力,更是为了塑造一种统治的合法性和不可侵犯性。然而,当这些帝王的形象被带回欧洲时,欧洲社会的个人主义和平等自由的价值观对在东方被视为神圣的帝王形象进行了新的解读和诠释。

---

① See: Pamela Kyle Crossley, *A Translucent Mirror: History and Identity in Qing Imperial Ideology*, Berkeley and Los Angeles: University of California Press, 1999, pp. 224-225.

② 王致诚:《耶稣会士和中国宫廷画师王致诚修士致达索先生的信》,载《耶稣会士中国书简集:中国回忆录》(第四卷),杜赫德编,耿昇译,大象出版社,2005,第295页。

在中世纪之前,欧洲尚未形成现代意义上的"国家"的概念。直到15世纪末,"status"一词才开始被用于描述国家的状态。在此之前,欧洲的政治结构以共和国、王国和城市为单位,这些概念在14世纪时逐渐演变,"王权"的概念也逐步确立。当时,人们认为王权的财产转让需要受到限制,国王被视为王权财产的使用者,随着法国继承法的发展,"王国"或"王权"才逐渐与"家产"和"所有权"的概念分离。①在这一历史阶段,欧洲的政治结构主要由封建领主和地方贵族主导,缺乏统一的"国家"概念和中央集权的统治模式。相比之下,中国早在秦汉时期就建立了高度集中的封建国家,形成了成熟的官僚体系和权力结构。这种差异使得欧洲在文明互鉴的视角中理解国家意志时,不得不考虑中国的历史经验和权力逻辑,在受限制的语言和文字条件下,图像和景观成为交流的理想媒介。

在18世纪,"华夷秩序"达到了其发展的巅峰。在这个时期,该古代东方国际关系体系不仅形成了明确的外部边界,还在不断完善其内部结构。基于前代的基础,这一体系逐渐编织成了一张前所未有规模的国际关系网络。这个秩序网络包括了三个文化圈。第一是由最邻近而文化相同的属国组成的汉字圈。第二是种族和文化上异于中国的由亚洲内陆游牧或半游牧民族等属国和从属部落构成的内亚圈。第三才是远隔重洋的"外夷"外圈,包括欧洲在内的贸易应该进贡的国家和地区。②尽管欧洲传教士在地理空间上成功进入了中国宫廷这一权力秩序的中心,但在文化和政治层面上,他们几乎仍被视为边缘的"外夷"。这种身份上的隔阂使得他们对中国权力中心的接近和憧憬,在感性认识上也产生了相应的张力。这种张力不仅体现在他们对中国文化的理解和适应上,也反映在他们试图在这种陌生环境中寻求认同和影响力的过程中。

伏尔泰曾将路易十四比作罗马皇帝奥古斯都,自西罗马帝国以来,还没有哪个时期像路易十四的时代那样,汇聚了如此众多的杰出作家、画家、雕刻家和建筑师,并在礼仪、时尚、思想和艺术上成为其他国家效仿的对象。这种文

---

① 参见:菲利普·内莫:《教会法与神圣帝国的兴衰——中世纪政治思想史讲稿》,张竝译,华东师范大学出版社,2011,第338-342页。

② 参见:费正清编:《中国的世界秩序——传统中国的对外关系》,杜继东译,中国社会科学出版社,2010,第2页。

化现象在某种程度上促进了个人审美品位的普及和文化身份的扩展。路易十四不仅恢复了国库的秩序,整顿了军队的纪律,更为重要的是,通过奢华的生活方式和庄严的宫廷礼仪,法国宫廷的文化艺术焕发光彩,甚至连娱乐活动也充满生机。这种全新的宫廷氛围成为18世纪"中国风"在法国盛行的重要前提。中国的艺术、家具、瓷器和园林设计等元素被大量引入法国,并在宫廷和贵族中广泛流行。这种对东方文化的热衷不仅仅是对异域风情的欣赏,更是对自身文化的一种丰富和补充。同时,这一现象还意味着通过中国体验获得的文化元素被吸收和再造,形成了集权化的象征,通过共享视觉和象征上的权力景观,进一步扩展了多样性的文化身份。

第二节　性别象征与转释

一、奢逸与柔弱的女性化象征

在关于18世纪"中国风"的美学讨论中,不少学者尝试将"女性主义"这一现代理论投射到18世纪的研究中,这有较为复杂的历史和跨文化因素。然而作为分析18世纪视觉文本的重要视角,这种方法存在一定的局限性和误导性。闲适的生活空间将18世纪的女性化与中国物品联系在一起,这种联系又与一种奢靡的状态同时呈现,在诗歌、绘画和小说中表现得尤为明显,因而形成了负面的隐喻。比如在洛可可时代的"中国风"画家布歇的作品中,这种生活常态被频繁地展现,与他同时代的绘画和工艺品形成呼应,塑造了"洛可可式中国风"的独特女性化风格体验。

在18世纪上半叶的英国,金融革命带来的阶级差异问题日益凸显。新兴的资产阶级和旧有的贵族阶级之间的矛盾不断激化,这种社会转型不仅影响了经济结构,也深刻地影响了文化和道德论辩。新的资产阶级凭借财富和影响力逐渐崛起,挑战了传统贵族的社会地位和权威。这一时期的艺术作品,尤其是那些带有中国风格的作品,往往反映了这种社会变迁和阶级冲突。埃德蒙·伯克(Edmund Burke)描述了这一时期的政治状况及美学影响,还对后来的保守主义运动和美学理论产生了重要影响。

图4-3　弗朗斯瓦·布歇　《梳妆》　1742年　提森·博内米萨国立博物馆藏

　　伯克在其关于崇高与美的理论中，试图通过将商业活动与体力劳动的振奋效果以及传统美德联系起来，回应当时中产阶级商业活动与疯狂、奢侈和女性化的关联，这反映了当时的意识形态斗争试图将阶级问题与性别、金钱、疯狂、劳动和奢侈等问题结合起来进行考察。[①]这些被析出的审美品性与"中国风"在欧洲的流行有着复杂的关系。"中国工艺品"往往被视为这些品性的代名词，成为欧洲社会中追求奢华、精致和异国情调的代表。同时，"批评者抨击时尚的娱乐活动，因为它们使人们分心于工作、公民职责和公共责任。用于看戏剧或欣赏绘画的闲暇时间被谴责为'懒惰'。贪婪的演出商被指责诱惑庸俗和无知的人相信自己可以成为有品位的闲暇男女。据称，商人们为了看歌剧而忽视账房，工匠们为了读书俱乐部而放弃手艺，市议员们为了乡村别墅而忽略

① See：Tom Furniss, *Edmund Burke's Aesthetic Ideology*：*Language*，*Gender*，*and Political Economy in Revolution*，Cambridge：Cambridge University Press，1993，pp. 41–42.

市政职责,母亲们为了最新的戏剧而忽视孩子和丈夫"①。在这个特殊的时间节点,时尚创造了一种新的审美潮流,文化的精致成为一种社会的溶剂,尤其是"中国风",它不仅承载着强烈的消费情绪,还不断引发关于视觉与美学的讨论。这一潮流不仅影响到家庭中女性角色的责任,还更进一步地在意识形态层面上成为道德与美学争论中不可忽视的话题。

在18世纪的欧洲,关于女性话题的讨论频繁出现在公共空间,这一现象几乎与"中国风"的流行同时发生。在巴黎的圣雅克大街,奥德朗出版社以诗歌形式配以说明文字的方式探讨了一些主题。例如,对于"令人讨厌的包袱"这一主题,附上的文字如下:

> 一个女人就是一个障碍;
> 这是个亘古不变的真理;
> 即使很负责的男人也不否认这一点,
> 她越年轻,就越沉重。②

在这些关于女性形象的讨论中,对于如何理解中国艺术装饰的表征及其隐喻存在许多不一致的声音。在18世纪的欧洲,中国式回纹椅及其相关装饰被广泛用于女性化的空间,如卧室和化妆室。这些空间常以中国壁纸和东方瓷器装饰,展现出轻盈、非正式和女性化的特质,与传统男性空间形成鲜明对比。瓷器被视为女性化的物品,与女性的欲望和情感紧密相连,甚至被认为是精神不稳定的象征。通过使用"中国风"的装饰,女性空间被赋予了异国情调和幻想色彩,反映了对东方文化的迷恋,并成为女性表达自我和身份的方式。③在英国,18世纪女性诗歌的重新发现对文学格局产生了深远影响,许多这个时期的女性诗歌在这一政治动荡的时代达到了创作的成熟。印刷文化的繁荣使得诗歌文本愈加普及,女性读者因此能够更广泛地接触到这些作品。女性诗人通过欣赏、借鉴、改编和批判,创作出富有变化且深思熟虑的作品,展

---

① John Brewer, *The Pleasures of the Imagination: English Culture in the Eighteenth Century*, London and New York: Routledge, 2013, p. 70.

② 亨利·柯蒂埃:《18世纪法国视野里的中国》,唐玉清译,上海书店出版社,2006,第41—42页。

③ See: David Beevers, *Chinese Whispers: Chinoiserie in Britain, 1650-1930*, Brighton and Hove: The Royal Pavilion & Museums, 2008, pp. 22-23.

现了她们对性别角色的敏锐意识和对诗歌形式的创新贡献。这一时期的女性诗歌与男性诗歌密不可分，她们并非被动地吸收，而是通过欣赏和改变，甚至批判来直接参与诗歌创作。作品中常见对主题、体裁、诗行和隐喻的深思熟虑，富有变化且有时幽默的重构，反映了当时的社会和政治动荡，以及对公民权利和女性教育的关注。[①]由于展现出"女性气质"的创造力，女性也被划分为不同阶层的群体，表现出一种特殊的创造力。

　　欧洲关于女性的争议早于全球化早期。例如，薄伽丘在《名媛》(*De Claris Mulieribus*，约 1380 年)中探讨了女性的角色与地位，克里斯汀·德·皮桑在《女士之城》(*Le Livre de la Cité des Dames*，1405 年)中为女性受到的不公而辩护，而海因里希·科尼利厄斯·阿格里帕在《关于女性高贵和卓越的宣言》(*De Nobilitate et Praecellentia Foeminei Sexus*，1509 年)中则论述了女性的卓越与高贵。在 18 世纪 70 年代和 80 年代的法国，女性在社会地位和文化影响力方面发挥了重要作用。艺术家勒布伦夫人自信地宣称"女性当权"，反映了当

图4-4　弗朗斯瓦·布歇　《蓬帕杜夫人像》
1756年　慕尼黑老绘画陈列馆藏

时男女地位的相对平等。在社交场合中，女性通过沙龙展示文化权威，德芳侯爵夫人便是其中的杰出代表。她与启蒙时代的艺术家、作家、政治家和哲学家交往密切。蓬帕杜夫人和杜巴利伯爵夫人不仅在宫廷中拥有影响力，还担任政策顾问，推动了洛可可艺术的发展。这些时尚风格在布歇的肖像画中得到

---

① See: Christine Gerrard, "Eighteenth-Century Women Poets", *The Cambridge History of English Poetry*, Cambridge: Cambridge University Press, 2010, pp. 358-360.

体现,成为18世纪法国女性文化颇具影响力的象征。①在所有男性和女性聚集的社会环境中,18世纪的沙龙为女性维护其文化权威提供了一个生动的环境,她们的地位通过参与到公共领域的方式得到了改善。

虽然18世纪的法国女性在文化和社交领域有着显著的影响力,但在商业社会兴起的背景下,新的价值观开始重塑社会结构。激情和享乐逐渐取代了传统的武勇精神,艺术和科学的进步推动了这种转变,导致了一种被称为"女性化"(effeminate)的社会现象。18世纪的商业社会中,激情驱动着人们,而这种激情因艺术和科学的进步而日益增强,导致人们变得"女性化":他们不再是战士,而是沉溺于享乐。路易-塞巴斯蒂安·梅西耶(Louis-Sebastien Mercier)在《巴黎图景》(Tableau de Paris)中虽然未直接批判现代经济,但其潜台词支持自由放任和劳动分工对文明的好处,也指出奢侈是将军们无能和缺乏纪律的根源,这种状况导致了艺术的衰落。②

在18世纪,洛可可风格在法国流行,它以轻盈、华丽、装饰性强的特点而著称,常常被认为具有一定的"女性化"特征。但洛可可风格除了女性化的体现,也反映了当时社会的奢华和对细节的关注。洛可可与"中国风"元素在法国的贵族沙龙中同时受到追捧。这些沙龙的引领者也多数是女性,比如德芳侯爵夫人是一位极具开明思想的人士。尽管她出身于古老的贵族家庭,但她打破了传统的束缚。她天性热情、自由,注定成为社交界的明星。凭借其非凡的社交才能,她迅速成为社交圈中的明星,使她的沙龙在18世纪成为最受欢迎的聚会场所之一。她曾招待过启蒙运动时期一些伟大的艺术家、作家、政治家和哲学家。作家霍勒斯·沃珀尔(Horace Walpole)描述了德芳侯爵夫人的沙龙是如何体现了"最精致风格的优雅,然而,这种优雅却不及其所蕴含的智慧之美"③。女性主导的沙龙影响了那个时代的文化和政治趋势。事实证明,在一个以智慧和魅力衡量男女的时代,对两性的描写无时无刻不会成为文化上的焦点话题。

---

① See: Harold Koda, Andrew Bolton, *Dangerous Liaisons: Fashion and Furniture in the Eighteenth Century*, New Haven and London: Yale University Press, 2004, pp. 83-84.

② See: Paul Mattick, Jr., "Art and Money", *Eighteenth-Century Aesthetics and the Reconstruction of Art*, Cambridge: Cambridge University Press, 2008, pp. 161-162.

③ See: Harold Koda, Andrew Bolton, *Dangerous Liaisons: Fashion and Furniture in the Eighteenth Century*, New Haven and London: Yale University Press, 2004, p. 83.

对陶瓷脆弱性、神圣性的关联性想象,最早可以追溯到公元前4世纪到公元前2世纪的欧洲彩陶花瓶。那时的陶器除了使用简单的颜色来提高浮雕效果外,绘画让位于雕塑,一些花瓶气势恢宏,造型精巧,正是由于其脆弱的特性,被设计为从高处观看,并超出普通观者的触及范围。①青铜镜面或镜子与希腊花瓶出现在伊特鲁利亚(意大利中部古代城邦)的许多坟墓中,铜镜是伊特鲁利亚女人们梳妆打扮的一部分,与其同时发现的还有其他女性装饰品。②陶器的精美设计与其易碎的本质形成对比,这些陶器和铜镜共同构成了一种文化象征,代表着当时社会对神圣、美的追求,以及不可忽视的女性联系。在18世纪的戏剧和美学文本的描述中这种情况得到了更细致化的呈现。约翰·盖伊(John Gay)1725年的诗歌《致一位迷恋古中国的女士》(*To a Lady on Her Passion for Old China*)把没有劳动经验的英国贵妇光滑的白皮肤比作瓷花瓶,花瓶因其珍贵和完美无瑕而备受推崇,与这个理想化的、脆弱的形象相对的,是艰苦劳动和有用的男性品质。一个女人可能会因德尔夫特陶瓷失去自我,而她的男人显然不会让自己被商品的激情所征服,作为一种普通的、实用的器具,与瓷器的异国情调、装饰性形成鲜明对比,相对于非理性的女性主体,男性成为规范性的主体。③描述性文本通过对比女性与男性的特质,揭示了18世纪艺术中的性别理解。女性被比作珍贵、完美无瑕但脆弱的瓷器,而男性则被描绘为具有实用性和坚韧品质的主体。这种对比反映了当时社会对性别角色的期望和看法,增强了女性形象与中国瓷器形象之间的复杂关联,通过拟想和对比,揭示出自身环境深层的文化联想和价值观。

在形式上的另一种关联体现为对轮廓线条的理解。在这样的描述中,中国风格逐渐与早期女性的装饰、审美品位,甚至身体形态产生了联系。赫尔德曾有过这样的描述:

① See: William Chaffers, *Marks and Monograms on European and Oriental Pottery and Porcelain*, *with Historical Notices of Each Manufactory*, London: Reeves & Turner, 1891, pp. 9-10.

② See: William Chaffers, *Marks and Monograms on European and Oriental Pottery and Porcelain*, *with Historical Notices of Each Manufactory*, London: Reeves & Turner, 1891, pp. 9-10.

③ See: Stacey Sloboda, *Chinoiserie*: *Commerce and Critical Ornament in Eighteenth Century Britain*, Manchester: Manchester University Press, 2017, p. 110.

圆圈对于我们来说曾经太完满,不必环顾四周,不必包围四周;为了提供多方面的有机体,直线太贫乏了,因为我们的身体就应该属于这种有机体。因此,它(直线)悬空和倾斜,借此就会这一方面或者那一方面占优势。在坚强的胸膛中,在坚强的脊背中很少弯曲,只有拱形,这就是墙壁和支柱,那种甲胄。在妇女那里,下腹部,胸部,虚弱的肢体都被装饰了完美的外表和完美的柔软。然而这只不过是外表,因为一个圆球形肚子与一个圆球形脑袋和圆球形腿肚一样,都是拥挤过度而造成的弊端,在这种弊端中甚至还包含着毁灭的胚芽。[1]

赫尔德通过讨论圆形和直线,揭示了身体轮廓在性别特征和结构上的差异。他强调了男性和女性形态的不同及其象征意义,为艺术和美学中的身体表现提供了理论基础。这种观察为后来的艺术和性别研究提供了新视角。在英国,荷加斯的描述更为直接:

女性的皮肤具有一定程度的诱人的丰满性,正如在指关节上一样,它在所有其他关节处形成富有魅力的肉窝,从而使之不同于甚至长得很标致的男子。这种丰满性在皮下肌肉的柔软形体作用下,把人体每一部分的多样性充分展现在眼前,这些部分互相之间结合得更为柔和,更加流畅,因而也具有一种优美的单纯。[2]

荷加斯将这种丰满性与线条和柔软品质关联,展示了人体各部分的多样性,并使这些部分之间的结合更加柔和流畅,呈现出优美的单纯。他的贡献在于通过对女性身体轮廓的描绘,突出了性别差异,并通过美学理论揭示了身体轮廓在表现美和性别特征中的重要性。将女性身体抽象为轮廓和曲线,以形式主义的语言呈现,提供了一种复杂而敏锐的视觉体验。这种手法增强了对分裂元素的鉴赏力,并赋予抽象表现手法以性别暗示。这一观看机制体现了欧洲启蒙时代的人本化理解,"自然美""崇高美"向"过度""自负"跨越的过程有了形式上的依据,繁复的洛可可线条与女性描述的形式形成关联,在去古典

---

① 约翰·哥特弗里特·赫尔德:《赫尔德美学文选》,张玉能译,同济大学出版社,2007,第67-68页。

② 威廉·荷加斯:《美的分析:荷加斯论美》,杨成寅译,上海人民美术出版社,2019,第99页。

化和形式反思的过程中形成了全新的美学体验与想象。

但这在18世纪的美学中并非一个一致性的观念,在强调规则的德国审美理性主义传统中,这种形式决定的体验并不被接受。按照戈特雪德所持有的观念,"美只能被感觉到,而不能按照规则去检验"[1]。由此可见,即便是在理性主义美学中,体验也是因人而异的,隐喻并非一般性的逻辑联系。戈特雪德的诗学观念代表了一种布瓦洛式的古典理性主义,但他在德国美学史上标志着审美理性主义的巅峰,体现了对理性力量高度的信心。他从未质疑过沃尔夫的极端理性主义,戈特雪德认为理性能够也应该理解、批评和控制美学经验的各个方面。[2]这种理性主义美学的独特之处在于,它强调理性在美学体验中的主导作用,认为理性不仅是控制和规范美学本体的工具,更是理解和批评经验的基础。

"洛可可式中国风"会将女性描绘在一个剧场化的空间之内,创造一种偏离现实的想象力。私密的审美空间展现出两个显著的审美特质。首先,它不必遵循将"上帝"视为自然造物主的德行观,而是通过中国陶瓷、绘画和建筑所带来的新颖感和时尚感来满足审美需求。其次,虚拟身份能够规避教会所倡导的普遍性价值,从而提供一种独立于教化影响的审美体验。我们可以通过一个"中国风"的镜冠找到一些线索。他们的姿势和服装富有戏剧性,只有戏剧的魔力才能赋予他们一些可信的东西,比如千奇百怪的人物姿态,建筑细节和植物也可能来源于不同的地域。[3]在18世纪的剧场式美学设计中,这种形式尤为重要。人们甚至可以仅通过巧妙运用一些场景和场面,来实现剧场所能达到的张力。比如,狄德罗呼吁发展一种新的舞台戏剧,这种戏剧可以从绘画,尤其是某些典型的绘画中汲取灵感,创造出比他那个时代的戏剧更具张力的表演,而不必依赖于那些精心设计的戏剧冲突。[4]如果能够实现狄德罗所描述的理想戏剧效果,那么戏剧的形式体验就可以在更多脱离现实语境的空间

---

[1] 马奇主编:《西方美学史资料选编》(上卷),上海人民出版社,1987,第502页。

[2] See: Frederick Beiser, *Diotima's Children: German Aesthetic Rationalism from Leibniz to Lessing*, New York: Oxford University Press, 2009, p. 75.

[3] See: Carl Christian Dauterman, "Dream-Pictures of Cathay: Chinoiserie on Restoration Silver", *The Metropolitan Museum of Art Bulletin*, New Series, Vol. 23, No. 1, 1964, pp. 21-23.

[4] See: Michael Fried, *Absorption and Theatricality: Painting and Beholder in the Age of Diderot*, Chicago: University of Chicago Press, 1988, pp. 77-78.

中得以实现,正如伏尔泰创作的法国戏剧《中国孤儿》(*L'Orphelin de la Chine*)中所设想的那样。

图4-5 1786年版《中国孤儿》插图

在这个改编自13世纪中国戏剧《赵氏孤儿》的剧本中,伏尔泰让成吉思汗出场,改为发生于元代初年的中国官员臧惕夫妇与成吉思汗之间的抗争。伏尔泰笔下的成吉思汗因为"旧情难舍"而放过了伊达美夫妇,而获得了美德上的赞许。①从叙事的角度来看,这种做法启发了美德观念的文本建构,也触发了近代早期女性"柔弱化"(effeminacy)的东方异想情绪。这种改编挑战了西方对霸权形式的传统印象,暗含了儒家主题和政治平等的寓意。在启蒙运动中,对权力的单一性描写并没有得到充分的批评,反而获得了一部分哲学家的极力辩护。

① 参见:范希衡:《〈赵氏孤儿〉与〈中国孤儿〉》,上海古籍出版社,2010,第43-45页。

　　赫尔德批判中国人"这种不顾人的本性而一味要求制造出一种人类新的心灵"，指出"现实生活中，没有什么男子汉的气概与尊严可言，它们仅存在于对英雄豪杰的描绘之中"。[①]他认为这种道德制度造成了人的虚伪，显然，这是一种对自然赋予人的本能的限制。无论是家庭中的伦理观念，还是官吏的奴性顺从，都同样体现了人作为"命令的产物"的特性，而非自然产物，是工具化的人。在这种道德约束和工具化的共同作用下，中国人表现出"尊严成了孩子的义务；气概变成躲避笞刑的才干"[②]。在赫尔德看来，中国人的道德制度和社会结构导致了人的虚伪和工具化，并且这种现象限制了自然赋予人的本能。

　　除此之外，英国艺术文本中对女性的隐喻延伸则展现了另一种极端。在商业化过程中，女性隐喻被大量曝光于公众视野中，诱发了宣泄的幻想，原本的线条美感变成了色情的潜台词。在17和18世纪早期的文学和视觉文化中，各类瓷器艺术品被大量进行了描绘，这极大地促进了女性性行为的社会模式日益商业化。原本象征女性纯洁的常见天主教肖像陶瓷器皿，当时也在英国的瓷器贸易中以及城市文学和视觉文化影响下发生转变，这些瓷器制品变成了人们幻想非法行为和宣泄欲望的色情载体。[③]工艺品成为文学和视觉文化中对女性性别构建的强大催化剂。原本在图像学中象征贞洁纯洁的陶瓷器皿，通过商品贸易和城市文学，被转变为一种隐喻色情的媒介。这种转变的早期迹象出现在1609年于伦敦首次上演的本·琼森（Ben Jonson）的戏剧中，其背景设定在一个以炫耀性消费而闻名的地方。[④]到了18世纪，笛福的启蒙主义小说《罗克珊娜》（Roxana）在文学和艺术界引起了极大的争议，被资产阶级评论界视为有伤风化之作。作品展现了英国上层社会追逐名利、淫乱糜烂生活的画面，揭示了一个清白之人如何一步步堕落并最终走上犯罪的道路。因为小说所具备的私人化的媒介空间特性，它可以更直接地体现一些不便于在公共空间呈现的主题。

---

① 夏瑞春编：《德国思想家论中国》，陈爱政等译，江苏人民出版社，1997，第87—88页。

② 夏瑞春编：《德国思想家论中国》，陈爱政等译，江苏人民出版社，1997，第88页。

③ See：David Porter, *The Chinese Ttaste in Eighteenth-Century England*, Cambridge：Cambridge University Press，2010, p. 137.

④ See：David Porter, *The Chinese Taste in Eighteenth-Century England*, Cambridge：Cambridge University Press，2010, p. 137.

《罗克珊娜》是笛福在《海盗船长》中所阐述的一个例证,即将想象的形式转化为具有现实价值的物质,这一过程常常是由女性完成的。和《罗克珊娜》一样,女性的修饰或装饰行为常常是反身性的;她们将异域事物自然化,通过将其融入自我呈现之中,使这些想象的输入成为英国文化的一部分。①与瓷器和贩卖瓷器的女性相似,在物物交换中,她们的形象被合并为同一种诱人的"玩物"。这些"玩物"在贸易中的出现确保了它们在资产阶级话语中的可获得性。封建时代末期的宫廷文化有着特殊的开放性,资产阶级公共领域可以首先理解为一个由私人集合而成的公众领域。尤尔根·哈贝马斯(Jürgen Haber-mas)认为,这种旧的统治制度最初轻而易举就把新兴资产阶级同化了,因此资产阶级人文主义在开始的时候完全能够适应贵族的宫廷文化。②这些物化的描述揭示了女性空间在文化和经济交换中的商品化联系,强调了她们在这一过程中所扮演的角色及其背后的社会机制。

18世纪欧洲宫廷中的假面剧也体现了这种角色认知。假面剧试图掩盖女性的直观体验,通过隐藏真实身份,舞台模糊了性别和阶级的界限,创造了一种暂时的平等和自由。然而,这种表面的平等实际上掩盖了对女性体验的压制和控制。在假面剧中,女性被迫隐藏自己的真实身份。宫廷假面舞融合了戏剧、音乐、场景和仪式,是艺术对宫廷礼制的再现,受到古典神话和文艺复兴造像的影响。由朝臣,甚至有时由国王和王后亲自上演,假面剧在观众面前展示。假面剧的奢华服装和复杂机制被精心协调成一个和谐的整体,代表着宫廷和国家,揭示了一个以国王为中心的自然秩序。③一般来说,英国新教徒对舞台的敌意深深植根于他们的意识中。舞台被视为一个诡计和欺骗的地方,充满了幻想和魔法,类似于罗马天主教会用来迷惑无知的观察者,使他们成为轻信的信徒。对于众多清教徒,尤其是神职人员来说,有一项基本原则需要遵

---

① See: Eugenia Zuroski Jenkins, *A Taste for China*: *English Subjectivity and the Prehistory of Orientalism*, Oxford: Oxford University Press, 2013, pp. 122-123.

② 参见:哈贝马斯:《公共领域的结构转型》,曹卫东等译,学林出版社,1999,第14页。

③ See: John Brewer, *The Pleasures of the Imagination*: *English Culture in the Eighteenth Century*, London and New York: Routledge, 2013, p. 17.

守，即观看戏剧和参与弥撒都是偶像崇拜的一种形式。[1] 18世纪欧洲宫廷中的诸如此类的化装舞会和盛大仪式不仅是贵族娱乐和社交的常见形式，更是展示和巩固意识形态地位的场所。通过这些活动，贵族塑造了公众的上层轮廓，同时也遮蔽了女性的真实体验，进一步强化了女性空间的奢侈化、商品化象征。

二、物觉到美德的类比与认同

近代早期的理性主义美学最初将性别视作完美观念的必要因素。在笛卡尔的观念中，不完美就好像人们只是一个整体的一半，异性是对这种不完美的补充，"完美的东西"通过想象在"另一个自我"身上得到实现，因此理性主义者将这种对美好的渴望视为自然的赋予。启蒙运动中这种理性观念得到了扩展，人们开始在艺术、文学和哲学中探索性别之间的互补关系，理性主义者不仅关注个体的理性发展，还强调通过与异性建立关系来实现更高层次的完美。这种对美好的渴望与自然的赋予，是推动人类不断追求进步和完善的动力。

近代早期的欧洲图像中，珍珠象征着女性的纯洁和贞洁，犹如理性主义者所追求的完美，通过想象在"另一个自我"中实现。珍珠与瓷器的象征意义，正是这种想象的具体化，代表着一种对完美的追求和对美好事物的渴望。珍珠的光泽和瓷器的质感都可以被视为女性本质的象征。尤其在17世纪的荷兰绘画中，瓷器的洁白如同珍珠的光辉，象征着诚实和美德，而瓷器的脆弱性则被用来隐喻女性道德和社会地位的脆弱。这种象征意义体现在瓷器完好或破碎的不同状态中，分别代表美德和脆弱。[2] 在语用中，珍珠和瓷器之间的类比通过"瓷器"一词的语义得到了加强。这个词源自葡萄牙语和意大利语的"porcella"，意指白色贝壳。瓷器因其珍珠般的质感而闻名，并与女性气质紧密相

---

[1]　See: John Brewer, *The Pleasures of the Imagination: English Culture in the Eighteenth Century*, London and New York: Routledge, 2013, p. 266.

[2]　See: Vanessa Alayrac-Fielding, "'Frailty, thy Name is China': Women, Chinoiserie and the Threat of Low Culture in Eighteenth-Century England", *Women's History Review*, Vol. 18, Iss. 4, 2009, p. 660.

连,瓷器逐渐取代了"贝壳上的维纳斯",成为女性的新象征。①这些物质文本上的中国图式,将女性在瓷器图像和贸易中的角色与易碎的瓷器联系在一起。这种关联一方面反映了历史上的文化交流,同时还揭示了现代女性观念被投射到早期历史中的复杂过程。在晚近的文献中,这种投射常常导致对历史的误读或简化,因而在处理现代视角与历史事实之间的关系的过程中,瓷器与女性形象的类比阐释成为美学史和艺术史研究的关注点。

瓷器作为"中国风"的代表性物象,成为连接欧洲对东方想象的重要媒介。这种关联性不仅体现在艺术和时尚中,也在文化交流和贸易活动中得以体现。瓷器的精致与脆弱性被视为女性特质的隐喻。随着瓷器在欧洲的普及,中国风格逐渐融入欧洲的艺术创作和日常生活中,瓷器对女性美的理解和表现成为一种文化现象,也深刻影响了18世纪欧洲对女性形象的构建和欣赏。18世纪的欧洲女性对中国物品之所以表现出特别的兴趣,是因为这些物品能够形象化她们的兴趣。在进口的瓷器、漆器和镜子上,常常描绘着女性演奏音乐,在花园中漫步、交谈、嬉戏,以及与孩童相处的场景。这些丰富多样的装饰图案激发了欧洲女性的想象力,引起了情感共鸣。然而,这种多样性也给欧洲的阐释者提供了机会,使他们可以随意地、过度地、商业化地将这些物品归入"非理性"的空间。这种归类尤其体现在当时的艺术作品中,女性形象被认为是这种非理性特征的最明显代表。这种现象反映了当时社会对女性角色的复杂态度,以及对异域文化和浪漫化的误解。

在近代早期的贸易史上,瓷器作为中国商品的代表,以其独特的艺术价值和文化象征,深刻地影响了欧洲的文化生活。从瓷器进入欧洲市场的那一刻起,它就不仅仅是装饰性的艺术品。瓷器在某种程度上超越了古典主义作品中常见的宗教象征维度,成为一种更为世俗化的文化符号。18世纪中期之后,"中国风"逐渐成为欧洲各个阶层的共识,瓷器不再是贵族的专属,而开始普及。然而,随着欧洲本地瓷器生产技术的提高和大量仿制品的出现,中国瓷器的吸引力开始下降。这种吸引力的减弱不仅是技术进步的结果,也与瓷器在欧洲文化中的过度情感象征有关。这些象征常常与庸俗化的隐喻所联系,从

---

① See: Vanessa Alayrac-Fielding, "'Frailty, thy Name is China': Women, Chinoiserie and the Threat of Low Culture in Eighteenth-Century England", *Women's History Review*, Vol. 18, Iss. 4, 2009, p. 662.

而被边缘化。瓷器与女性的隐喻联系尤其明显。一方面，瓷器因其精美和脆弱常被用来比喻女性；另一方面，女性作为瓷器的主要收藏者和爱好者，又被视作奢靡、浮夸和庸俗品位的代表。这种现象与中国风格的影响交织在一起，形成了18世纪一种对"女性品位"的过度阐释。

女性对来自中国的物品表现出浓厚的兴趣，这种兴趣不仅仅源于这些物品的美学价值，还因为它们能够形象化女性内心深处的情感和意志。中国物品成为欧洲女性表达自我和探索内心世界的媒介，但同时也被欧洲社会用来定义和限制女性的角色和空间。女性收藏家在瓷器鉴赏中展现的判断水准，以及她们对藏品赋予的文化意义，促成了一种独特的社会审美维度。这一现象逐渐消解了将女性收藏瓷器的行为看作冲动消费或损耗家庭财富的偏见。这些概念在解释过程中所产生的关联性，促使欧洲对奢侈文化和通俗文化进行了反思。同时，图像的多义性所提供的广阔解读空间也是这一美学问题的原因之一。这种来自大众的世俗化性别视角，使得18世纪审美中的"中国风"成为一个具有正反两面意义的趣味象征。英国文化史学者斯泰西·斯洛博达（Stacey Sloboda）指出，18世纪瓷器成为时尚品位的象征之一，这一地位的形成是因为瓷器将女性气质与其特有的脆弱之美和看似无用的装饰性联系在了一起。[1]许多欧洲制造的瓷器上对性的描绘使得一些学者认为，18世纪女性对瓷器的热情超出了预期。她们对瓷器的渴望，尤其是那些被标榜为异域风情和审美边缘的瓷器，被视为一种与生俱来的无尽欲望的证据。在这种欲望中，女性的身体与瓷器对象本身被卷入了一种亲密关系之中。[2]瓷器因此成为表现女性的媒介，同时也反映了社会对女性角色的期望与限制。通过对瓷器的热情，女性不仅在物质上寻求满足，更在精神上追求自我身份的认同。这种对瓷器的渴望及其亲密关系的建立，反映了18世纪欧洲社会对女性角色的矛盾态度。

博达伟（David Porter）在对18世纪欧洲"中国风"女性审美的研究中，揭示了一个复杂的文化现象：我们对那些性暗示或民族自豪感的图像的美学价值

---

① See: Stacey Sloboda, *Chinoiserie*: *Commerce and Critical Ornament in Eighteenth-Century Britain*, Manchester: Manchester University Press, 2017, p. 110.

② See: Stacey Sloboda, *Chinoiserie*: *Commerce and Critical Ornament in Eighteenth-Century Britain*, Manchester: Manchester University Press, 2017, p. 109.

持怀疑态度,因为此类图像唤起的原始且因此看似粗俗和未精炼的欲望和情感,似乎会妨碍对作品形式特征的无利害体验。[1]在这种审美中,女性不仅仅是被动的欣赏者,而是主动参与到一种跨文化的交流中。她们通过对这些图像的欣赏,表达出一种对异域文化的向往和认同。这种向往不仅限于对图像的表面欣赏,还涉及一种更深层次的文化认同和自我表达。与此同时,当观者过于关注图像所传递的性或民族信息时,可能忽视了图像作为艺术作品本身的形式美。这种现象反映了18世纪欧洲社会在面对异域文化时的矛盾心理:一方面是对异域文化的强烈兴趣和接受,另一方面又是对自身文化身份的坚持和捍卫。可见,这种文化现象不仅仅是关于审美的讨论,更是关于文化交流和身份认同的复杂互动。女性通过对"中国风"图像的欣赏和解读,既展现了对异域文化的开放态度,也反映了她们在社会中寻求自我定位审美主体性的一种努力。

德·诺拉克(de Nolhac)在1724年的作品中引用过一部鲜被人提及的作品,描绘路易十四时期的中国装饰。这个讽刺故事中有这样一段描述:

> 有一天,仙女让公主陪伴(我国的)君主在美丽的运河上散步。桑·巴拉贡很好奇地想要知道公主对刚刚所看到的一切作何感想,但是,公主很冷漠地回答他说,那些华丽的东西在中华帝国是很常见的,比起金碧辉煌的宫殿,他的父皇通常更喜欢简单朴素的房子。桑·巴拉贡正站在船的另一边,因为他对那些能够讨公主欢心的东西特别留意,所以,当贝勒—格洛瓦对他说这些话的时候,他一下跳上了岸,用他的小棍子敲了三下,马上就出现了瓷器城堡,四周围绕着种满茉莉花的花圃以及无数小喷泉。所有的这一切构成了能够看到的最佳效果。[2]

这段故事不仅展现了当时欧洲对"中国风"的热情,还通过公主与桑·巴拉贡的对话反映了对奢华与简朴的不同文化态度。整个故事中的公主对法国的奢华装饰表现出冷漠,这种态度暗示了对表面华丽但缺乏内在意义的事物的

---

[1]　David Porter, *The Chinese Taste in Eighteenth-Century England*, Cambridge: Cambridge University Press, 2010, p. 79.

[2]　转引自亨利·柯蒂埃:《18世纪法国视野里的中国》,唐玉清译,上海书店出版社,2006,第33-34页。

批判。她提到在中华帝国,这些奢华的东西是常见的,甚至不如简朴的房子更受她父皇的青睐。这也反映了对过度装饰的反思,以及对风格价值的重新评估。桑·巴拉贡的反应则体现了对取悦公主的渴望,他通过创造一个瓷器城堡来展示自己的能力和对异域风情的理解。这种对瓷器的使用不仅象征着对中国文化的向往,也反映了当时欧洲社会上层对奢华和异国情调的追求。故事通过讽刺的方式揭示了18世纪欧洲对"中国风"流行的复杂态度:既有对奢华装饰的追求,也有对其表面浮华的质疑。

　　诺拉克所描绘的瓷器城堡,实际上是18世纪法国对中国风潮的一个象征性缩影。这股风潮不仅仅是对中国装饰艺术的简单模仿,更是一种对异域文化的幻想性接纳。故事中通过魔法变出的华丽景致,反映了当时欧洲社会对奢华装饰的极致想象,这些装饰以其炫耀性的方式深深植入了大众的想象视野。在这个背景下,瓷器城堡不仅仅是一个物质存在,它更象征着一种文化上的诱惑与新奇。作为一种商品,它单方面的物质价值并不足以与任何固定意义相结合,而是通过与社会地位、个人气质、诱惑力以及新奇感的关系,才得以在小说创作中体现出其持久的价值。这种价值的持久性不仅仅体现在其物质的奢华上,更在于其能够引发的心理共鸣和文化认同。

　　18世纪中期,那不勒斯的中式装饰艺术不仅是一种视觉上的享受,也是一种文化交流的象征。专门从事中式装饰的画家在那不勒斯很活跃,在当时的文献中,他们被称为"剪纸画家和中国装饰品画家",因为他们擅长使用剪纸图案,他们制作了许多早已失传的室内装饰。[1]这时那不勒斯教堂房间里装饰着讽喻主题的画作,场景被优雅的中国杂耍和细长的东方人物包围,这些人物在浅色背景上用活泼的颜色画着,通常被视为早期装饰大师盖塔诺·马格利(Gaetano Magri)的作品。通过使用剪纸图案和中国风格的元素,一种独特的视觉语言被创造出来。这种语言不仅反映了当时欧洲对中国文化的迷恋,也展示了欧洲艺术家如何吸收和再创造异域文化的能力。马格利还创作了另一件以中国为主题的作品——位于那不勒斯国家历史学会中心。他通过将中国元素与欧洲的艺术传统相结合,创造出一种新的艺术表达形式。那不勒斯教堂

---

① See: Francesco Morena, *Chinoiserie: The Evolution of the Oriental Style in Italy from the 14th to the 19th Century*, Florence: Centro Di , 2009, p. 186.

房间里装饰的讽喻主题画作,以及圣马蒂诺教堂的天花板装饰,都是这种文化融合的典范。

圣马蒂诺教堂隔壁房间的天花板上也装饰着类似的"异国情调"主题,这些主题画在镀金的纸浆底座上。中国风格的场景被锯齿状的框架包围着,其中点缀着面具、亭子的圆顶、面向龙的半身像和古典风格的半身像,每一个半身像都被镶嵌在天花板角落的旋转画卷所包围。在诸多形象的设计中,主人公的两侧都有仆人的形象十分多见。①在欧洲的中国风格剧目中,一种常见的图像是"伞下"形象,这在华托的作品中尤为突出。此形象被认为是欧洲对中国伦理观的再现,并在瓷器、装饰物及绘画中反复出现,成为一种文化符号。它不仅象征着帝王与侍者关系的转变,也暗示了欧洲社会对权力结构的反思。这些元素在瓷器、装饰品和绘画中以多种形式反复呈现。改编通常仅涉及背景、人物性别和形象的变化,但伞下的人物常常成为画面的中心,有时隐喻着强势与弱势关系的对视。

图4-6   安托万·华托   《海南的天后女神》   1731年   不列颠博物馆藏

---

① See: Francesco Morena, *Chinoiserie: The Evolution of the Oriental Style in Italy from the 14th to the 19th Century*, Florence: Centro Di , 2009, p. 187.

图4-7　弗朗斯瓦·布歇　《中国花园》　1742年　贝桑松美术和考古博物馆藏

　　在18世纪初,阅读、表达情感等行为成为一种时尚,无论男性还是女性都参与其中。在这一时期,这种情感表达并没有明确的性别界限。然而,到18世纪晚期,感伤情绪逐渐被视为"女性气质"的象征,与"男子气概"的行为形成鲜明对比,对感伤文学的偏爱也与艺术和建筑中逐渐显现的洛可可风格相呼应。①洛可可时代的艺术轨迹与女性欲望的关联性使其与这些表现相契合。然而,这种关联未能证明统一的理性原则和逻辑的适用性。相反,众多具有争议的判断和无法证实的真实性揭示了其在这方面的失败,至少在女性形象的视觉表现上未能产生更重要的价值。例如,"化妆"和"戴面具"的习俗在欧洲

①　参见:彼得·赖尔、艾伦·威尔逊:《启蒙运动百科全书》,刘北成、王皖强编译,上海人民出版社,2004,第60页。

社会由来已久,并在18世纪,尤其是洛可可时代达到了顶峰。对于一个以追求快乐为导向的社会而言,伪装的吸引力在于它所允许的自由。通过在现实与幻想之间的滑动,服装作为一种欺骗手段,为通过颠覆年龄、性别、种族和阶级身份进行社交和冒险提供了无尽的可能性。①这种遮蔽包含了对通常被视为"堕落或不合法"艺术的宽容,并毫无悔意地拥抱感官体验。尽管伪装和感官享受在洛可可时代反映了人类对自由与快乐的向往,但它们也引发了关于真实性和道德的复杂讨论,启蒙学者开始质疑这种文化现象是否削弱了社会的道德基础。

在当时大众的想象中,即便是家庭主妇也被视为潜在的不安因素。她们对婚姻的束缚感到不满,对社会行为准则所要求的驯服和顺从感到不适,因此可能选择通过运用她们的社交技巧和批评能力来挑战上帝所设定的等级制度。②艾迪生认为美不仅仅是一种视觉体验,更是一种道德和精神的感受。在《旁观者》中,他提倡通过文学和艺术提升公众的审美品位和道德水平,在表达对家庭生活的态度时他写道:"在生活中的某个阶段对婚姻持严厉态度的人,常常会加入他们曾经嘲笑的群体,并发现自己的嘲讽反过来落在自己头上。我几乎从未见过一个厌恶女性的人不会最终因此付出代价。婚姻对其他人来说是一种祝福,而对这样的人来说却是一种惩罚[……]那些因抨击女性而闻名的人,往往会通过选择其中最不值得的人作为伴侣来做出光荣的补偿。姻缘之神通过让那些嘲笑他神秘的人得到应有的惩罚来进行报复。"③显然,完善的女性形象不仅在于明显的社会分化,也不完全由外在的体态装饰、身份隐私影响,更在于内化的善良与包容。

随着18世纪早期中国瓷器和茶叶在欧洲中上层阶级家庭中的普及,"中国风"装饰品作为奢侈品的地位逐渐减弱,开始转向日常生活。在这一过程中,它仍保持着与女性的联系。在学术领域,尽管女性曾经被排斥在17世纪前她

---

① See: Harold Koda, Andrew Bolton, *Dangerous Liaisons: Fashion and Furniture in the Eighteenth Century*, New Haven and London: Yale University Press, 2004, p. 77.

② See: David Porter, *The Chinese Taste in Eighteenth-Century England*, Cambridge: Cambridge University Press, 2010, p. 141.

③ Joseph Addison, "Friday, Nov. 7 1712", *The Spectator*, Vol. VI, London: George Routledge & Sons, 1898, p. 16.

们占据的专业和知识实践之外，但她们在缺乏制度支持的情况下，仍然通过建立包括男性在内的知识网络，以及涵盖被制度认可的和更为边缘的知识形式，对男性主导的知识结构进行了挑战，并将这种批判扩展到了更广泛的文化领域。[1]在中产阶级家庭中，瓷器的广泛使用与镜子以及洛可可风格家具等体现女性化仪式的物品密切相关，这表明瓷器仍然是女性消费的主要对象。然而，那一时期普遍存在的"厌女"讽刺文学，使得将女性休闲活动的文学描述作为历史依据的尝试变得复杂。文学作品中广泛存在的场景和隐喻将女性与商品贸易联系在一起，并与各种具有中国特色的物品交织在一起。在18世纪复杂的商业环境中，过去全球贸易前生存环境中体现的英雄美德，已然难以摆脱商业利益的影响，重新成为一种独立的品格。休谟和亚当·斯密等人甚至试图从奢侈的定义中寻找激发高尚美德和个人完善的元素。[2]因此，"中国风"与女性审美的结合试图通过一种具体的审美体验来验证主观的假设，即构建一种带有"女性"标签的中国式审美。这种体验与金融革命后兴起的意识形态相契合，呈现出一种与传统美学品位截然不同的商业价值观，远离了以往的英雄主义、崇高感和壮美的美学选择，催生出一种更注重商业化和市场导向的审美标准与品性。

第三节　语言想象的体验与解读

一、从象形、会意到思维体验

在莱布尼茨的中国观中，书写体验与感性主要体现在他对文字的理解和传播方式的关注上。莱布尼茨意识到文字不仅是信息传递的工具，更是文化的媒介。在与传教士闵明我(Philippus Maria Grimaldi)的书信中莱布尼茨讲述了对所谓的掌握中国文字"钥匙"的态度。莱布尼茨认为在德国人米勒撰写了

---

[1]　See: Kathleen Perry Long, "Introduction: Gender and Scientific Discourse in Early Modern European Culture", *Gender and Scientific Discourse in Early Modern European Culture*, Burlington: Ashgate, 1988, p. 12.

[2]　See: Tom Furniss, *Edmund Burke's Aesthetic Ideology: Language, Gender, and Political Economy in Revolution*, Cambridge: Cambridge University Press, 1993, p. 42.

《汉语之钥》(*Clavis Sinica*)之后,来华的传教士已经开始掌握中国文字的"钥匙",最早是利玛窦等人为汉字加注罗马字拼音的方案,这类方式为汉语语言的传播提供了便捷的途径。①在早期汉学研究中,学者们对中国语言的兴趣更多地倾向于其工具化应用,而非汉字形象的美学理解。这种倾向表明,他们更关注汉字作为交流和理解工具的实用价值,而不是其艺术性和视觉美感。显然,汉语的语用逻辑和造字方式的复杂性远非通过简单的表音转化所能完全掌握。尽管如此,热衷于研究中国文字与语言的学者们始终在努力寻求能够揭示中国语言核心特质的"钥匙",以期更深入地理解和传播这一古老而复杂的显性体系。

语言突破被认为是打开整个中国社会合乎逻辑且至关重要的环节。从认为汉语有一把中心"钥匙"的想法出发,人们很自然地尝试寻找解释整个中国社会的关键方法,看看是否存在某个单一的系统可以解释这个国家,就像对其他系统的了解解释了物理宇宙一样。②在启蒙时代,赫尔德认为汉语是世界上唯一例外的语言。人类的语言是在同一个基础上发展起来的,除了语言形式,与人类精神的进程有关的一切也都出自这个基础,而唯独汉语的语法不是以同种方式构成的。③在启蒙时代,赫尔德的观点强调了汉语的独特性,认为它是一个例外,不符合其他语言的发展规律。这种观点反映了当时欧洲思想界对非西方文化的复杂态度:一方面,他们试图通过理性和系统化的方式理解和解释世界;另一方面,他们也意识到某些文化现象的复杂性和独特性可能超出已有的理论框架。这种对汉语的特殊性和独特性的关注,激发了学者们对中国文化更深入的研究和理解,促使他们在寻找"语言钥匙"的过程中,不仅关注语言本身,还开始考虑其背后的文化与审美要素。

在赫尔德看来,感受的表达是自然赋予所有动物的一条明确规律:动物无法将其生动的感受封闭在自身之中,而是必须通过声音表达出来。这种表达不仅是个体的自然反应,也是整个种属的共同特征,使得同类能够理解彼此的

---

① 参见:张西平主编:《莱布尼茨思想中的中国元素》,大象出版社,2010,第136-137页。

② See: Jonathan D. Spence, *The Chan's Great Continent: China in Western Minds*, New York and London: W. W. Norton & Co. Inc., 1998, pp. 81-82.

③ 参见:G. 赫尔德:《论语言的起源》,姚小平译,商务印书馆,2009,第119页。

感受，因此语言被视为一种感觉的功能，是自然规律的直接结果。[1]作为理性
主义美学的推崇者，他对语言的理解依然体现出内在的感性逻辑。启蒙学者
在思考人类发展各个阶段时提出过这样一个观点，"原始（古代）人"思考和言
语的方式不同于"文明人"，因为"原始人"运用隐喻和诗，"文明人"则运用散文
和逻辑，比如《旧约》中希伯来人的诗体语言反映了人类特定的思想发展水平，
是上帝有意识地启发人们在使用这种语言。[2]这种观点不仅反映了对语言的
形式性观察方式，还揭示了语言与思维方式之间的联系。《圣经》中的诗体语言
被视为人类特定思想发展阶段的产物，体现了一种更具象、更直观的联想习
惯。这种语言形式不仅是文化的反映，也被认为是上帝有意识地启发人类使
用的工具，以此引导人们在特定历史阶段的精神探索。

可以说，语言记录了人类思维的演变，反映了不同文明在不同发展阶段的
独特视角和价值观。维柯等学者将汉语视为古老的"象形文字"，因其表意特
性。这种表意语言被认为能够更有效地传达和转化神圣言说，揭示语言与自
然之间的深刻联系。与拉丁语系相比，汉语的表意优势对自然感知和理解的
直观体现为欧洲学者带来了不一样的体验。这种语言特性不仅引发了对表意
机制的重新思考，也促使学者们在面对非西方语言时，反思其在视觉理解有效
性上的独特性和潜力。

18世纪，对于语言是否能够有效地表达个人情感并进一步体现人的主体
性产生了越来越多的争议，一些人认为文学过于轻率地激发读者的激情，而另
一些人则认为语言已经失去了其表达情感的效力。[3]在这种背景下，启蒙思想
家们开始深入探讨语言的本质及其在传达情感和思想中的作用。其中，艾蒂
安·博诺·德·孔狄亚克（Étienne Bonnot de Condillac）将洛克的唯物主义经验论
心理学思想发展为感觉主义心理学思想，他强调感觉和心灵活动在知识形成
中的重要性，指出我们的观念来源于感官和经验，并通过反省而得以丰富。环
境对反省的有效性有重要影响，尤其是那些能提供丰富反省材料的环境。其

---

[1] 参见：G.赫尔德：《论语言的起源》，姚小平译，商务印书馆，2009，第4—5页。

[2] 参见：彼得·赖尔、艾伦·威尔逊编：《启蒙运动百科全书》，刘北成、王皖强编译，上海人民出版社，2004，第43页。

[3] See: Earla Wilputte, *Passion and Language in Eighteenth-Century Literature : The Aesthetic Sublime in the Work of Eliza Haywood, Aaron Hill, and Martha Fowke*, New York : Palgrave Macmillan, 2014, p. 1.

中,所有观念都是后天习得的,最初来自感官,通过经验和反省得以不断增长。①因此,正是通过感觉,我们才能够对外部世界形成观念,并由此构建我们全部的知识体系。毫无疑问,语言和文字在这种理论框架下,不仅被视为一种交流工具,更是感知与理解世界的关键媒介。

在孔狄亚克看来,随着象形文字的使用,文体逐渐变得图形化,象形文字通过符号象征事物,人们在交流思想时自然会使用这些符号。象形文字将自然现象用来象征政治和社会现象。这种图形化的表达方式也影响了古代文体,使其富于象征和暗喻。然而,随着书写变得简约,文体也趋于简明,这种图式的影响逐渐减弱,但其痕迹仍在汉字中表现明显。②语言本身不是自然的产物,而是人类习俗的产物,但是语言的结构和使用方式深刻影响着我们对自然世界的感知和解释。

对于那些从未在远东地区生活过的欧洲人来说,理解汉语不仅是一项语言挑战,还涉及对其美学和感知特质的认知。这些欧洲人常常怀有一种先入为主的偏见,认为汉语难以掌握,这种偏见不仅源于语言结构的差异,还反映出对汉语独特美学价值和感知方式的误解。汉语的象形文字和声调系统在视觉和听觉上都提供了一种截然不同的体验,这种体验对未曾深入接触过汉语的人来说,可能显得陌生而复杂。何塞·德·阿科斯塔神父(Father José de Acosta)对语言进行了深入的研究,在他看来远东地区没有国家建立起“字母”的概念,尽管这些民族以写书、致力于学术和艺术而闻名,但是汉字显然不是声音的表征,而只是用来唤起记忆的图片和密码,由于中国的方言如此之多,差异如此之大,这些字符的作用甚至就像西方的数字一样。③作为更广泛接受中国形象的前提,在语言上的发现揭示了欧洲在解读古老文本时的核心逻辑。欧洲学者通过自身的想象来判断东方语言文字,从而形成了一种对其语用媒介的特殊印象。这一过程不仅涉及对语言的理解,也反映了文化交流中对异域文化的感知方式。

① 参见:孔狄亚克:《人类知识起源论》,洪洁求、洪丕柱译,商务印书馆,2009,第14页。

② 参见:孔狄亚克:《人类知识起源论》,洪洁求、洪丕柱译,商务印书馆,2009,第255—256页。

③ See: Donald F. Lach, *Asia in the Making of Europe*, *Vol. I*, *The Century of Discovery*, *Book II*, Chicago and London: The University of Chicago Press, 1994, p. 806.

个人记忆和集体记忆之间存在差异，后者往往通过人类活动的遗迹和历史编纂来体现。记忆具有选择性，并非简单地记录，而是在不断变化的语义系统中进行的纪念活动，而历史学家通过书写和印刷媒介传递历史，增强了历史的距离感。①语义系统、记忆不仅是个人的，也是社会和文化的产物。语义记忆、理解和转变在历史传承以及个人身份认同的建构中扮演着关键角色，影响着我们如何感知和理解过去。为了探索相似之处并再现人类心灵能够感知的物体属性，人们还常常将一些截然不同的社会对象想象成特定的形态。这个过程本质上与艺术的创造是一致的，因为它涉及通过想象和创造力将抽象概念具象化，从而使其在感知和理解上变得更加直观和具体。葡萄牙人安文思（Gabriel de Magalhaes）《中国新述》的手稿作于1668年，柏应理（Philippe Couplet）在1681年从中国返回欧洲时发现了它，并把这部颇具价值的手稿带回了欧洲，在这份手稿中汉字的象形功能就被过分强调，而且被绝对化了。②由于人类感官体验通常是相互衔接并自主协作的，视觉和听觉并非完全独立的系统，因此很难明确界定其中一种感知的起始和因果。汉字的象形功能不仅揭示了对感性世界中个体事物的理解差异，更重要的是，它模糊了对语言整体的想象。这种模糊化的概述反映了语言在感性和表达复杂性方面的独特特征。

在欧洲，语言从一开始就是逻辑思维的工具和载体。Logic（逻辑）这个词源于逻各斯（logos），其最初的本义是寓言故事（fabula），派生出意大利文 favella，即说唱文。寓言故事在希腊文里也称 mythos，即神话故事，从它派生出拉丁文的 mutus，mute（沉默或哑口无言）。因为在初出现的时代，语言是哑口无声的，它原来是在心中默想的或用作符号的语言。③这种语言演变反映了逻辑与叙事之间的深刻联系：逻辑不仅仅是严谨的推理过程，它也包含了对世界的叙述和解释。神话与实物、实体在创造语言的逻辑之初就制造了某种必然性的关联。维柯认为正是经由这种关联，人类常常将自己视为衡量世间万物的标准。理性的玄学认为人通过理解万物而成为万物，想象性的玄学则表明人因

---

① 参见：唐纳德·R.凯利：《多面的历史：从希罗多德到赫尔德的历史探询》，陈恒、宋立宏译，生活·读书·新知三联书店，2003，第18-19页。

② 参见：吴孟雪：《明清时期欧洲人眼中的中国》，中华书局，1998，第18-19页。

③ 参见：维柯：《新科学》，费超译，京华出版社，2000，第147页。

不理解万物而成为万物。后者可能比前者更为真实,因为人在理解时运用心智吸收事物,而在不理解时却主动创造事物。①维柯的思想强调了语言和神话在塑造人类思维和理解中的关键作用。这种想象的理性往往是因为人们对自身意识的坚持和心智的主观性造成的。这种视角揭示了人类如何通过语言和神话将复杂的现实简化为可理解的模式。在这个过程中,个体的认知和集体的文化记忆交织在一起,形成了一个不断演变的意义网络。语言不仅是传达信息的工具,也是塑造思想和文化的框架。这种语言与神话的结合影响了哲学、艺术和科学的发展,促使人类在探索未知时,不仅依赖于理性和逻辑,还运用想象和直觉来填补认知的空白。

在整个18世纪,图像与工具语言的媒介功能之间开始产生一些模糊的交集,然而语言更确切地承载了人们对人类历史普遍性的特殊理解。当学者们在研究中国文明起源的时候,也就在寻找它与其他国家的文化在远古时的相似性,17世纪后半叶的学者对中文和其他远东语言的起源问题就有着格外的兴致。②在那个时代,维柯通过基督教神学对古希腊的理念论进行改造,从而形成了他独特的世界观。在维柯的文本中,德拉柯在希腊历史中以其用鲜血书写法律而闻名,当时雅典正处于英雄贵族统治的时代,赫拉克利族人在希腊各地活动,最终在斯巴达建立了一个贵族统治的城邦,其中:

> 钉在柏修斯国王盾牌上的那些女发蛇妖中的一个一定就是德拉柯,这些蛇象征法律的统治。因为这些法律所规定的示范性的惩罚,就像《圣经》中与此类似的法律被称为"血的法律"一样,这面盾牌及其所画的那些恐怖的刑罚使仰视那些蛇的人都变成石头。明诺娃就带这种盾牌,从而得到雅典娜的称号,在至今还在用象形文字的中国人那里,龙已成了民政权力的标志。中国与雅典这两个民族时空相隔如此久远,竟以同样的诗性方式思考并表达自己,这一点真令人惊奇不已。③

---

① 参见:维柯:《新科学》,费超译,京华出版社,2000,第150页。

② 参见:张国刚、吴莉苇:《启蒙时代欧洲的中国观:一个历史的巡礼与反思》,上海古籍出版社,2006,第119-121页。

③ 维柯:《新科学》,费超译,京华出版社,2000,第156页。

他对中国的观察方式与后来启蒙思想家们有显著不同。在维柯看来,不同的文化通过诗意的方式来表达复杂的概念,如法律、权力和惩罚。希腊和中国尽管在地理上相隔遥远,但都通过神话和象征来传达这些概念,体现了人类在文化表达上的共通性。某些符号具有普遍的象征意义,可以跨越时间和空间被不同文化所理解和接受。实际上严格意义上的"象形文字"(hieroglyphic)一词来自希腊语,意指"神圣的雕刻"(sacred carving),仅指埃及纪念碑上的文字。后来,这一词也指其他民族的图画符号式的文字,中国文字在17世纪被指认为象形文字时,这个词已经发生了另外的意义延伸。[1]在欧洲人的视野中,对中国文字的理解往往受限于其自身原始语言的局限性,这促使他们仅仅通过象形特征来理解文字的本质。当具体事例被抽象成共相,或者不同部分结合成一个整体时,语言中的替换演变为隐喻。这种创造性不仅满足了交流的需要,也推动了文字的视觉演化,隐喻在形象的演绎中产生诗性和美。

二、从神学知识到自然辨识

在启蒙时代,语言的起源与神学的关系是一个热门的讨论话题。当1772年赫尔德关于语言起源的论文在柏林科学院获奖时,语言的神性起源论被视为走到了尽头,一种新的历史观念正在形成,因基督教已难以承受那些可能削弱其主要经典神圣地位的经验证据的挑战。[2]随着理性主义和科学方法的兴起,启蒙思想家们开始质疑传统宗教观念,并寻求以经验和逻辑为基础的解释。在这种背景下,语言研究逐渐从神学的范畴中独立出来,成为人类学和历史学的重要组成部分。学者们开始探讨语言如何反映社会结构、权力关系以及人类的认知模式。同时,这也意味着自然观念与宗教启示的分离,人们在语言起源的研究中发现了用理性解释宗教自然基础的可能性。欧洲启蒙时代对各个学科进行了明确的区分,一种用于描述"自然"的语言应运而生,获得了更多的美学认同。就像温克尔曼那种高度情绪化和抒情的语言一样,人们开始通过某种感性的会意与认同来将语言与思维的逻辑系统性一致起来。

---

① 参见:张国刚、吴莉苇:《启蒙时代欧洲的中国观:一个历史的巡礼与反思》,上海古籍出版社,2006,第119页。

② 参见:爱德华·W.萨义德:《东方学》,王宇根译,生活·读书·新知三联书店,2019,第181页。

福柯在研究中解释了语言与理性的联系,认为自从17世纪开端被排除在知识以外的相似性,始终构成的只是语言的外部边缘,它圈住了能被分析、整理和认识的事物的领域。[①]在他的描述中,这条显著的分界线划分了理性与非理性的"疯癫"。在古典时期,符号的意义源于其与物质世界的相似性,这仅仅是对世界的有意义的表征,并被包含在一个自我封闭的领域中。在这个领域中,符号构成了自身的身份和差异化的系统,符号仅仅表示它们与物质世界的分离。当西方话语笼统地命名了所有表象的存在时,它就是哲学:认识论和观念分析。当西方话语把合适的名词赋予给每个被表象的物,并在整个表象领域上布置精心制作的语言网络时,它就是科学——命名法和分类学。[②]因此,语言作为人类的工具,成为理性逻辑和科学学科的基础,是那个时代分解自然知识形式的决定性条件。

言语作为交流的工具,通过寻找适当的媒介实现其传播。文字作为一种媒介,依赖并通过其他媒介进行操作。文字由现有的个体创造,源于现存的文化,穿越现有的空间,因此,它们是任何创造性活动的后续产物。语言学作为一个学科首次被德国古典学者弗里德里希·奥古斯特·沃尔夫(Friedrich August Wolf)于1777年提出。爱德华·萨义德(Edward Wadfie Said)等学者的研究也指出了语言学发展与现代性之间的联系。他认为,"语言学是历史性地将人们,就像伟大的艺术家那样,从其所处的时代以及与此时代紧邻的时代分离开来的一种方式,尽管在此过程中人们实际上确认了自身的现代性"[③]。换句话说,在西方人视野中,语言与艺术作品相似,就像古埃及庙宇门廊上有翼的太阳圆盘被置于两条蛇之间,象征着在两大运动和生命属性之间的光亮。这些象征后来成为语言文字的一种符号组合,以表达同一属性。这种属性具有明显的情感特性,并清晰地反映出自然与人类生活的本真。

在《中国图说》中,基歇尔通过比较埃及象形文字与古代汉字的表意方式,提出中国人是依据事物的形态构造最初的文字。在华耶稣会士提供的汉字起源故事与基歇尔对埃及象形文字的理解一致,因此认为汉字属于象形文字,并

① 参见:米歇尔·福柯:《词与物:人文科学考古学》,莫伟民译,上海三联书店,2002,第164页。
② 参见:米歇尔·福柯:《词与物:人文科学考古学》,莫伟民译,上海三联书店,2002,第164页。
③ 爱德华·W.萨义德:《东方学》,王宇根译,生活·读书·新知三联书店,2019,第176页。

设想其与埃及文字存在联系。对语言理解的缺失可能导致严重误读，因为审美意义难以通过目的性文本传达。欧洲人对文字是否比西方语言更接近意义核心的疑惑，显然不应只关注语言文字的表象，而应深入考察其背后的社会知识生产逻辑。作为具象艺术，书写在帝王崇拜的仪式和儒家阶层的信仰中扮演了重要角色。然而，西方汉学者在历史研究中常常将文字排除在语言的逻辑之外，忽略了文字在语言学中的重要地位。事实上，语言和文字之间显然还存在着意义与感官的自然联系。

从宗教保守主义者的视角来看，启蒙思想家及其追随者过于强调理性，甚至让理性侵入了信仰的领域。然而，启蒙思想家们则认为，通过理性和科学的方法，人类可以获得更深刻的理解和更广泛的自由。强调知识的普及和思想的开放，被认为是推动社会进步的关键。这样的观念冲突在某种程度上加剧了东西方对语言和文字理解的分歧。随着早期全球化的进程，东西方之间的文化交流日益频繁，对文字的研究也逐渐超越了单纯的语言学范畴，成为理解人类文明多样性的重要途径。在18世纪，中国学者将科学研究与古典研究相结合，这一身份特征也体现在来华的传教士身上。耶稣会士努力将自然哲学与神学融合，这使得他们的文化身份显得模棱两可。因此，耶稣会士在科学领域的优越性主张可能在暗示他们在其他知识和实践领域的卓越地位，这正是耶稣会士最初的设想，并且对儒家学者来说尤为相关。①但是这并不能帮助中国学者建立科学与宗教的联系，这种观点只是没有超出中国传统自然观念的理解范式。对于许多中国学者而言，科学和宗教虽然不是一体化的，但可以在更广泛的宇宙观中共存。这种文化互视还揭示出中西方在知识判断过程中的深刻差异。耶稣会士试图通过科学证明神学的合理性，而中国学者则更倾向于将科学视为理解自然的一种方法，而非对宗教信仰的验证。

18世纪，道学和心学，通常在西方被称为"新儒学"，已经将明显超出儒家文化界限的元素，如超越性和直觉带入儒家文化中。这些原来被边缘化的知识的来源，已经渗透并融入儒家文化的核心。与此同时，国家鼓励学术计划，学者们可以用批判的方式学习"新儒学"。同时，各种各样的私人化机制，催生

---

① See: Ori Sela, *China's Philological Turn: Scholars, Textualism, and the Dao in the Eighteenth Century*, New York: Columbia University Press, 2018, p. 159.

了更广泛和更活跃的学术团体。[①]他们可以用更系统化的方式,通过文字学,作为一套用于研究语言和文本的语言工具和方法,重新构建历史认识,从而塑造现实的个人和集体身份。儒家世界的文字优于其他所有的沟通方式,文字所起的传播"德"的作用,除了在学术上发挥作用,在预言和民间宗教中也发挥着重要的作用,而这在西方是缺乏的。[②]因此,在这一层面上,18世纪对中国文字形象的描述与欧洲自中世纪以来的期待感受截然不同。从奥古斯丁时代开始,寻求建立清楚明白的知识体系,就有着明确神学的目的,旨在进一步探讨确定的知识来源,从而得出上帝是真理自身和人类真理的来源这一结论。所以奥古斯丁才会觉得是因天主一言而万物资始,是天主用"道"——言语——创造万有。工匠通过灵魂的意愿和想象力,将各种形式赋予物体。工匠通过身体的感觉官能,将想象中的形式施加于物质,在内心深处询问和确认自身的真理,从而决定作品的优劣。[③]文字是通过能力在已有的材料上的再创造,而灵魂的创造能力被视为一种天赋,因此在欧洲,文字不仅在知识层面发挥作用,同样意味着感知性和象征性的媒介。

启蒙思想家强调人类理性的局限性,同时提出创造力所带来的必要问题。他们认为,理性时代是对他们所处时代的更准确描述。启蒙思想家共同反对为传统、正统知识观,经文或宗教信条的不当辩护,因为这些因素被认为阻碍了知识的进步和人类福祉。他们重视个人的理性能力和批判性思维,鼓励人们独立思考和质疑权威,包括语言文字在内的一切理性工具都将人类理性与其他"非理性"动物区分开来。早在亚里士多德时代,欧洲就把"人"定义为理性动物,从某种程度上说也存在着一种从定义上试图把人与其他物体和生物体彻底区分开来的努力。法国启蒙思想家朱里安·奥弗鲁·德·拉·梅特里(Julien Offroy de La Mettrie)声称,虽然人类不知道物质本身是否具有感觉力,但可以从最低等动物中找到这种感觉力的证据。1747年,他在莱顿出版了《人是机器》(*L'Homme machine*),又在同年写的《人是植物》(*L'Homme plante*)一书中把

---

① See: Ori Sela, *China's Philological Turn: Scholars, Textualism, and the Dao in the Eighteenth Century*, New York: Columbia University Press, 2018, pp. 9–10.

② 参见:费正清编《中国的世界秩序——传统中国的对外关系》,杜继东译,中国社会科学出版社,2010,第59页。

③ 参见:奥古斯丁:《忏悔录》,周士良译,商务印书馆,2010,第235–236页。

"生物的大链锁"发展成为进化论,为了要消除人与动物间的距离,他反对笛卡尔的理论,认为有些动物也会推理,比如猿猴。[1]梅特里认为,简单的人与高智力动物之间差异不大。他幽默地指出,"白痴"是有着人脸的动物,而聪明的猿猴则是另一种形态的小人。他认为,人类的多样性只是不同种类的猴子的组合,蒲柏甚至将牛顿视为猴群中的佼佼者。人类之所以不再是猴子,是因为他们发明了通过不同声音表达思想的语言,这使他们成为真正的人。[2]这种以人为中心的语言观念模糊了神学起源与自然主义之间的界限,并将语言的文明程度作为一种常见的论证方式。它强调了人类在语言和理性上的独特性,同时也促使人们重新思考人类与自然的关系。通过挑战传统的二元对立,这一观念推动了对"语言作为文明标志"的重新认识与评价。

三、从媒介错觉到动物喻像

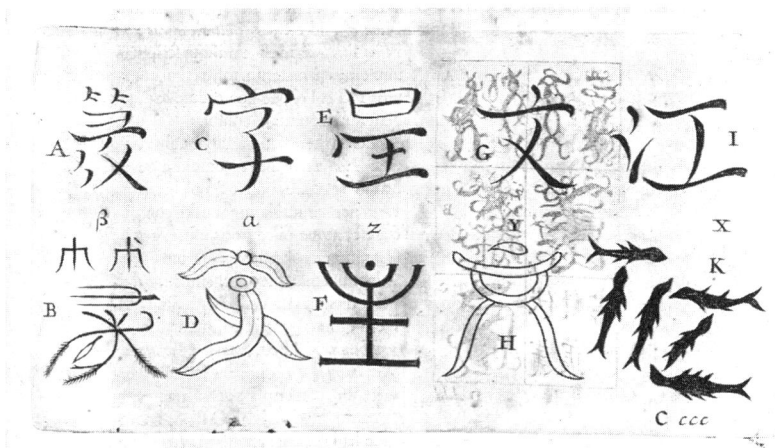

图4-8　1667年拉丁文版《中国图说》插图

汉字作为一种古老而复杂的文字系统,其构成不仅限于象形文字。虽然早期汉字中确实包含象形元素,如"山""水"等,但随着时间的推移,汉字演变为包

---

① 参见:威尔·杜兰特:《伏尔泰时代》,台湾幼狮文化译,天地出版社,2018,第715—718页。

② 参见:威尔·杜兰特:《伏尔泰时代》,台湾幼狮文化译,天地出版社,2018,第715—718页。

括会意和形声字在内的多种构字方式。这一点在基歇尔的《中国图说》中存在明显的证据。这种多样性反映了汉字不仅仅是简单的图画,而是复杂的表意符号系统,能够承载丰富的文化和历史内涵。托马斯·珀西(Thomas Percy)在1762年出版的《中国杂考》(Miscellaneous Pieces Relating to the Chinese)中也提出:"人们承认埃及的象形文字已变得难以解读,也认同如果汉字的含义一旦不为人所知,其字符将永远无法被破译——这是字母文字不太可能遭遇的不幸。"①西方在跨文化的识读中过于表面化,常将汉字误认为是象形文字,这种误解可能源于对汉字视觉特征的直观印象及对其构造原理的认识不足。

在解读中国话语时,西方学者常因其晦涩而未能充分发现其中蕴含的优势,这揭示了一种元语言的原始想象逻辑。形象化被视为理解的初级阶段。例如,维柯等人对"象形"的一致理解,很可能受到地理和文化印象的影响。文字现象在全球的传播与中国的造纸和印刷技术密不可分。造纸术不仅加速了欧洲社会的发展进程,还为意大利的文艺复兴奠定了基础。基督教世界的第一个有记录的造纸厂建于1189年,而在此之前的几个世纪,造纸业一直由中国垄断。直到在撒马尔罕的中国俘虏将造纸技术传授给阿拉伯征服者,这一技术才得以在更广泛的地域传播。此间纸张主要是通过另外两条途径进入的欧洲的:一条是大马士革的纸作为大宗商品经由君士坦丁堡进入;另一条则是来自非洲的纸经由西西里岛进入。②这种技术转移不仅促进了文化交流,还推动了东西方在文字理解上的不同诠释。通过造纸术的传播,东西方在文字和信息处理方式上的差异得到了进一步的显现和理解。这种差异不仅体现在技术层面,还更深刻地影响了各自文化对文字的认知和运用。作为书写的媒介,物质文化生产可能对文字在审美判断中的错觉产生了影响。

在思想史的语境中,梅特里的看法并非孤立无援的,而是与欧洲近代早期自然科学和语言学的发展密切相关。汉字作为一种具象的表现形式,与欧洲大多数语言的语音使用习惯有显著差异。加之对中国文字"象形"特性的理

---

① Thomas Percy, ed. *Miscellaneous Pieces Relating to the Chinese*, *Vol. 1*, London: R. and J. Dodsley, 1762. p. 16.

② See: Thomas Francis Carter, *The Invention of Printing in China and Its Spread Westward*, New York: Columbia University Press, 1931, p. 100.

解，通常将其归为未开明、未开化以及难以简便理解的类别。休谟除了对因果
关系做出了明确界定，还在达尔文之前就主张使用研究自然界的方法研究人
类，他认为"畜类也和人类一样赋有思想和理性"[①]。启蒙时代的学者除了对
"人"进行理性反思外，也开始以理性的视角探讨语言的起源和发展。赫尔德
也曾指出"语言化的记忆"是人与动物的一种本质差别。动物正是缺乏某种概
括的反思（reflexion），所以永远不能摆脱人的威胁动作和诡计，致使它们的记忆
会成为不断发生的感性事例组成的序列，缺乏明确的统一性。[②]在他们看来，
这正是区分理性与感性的关键标准。

雅克·德里达（Jacques Derrida）在文字研究中提出过一种观点，认为语言仅
仅作为符号的传统对欧洲造成了无法变更的思维定式，逻各斯中心主义是人
种中心主义的形而上学，它与西方历史相关联，因此当莱布尼茨为传授普遍文
字论而谈到逻各斯中心主义时，中文模式反而明显地打破了逻各斯中心主
义。[③]这种人种中心主义的观念并非自然哲学发展的必然结果，而是一种形而
上学的传统，延续了语言完美起源的神学观念。16、17世纪，克劳德·杜埃
（Claude Duret）就曾经把中文和日文归入"口齿不清的鸟兽之音"这一类，这种
观点在半个世纪里主导着欧洲学者对远东语言的观感。[④]在深入接触东方语
言和历史观之前，这种中心观一直存在。因此，在理性主义的语境中，具有明
显形而上学特征的思想传统才通过符号逻辑来解释东方语言的合法性。在
18世纪赫尔墨斯主义的神秘学背景下，猴子形象成为这种形而上学想象的
代表。

在18世纪，不同的文学体裁展现了多样的审美趣味，为了弥合这些趣味之
间的鸿沟，必须找到新的方法，既能迎合鉴赏家的挑剔品位，又不令大众感到
不快。一些特殊的形象表现出对中国情绪的复杂反应。在世俗人文主义的推
动下，文学创作进行了大胆的创新，产生了许多超越物质历史的想象。这种创
新不仅丰富了文学的表现形式，也为跨文化理解提供了新的视角，体现了对文

---

① 休谟：《人性论》，关文运译，商务印书馆，2017，第197页。
② 参见：G.赫尔德：《论语言的起源》，姚小平译，商务印书馆，2009，第83-84页。
③ 参见：雅克·德里达：《论文字学》，汪堂家译，上海译文出版社，2015，第115页。
④ 参见：张国刚、吴莉苇：《启蒙时代欧洲的中国观：一个历史的巡礼与反思》，上海古籍出版社，2006，第121页。

化多样性的求索。16世纪,猿猴的艺术象征意义从文艺复兴"垂死的奴隶"和"反叛的奴隶"形象蜕变为无创意的模仿。17世纪初,有人用猿猴象征所有人类知识形式的"艺术",比如1663年罗马出版的一部关于传教士在中国传教的作品,贾恩·菲利波·马里尼《传教使命》(Gian Filippo Marini, *Delle Missoni*)的扉页中就有一只猿猴,可能就象征着西方艺术和科学的普遍性,但17和18世纪猿猴形象又有一层形而上的含义,主要是赫尔墨斯主义者在魔术和神秘学背景下使用。基歇尔的《中国图说》拉丁文原版配图中也出现了一只猿猴,[1]它作为阅读者与穿着中国清廷服饰的官员书写者一起出现,意在说明那些《中国图说》中稀奇古怪的文字的原始性。这是欧洲理解中国"象形文字"最典型的图示,猿猴象征着图中中国学者所书写出的语言对象,并且配图中同时出现了一些明显的汉字。表面上看似无关的比喻实际上是对中国文化的一种原始解释。这种喻象在洛可可时期如华托的经典艺术作品以及英国哥特式小说中也被广泛应用。猴子形象在启蒙时代的中国描绘中被广泛使用,最初象征着一种不可沟通的"异端",后来演变为对中国官员的讽刺性喻象。

图4-9　1667年拉丁文版《中国图说》插图

---

[1]　猴子的插图仅出现在1667年拉丁文原版的《中国图说》中,See: Athanasius Kircher, *China Monumentis qua Sacris quà Profanis, nec non variis Naturae & Artis Spectaculis*, Amsterdam: apud Jacobum à Meurs, 1667, pp. 232–233.

例如,猴子在视觉文本中的频繁出现可以被视为一种成功的改编或戏仿,这一表现形式由克里斯托弗·于埃(Christophe Huet)在尚蒂伊的"猿园"(Grande Singerie)[1]中创造。他将华托笔下的圣女偶像转变为巴黎的风骚女郎,并用猴子代替了她的崇拜者。这些形象被认为是18世纪法国杰出装饰艺术家如华托和布歇等人的创造性想象的产物,尽管这些"猴子"形象的"中国风"图式创作通常缺乏实证依据,更多是主观臆想的结果。猴子成为某种返古的语言被异化的符号。学者们试图从图像中追溯猴子形象与中国官吏之间的关联,这些形象偶尔出现在17世纪进口的中国瓷器上,通常与"洛可可式中国风"相联系。[2]特别是在1719年安托万·华托创作的洛可可经典作品《基茂女神的崇拜》(*Idole de la Déesse Ki Mao Sao*)中,这种关联尤为明显。作品中,华托描绘了一位穿戴精美丝绸的女性,被东方信徒推至高台,她一手持阳伞,另一手持看似鸡毛掸子的物品,盘坐于树根之上。她的朝拜者有的留着长须,有的头戴高帽,曾被视作中国官吏形象的比喻。

克里斯托弗·于埃在尚蒂伊的"猿园"房间包含着一系列造型古怪的镶板,他完全将欧洲与中国官吏融合在一起,更多的猴子出现在上面,弹着齐特拉,射击蜻蜓,或者懒洋洋地躺在吊床上……甚至还在天花板上的泥灰画卷上蹦蹦跳跳。于埃似乎从奥本诺德或吉洛那里借鉴了阿拉伯风格装饰画的总体设计,但他的个人特征,更重要的精致幻想的氛围显然来自华托。部分由于这种影响,尚蒂伊的房间是法国洛可可式装饰中最具吸引力的现存例子之一,也是不容置疑的"群猴"杰作。[3]J.盖拉尔(J. Guélard)根据于埃的图案雕刻出了两个系列12幅的"猴戏或是由猴子表现的人类生活的不同行为",布歇还自己绘画设计了《各类中国人物图案汇编》。阿维利·勒·热恩(Aveline le Jeune)也紧接着创作了描述中国的作品。[4]猴子这一形象在文学艺术作品中多次被用来指代中国,成为一个引人深思的象征现象。事实上,这种猴子形象是一种语言逻辑下的意义转换机制,其在构想过程中形成了一种特异的审美体验。

① "Singerie"是指一种视觉艺术流派,描绘猴子模仿人类行为,猴子通常穿着时髦,目的是作为一种消遣,总是带有温和的讽刺。

② See: Hugh Honour, *Chinoiserie: The Vision of Cathay*, London: John Murray, 1961, p. 91.

③ See: Hugh Honour, *Chinoiserie: The Vision of Cathay*, London: John Murray, 1961, p. 91.

④ 参见:亨利·柯蒂埃:《18世纪法国视野里的中国》,唐玉清译,上海书店出版社,2006,第39—40页。

欧洲通过将无法理解的"异端"文化行为神秘化和虚幻化,使其成为一种夸张的象征,代表远离现代文明、原始而未开化的特征。一个被认为发展停滞的中国形象往往容易与这种"未开化"的特征联系在一起。赫尔德在1787年对此的描绘颇具代表性:"这个帝国是一具木乃伊,它周身涂有防腐香料、描画有象形文字,并且以丝绸包裹起来;它体内血液循环已经停止,犹如冬眠的动物一般。"①德国汉学家罗夫·约翰内斯·格贝(Rolf Johannes Goebel)认为,赫尔德意识到了跨文化中的中国文本化本质,因而写作变化中对国家政治和文化评估的不稳定气氛(意识形态)使他无法依靠可靠的话语遗产来获得平衡,更无法"正确"描述,而恰恰是这样一个可用的跨文化词汇的缺失,对赫尔德的诗歌想象力产生了巨大的影响,产生了令人眼花缭乱的比喻。②赫尔德的语言风格以高度抽象和丰富的想象力著称,常通过虚构的讽喻来表达复杂的思想。18世纪德国的知识传统倾向于将美学理论系统化和严谨化,这种文化背景反映了一种文化决定论的思维方式。在这种思维框架中,"中国经验"虽然没有被视为一种崇高的生存态度,但仍然是一种灵感创造的动能。

长期以来,欧洲商人和冒险家一直在强调一个由士绅阶层统治的帝国在军事上的脆弱性,同时还强烈抱怨在与中国的贸易中遇到的官僚主义和文化障碍。③除了充当政治掮客以外,他们的工作还包括传译言语,其实质是一种贸易媒介,或者说奉行的是"媒介贸易",是活跃于两种文化语境中的代理人。这个形象成为欧洲最直接接触的中国人形象。在18世纪封建鼎盛时期的中国,"买办"成为广州口岸常见的现象,这对中国与欧洲的贸易产生了重大影响。外商为了获取对华贸易的高额利润,冲决封建商业壁垒,把中国改造成"满意的市场",迫切需要一支由自己掌握的中介商人队伍。在物质主义盛行的时代,人们渴望道德改革,而舞台、小说和绘画中展现的奢华景象激发了人们对东方商品的欲望。从某种意义上说,中国既是问题的根源,也是解决方案的象征:中国被视为奢侈品和无节制消费的来源,同时也是儒家实践道德理想

---

① 夏瑞春编:《德国思想家论中国》,陈爱政等译,江苏人民出版社,1997,第89页。

② See: Rolf J. Goebel, "China as an Embalmed Mummy: Herder's Orientalist Poetics", *South Atlantic Review*, Vol. 60, No. 1, 1995, p. 115.

③ See: Giovanni Arrighi, *Adam Smith in Beijing: Lineages of the Twenty-First Century*, London: Verso, 2007, p. 4.

的典范。这种理想提供了一种具有历史真实性的叙述视角，为在混沌想象中发展出不同但相关的概念奠定了基础。非典型的猴子形象，因为一种异端的指向，既是中国语言晦涩的隐喻，也是无法通过话语表达的对异端文化的想象，始终在寓言层面上运作，并被拟人化为等级社会秩序的象征。

除了图像，文学作品中的此种比喻也与中国观联系紧密。作家格莱特（Gueullette）在1712年创作了一些在当时广受欢迎的故事，他成为塑造流行于欧洲的中国形象的关键人物。1715年，他对中国产生了兴趣，创作了系列关于中国的故事。到了1723年，他又撰写了中国故事集。随后，他开始创作关于秘鲁的故事，因为拉丁美洲对欧洲人来说同样充满了异国情调。从许多作家和作品中可以发现有意思的一点，他们经常不是写从秘鲁到中国的旅行，就是谈从中国到秘鲁的历险。①《中国故事集：达官冯皇的奇遇》写于1722年，主人公冯皇详细地向中国的皇帝和皇后讲述了他一生的所见所闻，并向他们宣扬了灵魂转世的思想，还对皇后做出了某种承诺。中国的这位皇后则声称，如果冯皇能够证明这种信仰是真实的，那么她就接受这种信仰，否则她就要皈依她自己的宗教。②冯皇这一角色出现在多个同时代的小说中，被描绘为猴子的形象，这反映的是信仰差异带来的人的异化。

史景迁（Jonathan D. Spence）在讲演中对冯皇这一形象的转变进行了个人化的阐释："在他变成了某一动物后，他有段时间是归某个中国人所有的。这是此书最精彩的部分之一。这位驯兽人认为是自己的驯养使这只猴子变得如此聪明，可事实上这只猴子就是冯皇，一位达官，他不过是使他的老师认为它是很聪明的罢了。这样，思维敏捷的猴子和自以为是的驯兽人之间便形成了极为有趣的对照，由此产生了种种奇遇。"③史景迁以此论证西方对中国的利用中的幻想层次和现实层次的问题，这些故事结构与叙述层次后来被詹姆逊称为"后现代主义小说"。同样的中国官吏形象在其他同时期的文学作品中也有

① 参见：史景迁：《十八世纪西方关于中国的想象：格莱特、哥德斯密斯和沃珀尔》，载《文化类同与文化利用》，廖世奇、彭小樵译，北京大学出版社，1997，第35—36页。

② 参见：史景迁：《十八世纪西方关于中国的想象：格莱特、哥德斯密斯和沃珀尔》，载《文化类同与文化利用》，廖世奇、彭小樵译，北京大学出版社，1997，第38—39页。

③ 史景迁：《十八世纪西方关于中国的想象：格莱特、哥德斯密斯和沃珀尔》，载《文化类同与文化利用》，廖世奇、彭小樵译，北京大学出版社，1997，第39页。

所体现。18世纪英国文学中最能捕捉中国元素典型文化现象的作品是戈德史密斯的《世界公民》。这部讽刺作品自1760年起以"中国哲学家的书信"形式连载，围绕一位居住在欧洲城市的外国人对当地风俗的评论展开。戈德史密斯的写作反映了对18世纪流行的对中国元素的反思，流行的作品倾向于将"中国"扁平化、单一化，作为一种戏剧化的审美视角。

戈德史密斯在信中阐释："最可敬的冯皇，您一定深知在中国有无数行业都靠着彼此无害的虚荣而生存。那些穿鼻匠、缠足师、染齿工、拔眉者，若是他们的邻居们不再虚荣，怕是都要断了生计。然而，这些虚荣心在中国被利用的手段要比在英国少得多；在这里，一位打扮入时的绅士或淑女，似乎全身上下没有一处不受人为扭曲之苦。然而，这些虚荣心在中国被利用的手段要比在英国少得多；在这里，一位衣着时髦的绅士或淑女，似乎没有哪一肢体不受到艺术的摧残。"[1]这表明，那些常被欧洲人批评的中国习俗已经深深嵌入了异端的形象中。猴子成为这些"不友好"印象的一种美学符号，象征着对异域文化的提炼与概括。

戈德史密斯在其作品中隐喻地描绘了一个从17世纪末开始，东方奢侈品通过全球贸易对英国制造业和消费习惯产生深远影响的过程。这一影响不仅推动了18世纪英国新兴消费社会的形成，也在刺激工业化发展的同时深刻改变了个人及家庭生活的面貌。通过这些叙述，戈德史密斯揭示了奢侈品消费如何成为社会变革的催化剂，标志着传统与现代之间的过渡。猴子也就顺势成为一种虚荣的象征：

对一头猴子来说，东方的长袍大概不太合适，因为它大半时候要靠四肢行走，于是在埃及，人们往往把训练成会跳舞的猴子照欧洲人的样子打扮。这给那些一般的穆罕默德信徒，把我们比成猴子的机会，特别当他们见到一名昂首阔步光鲜的欧洲人，腰身挂着一把水平的长剑，从衣服间朝后伸出，就像猴子的尾巴时。[2]

---

[1] Goldsmith O., *Citizen of the World*; *or Letters from a Chinese Philosopher*, *Residing in London to His Friends in the East*, *Vol.1*, London: Vernor, Hood & Sharpe, Poultry, 1807, p. 16.

[2] 转引自尤根·欧斯特哈默：《亚洲去魔化：18世纪的欧洲与亚洲帝国》，刘兴华译，左岸文化事业有限公司，2007，第97页。

对中国的特异化描述，一方面未能揭示其背后的文化认知根源；另一方面挑战了传统的古典品位，迎合了资产阶级文化。这种对中国的想象通过复杂的视觉文本交流形成，更不能忽视的是与语言文字相关的证据联想。这些想象式造型重新诠释了中国元素，实现了一种可接受的异端效果，为文学艺术提供了灵感。这不仅影响了欧洲对中国的审美观想，还成为后来全球文化互动与认同中的重要组成部分。

第五章
从体验到范式：情感体认的美学化

> 17、18世纪美学依据的是这样一种观念：既然自然的一切表现都受到某些原则的支配，自然知识的最高任务是清楚而准确地阐明这些原则，自然的对手——艺术也就有同样的义务。
>
> ——[德]恩斯特·卡西尔

美学的初始任务是解锁形而上学知识谱系中逻辑混乱的部分，探索心灵中那些直接源于"感官"的概念。"美学"概念离不开跟感官体验和情感反应的纠葛。在当代美学的研究中，带着目的性阅读美学史，迫使我们放弃了理解情感的多种创造性方式。而当从一个文明互鉴的视角去看待美学，看待"美"的不同认知，尤其是理解情感体验对观念的塑造时，就必须回到历史的媒材中去，继而直观地理解情感体认与心灵感受之间的互动。

根据理性主义美学的观点，情感被视为一种模糊的形式，旨在完善知识的表达，揭示人性中非理性的力量。莱布尼茨认为智慧源自各项规则活动，虽然这些规则中也有例外，但是总的来说一件事情越是完满，它就越是有规则，就越容易被观察到，从而阐释了完满性是普遍性与多样性的和谐一致。①当沃尔夫用这一完满性来处理道德问题的时候，就发现了完满性带来的两种不同的

---

① 参见：莱布尼茨：《莱布尼茨后期形而上学文集》，段德智、陈修斋译，商务印书馆，2019，第331–332页。

情感——快乐（voluptas）与不快（nausea），它们延展出了人类的各种情感，心灵由此而有意或无意于某种行为。[1]这种情感的二元性进一步揭示了人类行为的复杂性。快乐和不快不仅仅是简单的感受，它们引导着人类的选择和行动，影响着道德判断和伦理决策。沃尔夫通过将完满性应用于道德领域，试图理解这些情感如何在理性和非理性的交织中塑造人类的道德行为。这种分析不仅拓展了对情感的理解，也为道德哲学提供了新的视角，强调了情感在理性决策中的重要性。

18世纪20至30年代在英国讨论中形成的现代美学起源并不认同这种保守的理性观念，关于美及其他特质（尤其是崇高）在艺术和自然本身中的特征和价值的著述，开始如洪流般涌现。[2]对这种价值标准的追求，体现着描绘情感的另一种基本模式。在情感对现实的表达中，已经不再受到机械的理性主义的束缚，而是通过审美启蒙思想所倡导的主体自由，激发出无限的资产阶级社会的主人公意识。这些情绪与美学起源中的理性情感形成了鲜明的对比。在这一时期，欧洲的文学和艺术涌现出大量相关题材，似乎正在通过一种新机制，对原有的宗教文化统治系统进行改造。这个过程的第一步是营造一种赞美自由信仰的表达氛围。在这样的氛围中，人们开始在感性知识、审美与艺术创造之间产生联想。这些想象和激情，一方面代表着对资产阶级社会中工具理性价值的反叛；另一方面也标志着对新文化生境的探索，试图建立起新的资产阶级审美理想。

这种转变不仅仅是艺术和文学领域的革新，更是社会意识形态的深刻变革。它推动了个体自由和创造力的解放，促使人们重新思考自我与社会的关系，最终形成了现代文化中对个人价值和审美体验的高度重视。在18世纪后半期，欧洲部分思想家对文化环境中过度的中国风格化持怀疑态度，认为它与资本主义奢靡的生活方式密切相关。在新兴的自然观视野中，过度资本化往往被视为引发放纵和奢侈等违背教义行为的原因。尽管资产阶级的生活在物质层面上并不完美，充满了堕落的特征，但这并未阻碍其在情感层面上为人类

---

[1] 参见：莱布尼茨：《莱布尼茨后期形而上学文集》，段德智、陈修斋译，商务印书馆，2019，第332—333页。

[2] See: Paul Guyer, *Values of Beauty: Historical Essays in Aesthetics*, Cambridge: Cambridge University Press, 2005, pp. 3-4.

发展带来巨大的潜力。这种潜力虽然伴随着争议,却也推动了社会的进步和个人的自由,促进了新思想和艺术生产。这种情感上的积极性与潜力,成为欧洲社会现代文化品格与审美张力的重要体现。

第一节　道德想象的美学化

一、伦理准则与美德的理想化

16至17世纪的意大利政治家乔万尼·博泰罗(Giovanni Botero)将中国视为理想国家的典范。他认为,中国通过自我约束而非扩张主义,实现了繁荣,这种自愿的隐居策略使其成为道德的典范。[①]随着时间的推移,这种观点在莱布尼茨和沃尔夫的哲学理解中得以延续,并在魁奈和伏尔泰的思想中进一步发展。他们认为,中国人在没有宗教崇拜的情况下,通过长期积累的经验和对自然的观察,丰富了自己的知识体系。这种对中国人情感的理解,在当时尚未形成完整"美学"学科概念的背景下,是从社会伦理、物质观念以及自然知识中提炼出来的,通常被理想化为一种趋于完善的生存状态。

在制度分析方面,孟德斯鸠在其著作《论法的精神》中对中国法律体系的科学性给予了高度评价。他指出:"中国的立法者比较明智,他们不是从他们将来某一天可能获得的安宁状态来考虑,而是使他们能全面履行人生义务的行动来着想,他们创制的宗教、哲学和法律都非常实际。自然的因素越诱惑人倾向静止,道德的因素就越应该使他们远离它。"[②]在孟德斯鸠看来,中国的立法者展现出非凡的智慧,他们的关注点并非未来可能实现的和平状态,而是如何通过实际行动全面履行人生义务。这种立法思维体现在宗教、哲学和法律的实践性上。尽管自然因素可能引导人们趋向静止,但道德因素应当将他们引向更积极的方向。启蒙时代的思想家们普遍探讨善恶观念是否是受环境变化影响的主观价值标准。在此背景下,"道德"想象被视为一种具有主观性且

① See: Donald F. Lach, *Asia in the Making of Europe*, Vol. II, Book II: *the Literary Arts*, Chicago and London: The University of Chicago Press, p. 249.

② 孟德斯鸠:《论法的精神》,许家星译,江西教育出版社,2014,第206页。

可被人们设定的规范,启蒙时代的知识分子不断探讨这种规范的本质。

在传教士的文献中,中国宫廷生活的某些观点被扩展为国家层面的道德认知。法国传教士白晋在清初观察到,中国皇帝乐于承认他人的美德与才干,他指出:"皇帝无论对外省还是对宫中为他服务的传教士都如此明显而普遍地表示尊重和喜爱,这可能使闻知这一切的欧洲人认为,这位君主离上帝的王国已经不远。"①传教士们带回欧洲的基本资料一致强调伦理教化在中国信仰中的重要性,这深刻影响了欧洲对道德信仰的理解。正如伏尔泰所述,中国人同时接受道教、佛教及其他宗教,"官员们认为人民可以信奉跟国教不同的宗教,就像食用一种比较粗糙的食物那样。他们容忍僧侣的存在,但加以遏制[……]中国的法律不谈死后的惩罚与褒赏;中国人不愿肯定他们所不知道的事[……]地狱之说虽有用,但中国人的政府却从不采纳。他们只满足于鼓励人们虔诚敬天和为人正直"②。这既要求传教事业在现实社会中证明其对良好伦理秩序的作用,也表明了"上层路线"的正确性。传教士们的目标是间接归化大众的信念,然而,他们对中国民间思想、传统和信念知之甚少,因为在实现最终的信仰接受时,除了帝王的观念,其他一切都显得无关紧要,因为帝王在很大程度上决定了封建时代国家的道德要求。在《风俗论》中,伏尔泰对中国儒学传统中的伦理观大加赞赏:

他们的孔子不创新说,不立新礼;他不做受神启者,也不做先知。他是传授古代法律的贤明官吏。我们有时不恰当地〔把他的学说〕称为"儒教",其实他并没有宗教,他的宗教就是所有皇帝和大臣的宗教,就是先贤的宗教。孔子只是以道德谆谆告诫人,而不宣扬什么奥义。在他的第一部书中,他说为政之道,在日日新。在第二部书中,他证明上帝亲自把道德铭刻在人的心中;他说人非生而性恶,恶乃由过错所致。第三部书是纯粹的格言集,其中找不到任何鄙俗的言辞,可笑的譬喻。孔子有弟子5000,他可以成为强大的党派的领袖,但他宁愿教育人,不愿统治人。③

① 白晋:《耶稣会传教士白晋神父致国王忏悔师、本会可敬的拉雪兹神父的信》,载《耶稣会士中国书简集:中国回忆录》(第一卷),杜赫德编,郑德弟、吕一民、沈坚译,大象出版社,2005,第149页。

② 伏尔泰:《风俗论:论各民族的精神与风俗以及自查理曼至路易十三的历史》(上),梁守锵译,商务印书馆,2017,第90页。

③ 伏尔泰:《风俗论:论各民族的精神与风俗以及自查理曼至路易十三的历史》(上),梁守锵译,商务印书馆,2017,第88页。

文中提到的三部书分别是《大学》《中庸》和《论语》,虽然传教士的观察和记录为欧洲提供了关于中国文化和儒家道德体系的重要见解,但这些看法也可能受到他们自身文化背景和传教目的的影响。这种影响可能导致对中国伦理观的某些误读或过于理想化的诠释。伏尔泰对儒学传统的赞赏,特别是孔子强调道德教育而非宗教信仰的观点,反映了启蒙时代思想家对理性和道德的重视。只不过这种欣赏可能忽视了儒学在中国复杂的社会和政治背景中的实际运作方式。

孔子的学说确实强调道德自律和社会和谐,但在实际应用中,这些原则常常与政治权力和社会等级制度交织在一起。传教士们的记录提供了一个理想化的视角,可能未能充分理解儒学在中国社会中的动态角色,以及它如何在不同历史时期和政治环境中被重新解释和应用。虽然传教士的记录对欧洲启蒙思想产生了积极影响,但我们也必须意识到这些记录的局限性,并在更广泛的历史和文化背景中理解中国的伦理观和宗教实践。伏尔泰观察到的是中国统治阶级中伦理与政治的高度统一性。在道德评判标准方面,伏尔泰指出,这种标准并不是基于无意义和空洞的理由,而是需要通过自我评价来适用和判断人的优秀或行为得当。然而,这种标准在审美判断中并不依赖于被判断事物的一般特征。比如伏尔泰在其他关于中国故事改编的文学戏剧作品中,一方面强调了道德与政治之间的紧密联系,强调艺术创作影射道德;另一方面也强调不受制于一种标准化的要求,揭示了审美判断的独立性和理想化。

在《康熙帝传》中,白晋提供了一些证据,反对将道德礼仪教条化地认知。他的观察揭示了康熙帝在处理伦理问题时的灵活性和实用性,而非简单地遵循僵化的礼仪规范。这种观察强调了在中国传统文化中,伦理实践常常根据具体情境进行调整,而不是严格依赖于不变的教条。这一视角不仅为理解康熙帝的治理方式提供了新的视角,也挑战了西方对中国道德体系的刻板印象:

> 皇帝对中国旧的迷信已经有些破除。譬如,在中国,除了基督教徒外,差不多每个人在开始做一件重要的事情时,都要选择一个黄道吉日。钦天监里有一室,专门根据迷信的方法为做每件重要事情选择风水吉日。在当今皇上的幼年时期,钦天监延误了皇帝胞兄的安葬时刻,这种疏忽被认为对帝室是不

吉利的。因此，帝国的辅政大臣以斩首来判处三个钦天监官吏。康熙出于策略，让钦天监按例办事。但是，在多次接触中，我们知道，他根本不相信那些意见。①

可见，不同于中国的儒家道德哲学给传教士留下的教条化印象，统治者并未对某种信仰表现出绝对的服从，甚至尚未完全汉化，而是在适当的时候展现出中国的本质主义和基于自我体验的理性道德决断。在传教士的眼中，这种判断有时切中社会环境问题的要害，有时则显得极其荒唐。欧洲长期以来的反馈只能是，认为中国的道德决断力缺乏西方式的热情、深奥和神秘的宗教特质，也缺乏理性，仅仅是一种道德或实用的教训。

在18世纪，随着欧洲美学知识的确立，英国思想家在霍布斯和洛克的影响下，发展了经验主义知识传统。他们对人类经验进行了深入反思，但并不愿意被纯粹的经验和美学沉思所束缚。在面对遥远文明时，他们通常采取积极和尊敬的态度，同时保持理性的克制。这种方法既体现了对异域文化的开放性，又保持了理性的审慎。沙夫茨伯里是这种理性情感方法的倡导者之一。苏格兰启蒙运动的奠基者弗朗西斯·哈奇森（Francis Hutcheson）又将沙夫茨伯里所描述的善意情感进一步发展为一种道德观，这种道德观类似于视觉或触觉等基本感官。通过这种道德观，人们能够根据事物带来的愉悦程度来区分好坏。道德观因此将任何能带来愉悦的事物视为善，并为人类心灵的判断提供了基础。尽管沙夫茨伯里强调情感是体验的现象学的首要内容，但将审美情感作为一种对理性秩序的最终理解时，他采取了一种基本的认知主义的方法来处理审美体验。②在他的作品中显现出这样一个概念，即情感的完整联系，不仅是审美、智力和道德冲动的联结与和谐，也是情感与认识论的融合。③这种整合的视角为理解审美体验提供了一个更为全面的框架，使得情感在审美、智力和道德判断中的作用得到更深刻的认识。

① 中国社会科学院历史研究所清史研究室编：《清史资料》（第一辑），中华书局，1980，第233页。

② Paul Guyer, *A History of Modern Aesthetics Volume 1: The Eighteenth Century*, Cambridge: Cambridge University Press, 2014, p. 31.

③ See: James Engell, *The Creative Imagination: Enlightenment to Romanticism*, Cambridge（MA）: Harvard University Press, 1981, p. 23.

在18世纪,随着启蒙思想的传播,美德、崇高、善良等正向情感与美学的联系日益紧密。这一趋势不仅反映了时代对人类内在品质的关注,也体现了对道德与审美之间关系的重新审视。美学不再仅仅是关于艺术和美的讨论,而是成为理解人类情感和道德价值的重要领域。正向情感被认为是美学体验的重要组成部分,它们通过引发愉悦和欣赏,使人们能够更深刻地理解和体验美。这种结合使得美学成为一个不仅关注外在形式美,同时也关注内在道德价值的学科。在此背景下,情感认知被视为一种重要的认知工具,帮助人们在复杂的道德和美学判断中导向。

在德国,启蒙时代天才的观念除了对自由情感的讴歌,更强调对道德的遵循。即便是理性主义的改革者莱辛也声称,拥有完美之处的人是有道德者,是能遵循规律的人,因为他们能意识到自身的完善之处,并有能力按照其行事,这个法则是源于自身的本性。[①]审美理性主义传统的核心在于对人类完善的追求,这一传统强调通过理性和美学的结合来探索更高层次的真理和道德。因此,这一传统从未停止对邪恶、神的正义以及人类自由等深刻问题的关注。莱布尼茨和沃尔夫的完美哲学正是基于这样一种愿望:通过减轻人类的痛苦,实现人类的完美和幸福。这种完美不仅仅是精神上的,也包括物质层面的改善。他们相信,通过理性和美学的协调,人类可以达到一个更为理想的状态,在这个状态中,个人的幸福与社会的和谐能够得以实现。这种哲学不仅在理论上提供了一个完善的框架,也在实践中为人类的道德和社会进步提供了指导。

审美与高尚道德情感的深刻联系在于美本身作为人类美德与品质的完整体现。这种联系不仅仅是艺术表现的一部分,更体现了对美的崇拜在欧洲艺术传统中的普遍存在。18世纪,温克尔曼等艺术哲学家提出,美是所有艺术追求的最高目标。他们认为,通过艺术对美的追求,人类能够更好地理解和体现自身的道德价值和理想状态。他对美学的这种信仰对赫尔德、莱辛、歌德等后

---

① See: Gotthold Ephraim Lessing, "The Christianity of Reason", *Lessing: Philosophical and Theological Writings*, New York: Cambridge University Press, 2005, p. 29.

来的作家产生了吸引力。^①虽然温克尔曼的方法论具有历史主义特征,但这并未使他远离美学问题。相反,这种历史研究为他提供了一种研究美学问题的新途径,其根本目标在于揭示美的本质。^②温克尔曼在德国审美理性主义传统中具有独特的地位,他的美学思想并不侧重于认识论,而是致力于揭示艺术的历史文化价值。他希望通过倡导简单、自然的新古典主义美学,唤起人们对原始而纯粹的审美体验的共鸣,并通过这种体验重建美的高贵感受。温克尔曼的理论强调艺术不仅是形式的表现,更是文化和历史价值的承载者,力图让观者通过艺术重新连接与古典美的内在联系。

温克尔曼对英雄伦理的推崇,强调了古典艺术中"美德"与"邪恶"的普遍观念,并补充了审美理性主义传统中的普遍善。他将荷马式的美德与伟大的理想结合,形成了完美美学的顶峰,甚至可以忽略生命本身。这在18世纪的欧洲成为一种被共同接纳的理念,即艺术中的理想跟"自由"和"善良"的概念相结合。启蒙运动的观点,如狄德罗所表达的,认为理想的艺术对象包含一个美学准则,同时代表着道德原则的统一和顶点,然而理想如何代表一个道德原则却从未被解释。^③欧洲传统对道德行为和知识的价值评判往往限制在神学语境中,是《圣经》和"上帝"永恒不变的训诫。但在温克尔曼影响下的新古典主义精神理想,推动了艺术实践与道德想象一体化的普遍思考。与此同时,18世纪的欧洲知识界中,又出现了一种对自由人性的无拘无束、无规则的想象。这种对自由情感、艺术想象和道德实践的全面表达,常常以批判的视角审视传统观念。中国古代历史的想象以及耶稣会士对封建中国的描述,被置于这一批评的领域中,成为启蒙时代思想体系的对立面和批判对象。进而,一些欧洲哲学家对孔子的哲学进行了严厉批评,认为其"粗俗和拙劣",并讥讽那些认为中国书写文字体现古代中国学术的人,视"象形文字"为人类语言的初级阶段,并将其视为文化落后的标志。这种批评反映了中国语言和儒家信仰体系被视为

① See: John Harry North, *Winckelmann's "Philosophy of Art": A Prelude to German Classicism*, Newcastle: Cambridge Scholars Publishing, 2012, p. 64.

② See: Frederick Beiser, *Diotima's Children: German Aesthetic Rationalism from Leibniz to Lessing*, New York: Oxford University Press, 2009, p. 158.

③ See: John Harry North, *Winckelmann's "Philosophy of Art": A Prelude to German Classicism*, Newcastle: Cambridge Scholars Publishing, 2012, p. 65.

代表形式和规则的"旧道德",影射了反理性主义意识中的一种情动。

从欧洲来到中国的传教士,面对着一个与自己文化截然不同的社会。在这个社会中,祖先崇拜是一种根深蒂固的信仰体系,而这种体系的存在,以及其缺乏明确的教条和教义,使得中西方文化间的道德思考成为一个重要的辩论主题。传教士们不仅要面对如何解释和适应这种崇拜形式的问题,还要在一个缺乏他们所熟知的宗教教条的环境中,重新思考道德与信仰的关系。传教士们在宣扬基督教"真理"的同时,发现了中国将伦理与宗教结合在一起的实践。传教士习惯将伦理与宗教联系起来,但是同时他们非常奇怪和惊奇地发现了中国人将伦理与政治联系起来并极力为政治目的确定的一种完美伦理原则。[①]这种文化碰撞不仅挑战了他们的信仰传播策略,也促使他们反思自身文化的局限性和可能的扩展性。在启蒙时代的背景下,这种跨文化的道德讨论进一步推动了对信仰、道德和人类社会多样性的深刻理解。

传教士们在与中国文化的接触中,逐渐意识到中国人通过祖先崇拜和伦理道德实践所体现出的社会凝聚力和个人行为准则,不仅仅是宗教信仰的体现,更是一种生活哲学。这种哲学强调人与人之间的和谐、家庭的重要性以及对祖先的尊重,这与欧洲的宗教价值观形成了有趣的对比和互补。在他们看来,这种伦理体系不仅可以与基督教的教义并行不悖,还可以为欧洲社会提供新的道德视角和启发,帮助人们在复杂的社会环境中找到更高尚的生活方式。1735年出版的《中华帝国全志》中收录了马若瑟翻译的《赵氏孤儿》和殷弘绪翻译的《今古奇观》中的四篇故事;1761年珀西出版了《好逑传》(*Hau Kiou Choaan*)译本;1785年格鲁贤出版的《中国概述》中收录了《诗经》中的部分译文,此外还有耶稣会士介绍中国诗歌、戏剧、小说的文字等,他们通常被视为具有道德训诫色彩的文学作品。[②]在18世纪的欧洲,中国的美德被视为顺从统治者和崇拜祖先的体现,这不仅是伦理道德的象征,也具有重要的政治意义。这种观念在欧洲的作品中得到了广泛反映。许多关于中国的故事被改编为文学作品,进一步传播了这种思想。随着时间的推移,这些故事逐渐在欧洲的戏剧舞

---

① 参见:维吉尔·毕诺:《中国对法国哲学思想形成的影响》,耿昇译,商务印书馆,2013,第426页。

② 参见:张国刚、吴莉苇:《启蒙时代欧洲的中国观:一个历史的巡礼与反思》,上海古籍出版社,2006,第212页。

台上占据了重要位置，形成了一种被称为"伦理戏"的戏剧形式，成为18世纪欧洲戏剧的重要主题和主角。这些作品不仅展示了中国文化的独特魅力，也为欧洲观众提供了一个反思自身社会和政治结构的镜像。

二、物质欲望与趣味的世俗化

启蒙美学可以被视为一种觉醒，它标志着艺术逐渐从宗教、君主政体和赞助人的束缚中解放出来，转而强调个人在社会活动和环境中的自由意识和积极情感。这一过程体现了情感自律意识的觉醒，并促使18世纪的理性主义发生转变，重新审视理性主义与世俗价值观的关系。这一变革激发了对工艺品贸易和物质崇拜的批判，挑战了传统的物质价值观。

英国在海上逐渐取代荷兰的地位，并迅速扩展其贸易版图。随着与东方贸易的显著增长，消费品和奢侈品的比例也在不断增加。从美第奇家族建立陶瓷厂开始，这股"中国风"在英国中产阶级中演变成一种近乎奢靡的风潮。伴随着欧洲瓷器生产的热潮，从17世纪中叶到18世纪中叶，每一代人都积累了更多更优质的财产，尽管这些财产在遗产中的比例没有显著上升，但25%至30%的财富以消费品的形式持有。在此期间，中产阶级消费者对新产品的需求最为旺盛，购买了更多的餐具、家具、书籍、绘画和镜子等。陶瓷和镜子的拥有量在1670年至1725年间大约翻了一番，而锡盘、钟表、图画和窗帘的拥有量则增加了三到五倍。①制造商和消费者将"东方奢侈品"转化为新型消费品，并与"中国风"美学相结合，贸易的扩张成为这一现象的主要推动力。

在18世纪前后，"中国风"审美逐渐成为欧洲艺术和文化中的重要潮流。这一现象不仅是中欧之间日益频繁的商业贸易和艺术交流的结果，更是早期全球化进程中东西方文化碰撞的产物。"中国风"在欧洲的流行，部分源于其所承载的异国情调和神秘感，这些特质被视为高贵和财富的象征。但这种风格的商品也反映了早期欧洲对东方奢侈品的物质崇拜。在全球贸易扩张的背景下，关于中国的一切逐渐与资本相联系，成为一种经济价值的诱惑。这种现象

---

① See: Maxine Berg. *Luxury and Pleasure in Eighteenth-Century Britain*, New York: Oxford University Press, 2007, p. 219.

不仅影响了消费文化,也对欧洲的审美观念产生了冲击。特别是在近代早期,频繁的中欧贸易往来使得"中国风"与欧洲的古典主义审美传统发生碰撞。这种冲突在艺术和商业领域尤为明显。商业活动常被视为奢侈和庸俗的象征,被认为抛弃了传统的美德。当奢侈化的品位成为流行趋势时,它便削弱了该品位的高尚属性。面对这种文化和经济的双重挑战,18世纪的欧洲开始在公共鉴赏领域讨论艺术与商业之间的关系。这一讨论试图建立一种原则,以规范艺术创作和商业活动之间的界限,并在文化交流中维护审美的高尚性。这种努力不仅反映了对奢侈文化的反思,也体现了欧洲在全球化进程中对自身文化身份的重新审视。

在意大利,美第奇大公国(Medici Grand Duchy)是由美第奇家族统治的托斯卡纳大公国。这个时期以艺术和文化的繁荣而著称,许多著名的艺术家和建筑师都受到了美第奇家族的赞助。最壮观的"中国风"装饰可以追溯到这一时期。离佛罗伦萨不远的利利亚诺住宅的"印度"房间,房间的墙壁和天花板都绘有东方主题的装饰,这些场景反映了一个想象中的东方,中国人、摩尔人和南美人在那里进行他们最喜欢的活动。①可见"中国"在这里早已不再是一个新奇的代名词,而是深深嵌入了文化和社会的各个层面。这种想象不仅反映在贵族的文化生活中,也体现在各个阶层对奢侈品的渴望和消费上。同样,在18世纪的英国,这种风格通过近代早期的大量资本积累和海外贸易,得到了广泛的传播和发展。英国人不仅学会了东方器物的仿制技术,还因此刺激了本土对新奢侈品和时尚消费品的发明和探索。这些现象影射了欧洲人在过去一个世纪中对东方的浓厚兴趣和迷恋。东方被描绘成一个充满童话色彩的世界,象征着无尽的财富和奢靡的生活。在全球贸易的推动下,欧洲的艺术和商业活动不断交织,形成了一个复杂而动态的文化交流网络。通过消费"中国风",一种新的文化身份开始逐渐建立起来。这种身份既是对东方故事的迷恋,也是对自身文化和审美价值的重新定义。

从物质文化的角度分析18世纪的艺术观念,我们可以观察到一个显著的趋势:尽管在18世纪,"美"逐渐从艺术品中被解放出来,获得了一种自主的地

---

① See: Francesco Morena. *Chinoiserie: The Evolution of the Oriental Style in Italy from the 14th to the 19th Century*, Florence: Centro Di , 2009, p.265.

位,但与之相对的,"商业"在艺术讨论中却始终被视为"低俗"的同义词。[1]这种观念反映了当时社会对艺术纯粹性的追求,以及对商业化影响艺术价值的担忧。这种对商业的贬低源于一种理想化的艺术观,即艺术应当超越物质利益的束缚,追求精神和美学的纯粹性。商业化的艺术作品往往被视为迎合市场需求而非追求艺术理想的产物。按照启蒙思想家们的看法,类似的看法不一而足。在卢梭看来,美德也应该与财富划清界限,他认为"服饰的华丽固然可以表明一个人的富有,翩翩风度可以表明一个人十分高雅[……]服饰与美德是毫不沾边的;美德是灵魂的力量和充实的表现"[2]。启蒙思想家伏尔泰、魁奈等人以经济体系为理论载体所阐发的思想理念,成为贯穿整个启蒙运动时期哲学著作的重要思想脉络。他们探讨了人类堕落状态与城市经济扩张文化之间的联系,并对由财富贪婪驱动的剥削和虚假世界进行了理性的批判。在这种启蒙观念的影响下,艺术作品中往往表现出一种道德理想,以期通过艺术影响观众的道德感知和价值判断。这种趋势不仅丰富了艺术作品的内涵,也推动了艺术在社会中发挥作用,使其成为道德教育和伦理反思的重要工具。艺术不再仅仅是视觉享受的载体,而是一个能够激发思考和引发道德共鸣的媒介。

在英国,尽管戏剧改编和分析的数量有限,但其内涵丰富,尤其是其中蕴含的民族志元素和美学意识的多元化,提供了一个独特的视角来理解欧洲对亚洲的历史、文化和哲学的认知。随着18世纪以来欧洲国家在远东地区的贸易竞争加剧,各国在经济和政治领域虽有纷争,但在信息和艺术方面的交流却异常活跃。英国文化中美德的表现显著受到了与东印度贸易的影响,并被消费主义与说教主义相结合的新环境塑造。在这种氛围下,中国及相关地区在公众中的接受度提升,促进了文学、戏剧和物质文化中美德观念的想象与巩固。[3]在这种受到外部规范影响的审美惯例下,欧洲对中国的观念经历了一场审美与道德的危机。这种危机不仅挑战了欧洲传统的美学标准,也引发了对

---

[1]　See: Paul Mattick, Jr., "Art and Money", *Eighteenth-Century Aesthetics and the Reconstruction of Art*, Cambridge: Cambridge University Press, 2008, p. 152.

[2]　卢梭:《论科学与艺术的复兴是否有助于使风俗日趋纯朴》,李平沤译,商务印书馆,2017,第11页。

[3]　See: Chi-ming Yang, *Performing China: Virtue, Commerce, and Orientalism in Eighteenth-Century England, 1660-1760*, Baltimore: Johns Hopkins University Press, 2011, p. 1.

其自身文化价值观的反思。在对中国文化的接触与理解过程中,欧洲人发现了与其既有审美观念不一致的元素,这促使他们重新审视自身的文化立场和道德判断。18世纪中期的批评家认为,商业和海外贸易的扩张对财富、美德以及政治体制造成了影响,而中国物品则成为奢侈和女性化的有力象征。①18世纪中叶之后,欧洲对异国情调的接纳与批判进入了一个新的阶段。虽然异国情调不总是立刻赢得人们的钦佩或赞誉,但在想象力的领域,它提供了丰富而新奇的形象,尤其是在本土创造力不足的情况下,成为重要的灵感来源。随着时间的推移,"中国风"作为一种文化表征,因为与利益的关系开始受到审美和道德层面的质疑。这种质疑起初并非针对其视觉风格,而是因其所代表的趣味问题引发的争论。

中国风格被贴上奢靡、荒诞和官僚化的标签,反映了当时欧洲社会对外来文化的复杂态度,也揭示了文化交流中审美标准的多元化和冲突。在这一过程中,"中国风"被迫进入了审美他律的框架,成为文化批评和反思的对象。18世纪的启蒙运动推动了一种将美德与善融入美学理念的趋势,这种趋势反映了时代对理性和完美的追求。在这种背景下,美学不仅被视为艺术的评判标准,也成为衡量道德和伦理的尺度。完美的美学理想不仅要求艺术作品在形式上达到极致,还要求它们能够反映出人类的最高道德标准。实际上,最初在鲍姆嘉通的美学观念中,艺术作品的道德内容就是美的来源之一。一件艺术作品即使没有任何道德上的高贵也可以是美的;但如果一件艺术作品代表了道德主体,那么它不代表道德尊严就不可能达到最美;如果它传达了一种违背道德的态度,当然也就不可能是美的。②

"中国风"在欧洲,尤其是在英国的流行,不仅仅是文化输入的结果,更是一个复杂的社会经济互动过程。市民阶层并没有简单地接受来自东方的商品和风格,而是通过选择和改造这些元素,积极塑造自己的文化身份。他们利用"中国风"来表达个人品位和社会地位,这一过程反映了当时社会对异国文化

① See: Stacey Sloboda, *Chinoiserie: Commerce and Critical Ornament in Eighteenth-Century Britain*, Manchester: Manchester University Press, 2017, p. 63.

② See: Paul Guyer, *A History of Modern Aesthetics*, *Volume I: The Eighteenth Century*, Cambridge: Cambridge University Press, 2014, p. 335.

的好奇与接受，也体现了市场经济在文化传播中的重要作用。通过不断创新和结合新的艺术形式，市民阶层不仅推动了"中国风"的流行，也为18世纪的文化景观注入了活力和多样性。时尚变化带来的新奇感以及与时尚变化相关的多样性，被认为可以为任何给定的商品提供更多的感官刺激。①随着大量东方商品的输入，欧洲消费者开始接触到新的美学观念和装饰元素。洛可可风格的兴起在某种程度上反映了18世纪欧洲与远东之间日益频繁的贸易往来。洛可可风格的独特之处在于其轻盈、精致和异域风情，而这些特征正是受到来自中国、日本等地的商品和艺术品的影响。随着贸易的扩大，消费者的品位逐渐转向这些新奇的风格，形成了一种文化上的惯性。这一过程不仅是商品流通的结果，也是文化互动和趣味演变的体现。

趣味在18世纪被认为是一种功能，是极易受到外界触动的人类心灵的功能，它也能够对想象力的活动和优雅的艺术品进行判断和鉴赏。②但是它又不是完全来自心灵的，比如真正的原生趣味从来不是某种新的时尚可以改变的，而是从所有传统和时尚的自由中获取的美、高贵、新颖、惊奇等。亚当·斯密认为18世纪人们对"小玩意"的追捧"不仅仅同我们的行动受到这种本性影响的这些微不足道的物体有关；它往往是有关个人和社会生活中最严肃和最重要事务的隐秘动机"③。一些批评者将这种现象解读为社会阶层之间的权力斗争的表现。他们认为，对中国艺术和商品的热衷不仅是对异国文化的欣赏，更是一种通过消费来标榜身份和地位的手段。在他们看来，这种热情背后隐藏着对财富和权力的渴望，成为一种排他性的象征，代表着对物质和文化资源的占有欲。这种观点揭示了消费文化中的复杂心理动机，反映了当时社会对奢侈品和外来文化的矛盾态度。

18世纪的品位仅仅是所谓哲学美学的一个话题，它渗透到那个时代文化的许多方面。④在许多文化环境中，个人趣味并非仅仅源自个人的审美体验，

---

① See: Maxine Berg. *Luxury and Pleasure in Eighteenth-Century Britain*, New York: Oxford University Press, 2007, p. 86.

② 参见：埃德蒙·伯克：《关于我们崇高与美观念之根源的哲学探讨》，郭飞译，大象出版社，2010，第17页。

③ 亚当·斯密：《道德情操论》，蒋自强等译，商务印书馆，2017，第227页。

④ See: Maria Semi, "Civilization in Eighteenth Century Britain: A Subject for Taste", *Beyond Autonomy in Eighteenth-Century British and German Aesthetics*, New York: Routledge, 2020, p. 94.

而是深深嵌入群体的文化框架之中。这种趣味可能被用来表达对上帝的神圣性的敬仰或对国家权威的支持。艺术作品因此成为文化话语的载体,承载着集体价值观和社会信念。对于18世纪的评论家来说,异国情调作为一种美学特征,被理解为更广泛的奇异范畴。然而,中国时尚的新奇性充满了丰富的文化关联,使其与其他仅仅因新颖而吸引人的时尚区别开来。①中国趣味不仅仅是文化表达的形式,更成为一种道德意识的生产源头。精英阶层在面对快速变化的社会环境时,常常感受到内心的焦虑与期望,这种复杂的情感被投射到对中国文化的理解与表现中。通过艺术和文化创作,他们试图调和这种内在冲突,这不仅反映了其对中国的多元看法,也使这些看法在道德层面上获得了新的意义联想。

旧的审美规则遭遇了来自东方文化的冲击,但是文化内涵和独特的表现形式,引发了另外的反思和质疑。随着与东方的接触加深,艺术品在欧洲被重新解读,媒介和材料的表现方式被赋予新的意义。这一重新组织和诠释的过程,将中国风格推向了一个想象中的"边缘"或"异端"。这种态度反映了欧洲人对域外文化的复杂态度,既有欣赏和借鉴,也有排斥和误解。中国的瓷杯、茶托和潘趣酒碗是色情意向的来源,瓷器上具有性暗示的图像,加之在密友和恋人之间的往来催化了中国商品的色情意象。②从某种程度上说,"中国风"已经站在了欧洲正统美学的反面。道德隐喻或风俗的隐喻,是通过某种符号来揭示艺术家的想法的。这种符号通过习惯或人们的自由解释,获得了某种意义的权利,它是通过观察属于不同的个人、国家和时代的服饰习惯、仪式和习俗来获得的。③这种符号的意义不仅依赖于其在特定文化中的传统使用方式,还通过跨文化交流和历史变迁获得新的解释和价值。随着时间推移,这些符号不断被重新诠释,映射出不同世界观背景下的差异理解和期望。

启蒙时代的思想家认为上层贵族社会的趣味与下层人民的趣味存在显著

---

① See: David Porter, "Chinoiserie and the Aesthetics of Illegitimacy", *Studies in Eighteenth Century Culture*, Vol. 28, 1999, p. 28.

② See: Stacey Sloboda, *Chinoiserie: Commerce and Critical Ornament in Eighteenth-Century Britain*, Manchester: Manchester University Press, 2017, p. 115.

③ See: Antonio Palomino y Velasco, "The Pictorial Museum and Optical Scale", *Art in Theory 1648-1815: An Anthology of Changing Ideas*, Oxford: Blackwell, 2000, p. 322.

差别。狄德罗指出,上层社会的趣味由于心灵的腐朽而不可能纯洁,而下层人民的趣味则源自诚实人的感觉。狄德罗主张艺术品应当易于普通人理解。在《绘画论》和《论戏剧艺术》中,他一方面强调作品应被具有正常理解能力的普通观众所领会,另一方面也申明了对群众审美判断的信任,认为作品的失败往往源于其内在缺陷而非观众的误解。①即使人们以某种抽象的方式知道道德的一般真理,艺术也可以以一种其他任何东西都无法做到的方式使这些真理具体化。这种对美学的认知和情感表现方法,不仅是德国启蒙美学的核心主题,亦是英国和法国美学传统的核心组成部分。"中国风"艺术令欧洲一种趣味的世俗化体现得淋漓尽致。中国魅力和神秘感部分源于东西方文化的隔阂,这种隔阂使得"中国风"在欧洲成为特异情调的象征。然而,这种趣味的情感表象掩盖了文化背景的复杂性。在这种背景下,"中国风"在艺术视角中被重新定义,成为洛可可和巴洛克风格中的一个变体,而非独立的艺术传统。随着新古典主义的兴起,理性和简约的审美观念被强调,使得与洛可可联系紧密的"中国风"逐渐失去吸引力。这一变化不仅反映了欧洲审美理想的转变,也揭示了文化交流中的趣味随机性和道德价值的隐喻逻辑。

三、心灵愉悦与品位的等级化

在美学基础上,沙夫茨伯里并没有放弃跟伦理学和宗教哲学的联系,"无利害的快乐"概念最初源于此,源于沙夫茨伯里对道德和宗教中的异质性所进行的无情斗争。②这一概念强调在欣赏美的过程中,个体应摒弃任何形式的个人利益、实用目的或功利考量,纯粹地沉浸于对美的欣赏和享受中。这一观点不仅突出了审美体验的独立性和纯粹性,也为美学研究提供了一个重要的理论框架。沙夫茨伯里认为,美是一种自然的和谐,它能够唤起人们内心的愉悦和道德情感。因此,真正的审美体验应当是无利害的,即不应夹杂个人利益或欲望,而应当源于一种自然而然的愉悦感受。这种体验提升了个人的道德感知,增加了美学理论的深度。

---

① 参见:周忠厚:《狄德罗的美学和文艺学思想》,文化艺术出版社,1987,第103页。

② See: Ernst Cassirer, *The Platonic Renaissance in England*, London: Nelson, 1953, p. 188.

　　"高雅文化与其说是一组独立的艺术作品,不如说是由其创作者、传播者和消费者组成的对话和批评圈子所塑造的现象。在16和17世纪的英格兰,这样的社群主要限于王室宫廷,或者如果在君主的宫殿之外存在,则以君主及其随从为品位的引领者。"①18世纪,高雅文化从宫廷的狭小范围中走出来,与商业发生了更多联系。到18世纪中叶,品位想象面临新的语境,尤其是在欧洲社会中,中国风尚已深刻融入市民阶层的日常生活。这一趋势由瓷器,玻璃贴画,墙纸,象牙雕刻的扇子、盒子,漆器以及带图案的丝绸等多种艺术品的组合构成。中国艺术品的商品化和大众化,营造了一种特定的社会环境,使这些物品不仅成为装饰品,还转化为文化消费品。由于商品的私有化属性,个人对其进行自主批判的现象愈加普遍,反映了市民阶层对文化产品的独立思考和对美学价值的重新审视。

　　欧洲的海外扩张和掠夺带来了巨大的文化和物质财富,王室因此敦促朝臣们追求一种高雅而奢华的生活方式,热衷于收藏和展示各种稀有、美丽的物品。进入欧洲近代早期精英收藏室的东方奇珍异宝,成为系统的欧洲和亚洲贸易的产物,覆盖了广泛的消费群体。这些物品不仅成为财富和品位的象征,也与举止优雅的姿态、微妙变化的装饰和机智的谈吐等生活表象建立了联系,并在整个欧洲上层社会中蔓延开来。这种价值观不仅体现在朝臣的身上,同时也附着在他们周围的物品之中。这一现象促使上层社会的成员不断追求更高的文化修养和社会地位。统治者们更是走在了这一时尚的前沿,他们把自己包裹在视觉上的辉煌中,用宫殿、画像、图书馆和收藏的珍奇物品来彰显精致的品位和神圣的权威。②这种异国情调逐渐渗透到社会结构和文化心态中,其吸引力不断推动着文化融合的进程,使得不同文化之间的界限变得更加模糊,成为影响人们生活方式和价值观的重要因素。

　　作为一个批评和"美学"概念,"品位"在17世纪的法国语言中得到了最充分的发展。它逐渐与感情(情绪)和本能联系在一起;它是一种微妙的、非理性

①　John Brewer, *The Pleasures of the Imagination: English Culture in the Eighteenth Century*, London and New York: Routledge, 2013, p. 15.

②　See: John Brewer, *The Pleasures of the Imagination: English Culture in the Eighteenth Century*, London and New York: Routledge, 2013, p. 16.

的感知能力,其感知对象同样具有一种微妙的特质。①这些动态的交织不仅丰富了当时的文化景观,也对"品位"一词的内涵产生了深远影响。品位不再仅仅是个人审美的体现,而是与观念和身份紧密相连,显示出某种"功利性"属性。这种功利性反映了社会对品位的期望,即通过品位来彰显个人的文化资本。到了18世纪,情感想象力的内涵又发生了显著变化。成为一个有"品位"的人不仅意味着对美的鉴赏能力,还代表了一种归属感,是个人身份的重要组成部分。这种转变反映了社会对个人品位的期望,即通过品位来体现文化认同和社会地位。品位因此成为个人在社会中定位和表达自我的一种方式,深刻影响了当时的文化和社会结构。

在美学体验中首先关注对象,同时对对象和主观感受保持开放。关于美的判断,同情性关注和无利害都反映了当时道德哲学中的思想,即远离自我利益和欲望。就如沙夫茨伯里拒绝了霍布斯关于人的自然状态是不被理性赋权的想法,相反,他认为伦理来源于追求公共利益的理性和情感。②审美"无利害性"的观念受到挑战,因为人们开始质疑趣味究竟应当服从于何种利益。这种讨论将审美带入了个体情感和社会情感的领域,使得品位不仅仅是个人的审美判断,而是与社会价值观和情感体验紧密相连。这样,品位成为个人与社会互动的重要媒介,反映出更为复杂的文化和情感背景。更大利益整体不容易被人看到,但是在较小的团体中,人们彼此熟知,无话不谈,往往在这样的环境中才能更好地品味社会之乐,人们倾向一个更简约的公众团体中的共同之善与共同利益。③成员之间的了解和开放交流创造了一个理想的环境,让人们能够更深入地体验和分享社会之乐。这种环境鼓励个人在共同价值观和目标下的合作,通过这种方式,群体成员不仅能实现个人的满足感,还能为整个阶层创造更大的福祉。

在18世纪的欧洲,存在一种显著的审美惯例与秩序。传统上,低阶层模仿

---

① See: Peter Kivy, *The Seventh Sense: Francis Hutcheson and Eighteenth-Century British Aesthetics*, Oxford: Oxford University Press, 2003, p. 7.

② See: Emily Brady, Nicole Hall, "Adam Smith's Aesthetic Psychology", *Beyond Autonomy in Eighteenth-Century British and German Aesthetics*, New York: Routledge, 2020, pp. 119-120.

③ 参见:沙夫茨伯里:《人、风俗、意见与时代之特征:沙夫茨伯里选集》,李斯译,武汉大学出版社,2010,第61页。

高阶层的行为被视为一种社会本能,文化和审美的传递几乎从未呈现出由民间向精英阶层的逆向流动。这是因为人们很难从比自己阶层低的人身上获得美的认同和联想。一旦某种审美在社会精英阶层中形成共识,公众便自然而然地向这种更高社会阶层的文化标志靠拢。宫廷文化常被视为国家最具代表性的文化象征,在封建制度的背景下,人们难以从更低阶层获得美的认同。以路易十四在宫廷中对"中国风"的大量运用为例,这种风格在欧洲各个阶层广泛传播,显示出精英阶层对审美潮流的引领作用。然而,欧洲的低阶层创造并未对统治阶级的审美偏好产生显著影响。对于当时的批评家而言,异国情调被充分理解为一种高级的美学现象,并被融入文学和艺术创作中,成为一种象征元素。事实上,欧洲的时尚几乎总是反映出某种宫廷生活方式,这种体验逐渐与一种高等级体验画上了等号。

亚当·斯密在《国富论》中写道:"在一国财富增加时,换言之,在该国劳动年产物逐渐增大时,这更大量商品的流通,就需要有更大量的通货。而人民有了更大数量的商品来交换金银器皿,买得起金银器皿,自然会购买越来越多的金银器皿。他们的通货量,由于必要而增加,他们的金银器皿量,由于追求虚荣和浮华而增加,而精巧雕像、绘画及其他各种奢侈品和珍奇品,由于同一原因,也可能增加。"[1]以瓷器为代表的中国工艺品,以及由茶叶贸易推动的新市民生活方式,成为18世纪家庭阶级地位提升的象征。这些物品不仅体现了工艺的精湛和文化的丰富,反映了社会对奢华与品位的追求,还标志着当时社会阶层流动和文化交流的一个重要方面。由于时尚潮流的影响和新兴商人阶层充满活力的野心,中国的瓷器、丝绸、墙纸和漆器家具等进口量显著增加。这种增长主要是为了满足市场对时尚新奇商品不断增长的需求,以及因饮茶迅速成为全民消费品而产生的需求。最初,中国商品及其仿制品作为奢侈品的象征,出现在社会精英的客厅中。然而,在时尚潮流和新兴商人阶层的推动下,这些商品迅速扩展到更广泛的市场。[2]人们不仅将物质用于社会和政治目的,还使物质生活的需求和过度消费对道德产生了反作用。资本主义的情感

---

[1]　亚当·斯密:《国富论》,郭大力、王亚南译,商务印书馆,2015,第185页。

[2]　See: David Porter, *The Chinese Taste in Eighteenth-Century England*, Cambridge: Cambridge University Press, 2010, p.18.

释放所带来的奢侈与享乐,与沙夫茨伯里时代提出的"审美无利害性"思想形成鲜明对立。这种对立反映了在追求个人欲望和社会责任之间的紧张关系,揭示了物质主义对传统道德观念的挑战和冲击。

随着封建制度的统治基础开始动摇,王室贵族得以将传统的交际场所转变为"上层社会"的活动领域。这一转变不仅标志着权力中心的重新配置,也反映了社会结构的深刻变化。在这种背景下,贵族阶层通过对交际场所的改造,创造了一个专属于精英的社交和文化空间,进一步巩固了其社会地位和影响力。这些场所成为展示财富、权力和文化品位的舞台,推动了上层社会内部的凝聚力与认同感的形成。哈贝马斯认为,这个领域在18世纪已经相当清晰可辨,从而使得集中在封建君主宫廷当中的代表性公共领域同时也具有典型意义,成为正在从国家当中分离出来的社会内部的一个禁区。[①]随着封建制度的没落,新的社会结构转型逐渐形成,王室和贵族的交际场所演变为上层社会的活动中心。这一变化在18世纪变得尤其显著,使得宫廷不仅仅是政治权力的象征,也成为文化和社交的核心。这种分离还反映了社会结构的变迁,预示着现代公共领域的萌芽,标志着个人与国家关系的重新定义。在这一过程中,文化和社交活动成为新的社会凝聚力的体现,显现出社会等级在表征上的分化。

利奇温在书中写道:"在18世纪初,对远东的感情完全符合传教士的报告。这有一定的象征意义。事实上,世纪的第一个新年就是在法国宫廷举办中国式庆祝活动。这意味着洛可可时代即将来临。"[②]18世纪的第一个新年在法国宫廷以中国式庆祝活动的形式展开,法国国王路易十四在凡尔赛宫以"中国舞会"的方式庆祝了这个新年,这一活动不仅反映了他对异国情调的热衷,也体现了当时欧洲上层社会对东方文化的向往和模仿。这一庆祝活动象征着洛可可风格的兴起。通过这种特别的形式,欧洲的艺术和设计开始融入更多的东方元素,最初创造出纯粹的审美愉悦。中国观所唤起的主导性想象形式成为审美愉悦的先决条件,并进一步被视为美德的标准。欧洲对中国文化的兴趣

---

① 参见:哈贝马斯:《公共领域的结构转型》,曹卫东等译,学林出版社,1999,第10页。

② Adolf Reichwein, *China and Europe*: *Intellectual and Artistic Contacts in the Eighteenth Century*, London: Routledge and Kegan Paul, 1968, p. 22.

不仅体现在艺术和设计中,还渗透到社会价值观的形成过程中。中国风格的元素被广泛应用于装饰艺术、园林设计以及日常生活中,与上层社会品位和道德修养形成互动。

在欣赏"中国风"工艺品和欧洲仿制的瓷器等工业制品时,与沙夫茨伯里和雷诺兹所推崇的纯洁、超然的美相比,情感的沉溺已经被因文化差异带来的新奇感所取代。"中国风"的文化意义因此变得更加复杂。这些商品不仅是一种新的时尚宣言,还被视作一种深刻且令人着迷的异国标志。精英阶层顽固不化的偏好使得这些商品成为社会身份和等级的象征。后来哈奇森的美学观点和道德哲学都在很大程度上受到沙夫茨伯里思想的启发,尤其是关于自然感官和道德直觉的理论。他在苏格兰启蒙运动中继承并发展了这一思想,强调人类不仅具有道德感官,还有一种"美感",使我们能够感知和欣赏美。在哈奇森看来,诗歌中的意象基于道德感官,在意象世界和道德观念的联合中,每个人所知觉到的美要大于最充分的叙述或最生动的自然描述。[1]因此人类的"内在感官"式的心灵愉悦,是一种自然的能力,使我们能够感知美和道德上的善。他的观念与审美理性主义传统很相似,也主张美的客观性,认为道德上的善与美是密切相关的,对美的感知能够促进道德情感的发展。

斯图亚特王朝末期,作曲家亨利·珀塞尔(Henry Purcell)为玛丽二世创作了生日颂歌,乐曲的创作源于一则具有启发性的轶事:当女王表现出对一部通俗民谣有特殊偏好时,作曲家珀塞尔巧妙地将这一民间曲调融入颂歌的低音部分,在迎合了君主的个人品位的基础上,通过艺术形式实现了雅俗共赏。这一策略不仅体现了宫廷艺术家对君主意志的积极回应,也展示了艺术家如何在宫廷体制框架内通过作品进行巧妙的政治协商,从而使宫廷颂歌成为连接君主权威与艺术创作的重要媒介。[2]此时,宫廷颂歌不仅仅是艺术表现的载体,更成为政治策略的一部分,通过音乐的传播,君主和朝臣能够巧妙地影响公众舆论和政治气候。这种互动不仅反映了品位在阶级中的重要性,还揭示

---

① 参见:哈奇森:《论美与德性观念的根源》,高乐田等译,浙江大学出版社,2009,第189页。

② See: Hannah Smith, "Court Culture and Godly Monarchy: Henry Purcell and Sir Charles Sedley's 1692 Birthday Ode for Mary II", *Politics, Religion and Ideas in Seventeenth-and Eighteenth-Century Britain: Essays in Honour of Mark Goldie*, Woodbridge: The Boydell Press, 2019, p. 219.

了它在政治和社会事务中的多重角色。这种文化和政治的交织,体现了鉴赏力在公共领域中的潜在力量,促进了宫廷与社会之间复杂关系的发展。在这样的背景下,审美不仅仅是享受愉悦的过程,更成为一种权力和影响力的工具,这为理解当时的政治文化提供了一个独特的视角。

在"审美无利害性"这一理念的推动下,一种体系化的美学逐渐形成。这一体系强调审美活动的纯粹性和独立性,试图将其从功利和物质的束缚中解放出来。然而,在18世纪早期的语境中,尽管这种思想在理论上对欧洲美学的发展起到了关键作用,但实际上,它背后的自由资助模式所产生的共同趣味却常常与真正的阶级归属联系紧密。精英阶层,尤其是那些拥有经济和政治权力的群体,通过赞助艺术和文化活动,直接影响了社会的审美趣味。比如18世纪风俗画在从都柏林到圣彼得堡的欧洲城市变得异常流行,这种艺术形式被艺术评论家如法国的狄德罗孜孜不倦地推广,包括夏尔丹在内的风俗画画家不缺少精英客户,他们经常创作醒世作品(moralizing works),但是艺术家的财富终究是依靠社会底层的人所创造的。[1]这种赞助不仅是出于对艺术的欣赏,更是为了维护和展示其社会地位和权力。最终,审美趣味的导向权仍然掌握在统治者手中,他们通过控制资源和文化生产来塑造社会的审美标准。趣味的形成在很大程度上依赖于当时的社会生产方式和阶级属性。在一个阶级分化明显的社会中,审美趣味往往反映了不同阶级之间的权力关系和社会结构。

但是,在沙夫茨伯里的观点中,这并不是一个需要担忧的问题。他主张,为了未来的考虑,思辨的任务最好由公众个人承担,而不是由统治者亲自执行。如果统治者能够满足为有才智的人提供资助,并承诺对有创造力的艺术家给予宽厚的支持,这将极大地激励学术界,并成为提升和发展民族文化水平的可靠保障。[2]其实,没有任何必要去恳求或劝说显贵赞助艺术或文学,因为每一种艺术和文学都会得到发展,迟早都会发展到更完善和卓越的境界。他认为,"总会有这样一些人杰应时而出,只需要发现任何一位聪明的赞助者适

---

① See: Nigel Aston, *Art and Religion in Eighteenth-Century Europe*, London: Reaktion Books Ltd., 2009, p.41.

② 参见:沙夫茨伯里:《人、风俗、意见与时代之特征:沙夫茨伯里选集》,李斯译,武汉大学出版社,2010,第116页。

时相助,他们就会把名声归功于他们的朝廷赞助者,从而使他们的英名远近皆知"①。沙夫茨伯里的观点反映了对启蒙时代自由思想和个人能力的信任。他强调个人在文化进步中的作用,认为个人的才能和创造力是推动社会进步的关键,而统治者的角色则是提供支持和资源,而非直接干预。这一点似乎也解释了多数传教士取悦统治者的选择。

在旅华传教士们看来,民间艺术常常需要先在一定范围内获得认可,然后才有可能被上层社会接受,最终进入皇帝的视野。相反,对皇帝的模仿有时被视为叛逆和不敬。因此,尽管欧洲对中国时尚的独特性充满了幻想和文化联想,但并不会像中国那样将这种审美认同深植于社会结构和文化心态中。欧洲的这种态度与对其本土风格的态度不同,其吸引力并不在于真实价值的"是"与"否",而是如同一面镜子,反映出欧洲优势阶级内心的价值关切。与此形成对比的是,中国人的审美认同则超越了阶级的限制和绝对自上而下的原则。这种审美不仅不需要上帝的介入或教化的阐释与认可来达到崇高,反而可能通过朝贡的方式将民间美学实践的创新带入宫廷之中。这种自下而上的文化流动,使得中国的民间艺术与良好的品性联系,它所创造的审美吸引力在更广泛的社会阶层中得以认可和流行。

第二节　秩序观念的美学化

一、自然秩序的崇高化

从古代到 18 世纪,古典的比例协调之于"美学"概念一直是西方主导性的思想。然而,在构成自然景观的石头、水和木材的自然混合物中,不规则性而非成比例乃是常态。这一现象成为长期以来阻碍西方文化对自然美进行深入欣赏和理解的重要因素之一。对自然美欣赏的盛行,在很大程度上是 18 世纪

---

① 沙夫茨伯里:《人、风俗、意见与时代之特征:沙夫茨伯里选集》,李斯译,武汉大学出版社,2010,第116 页。

的创新。在此之前,由于交通不便和频繁的战争,前往欧洲更偏远地区旅行充
满了挑战和风险。原生的自然景观在某种程度上预示着一种冒险,这不仅仅
是因为地理上的障碍,更因为旅途中可能面临的未知危险。在基督教思想中,
对山脉的起源有一种观点,认为其并非上帝原初创造的一部分,因此将山脉视
作"美"也显得尤为怪诞。[1]因此,对于自然的情感体验常常产生于跟危险感的
强烈对比。最初,大自然中崇高的景象所带来的愉悦是一种消极的秩序,因为
这种愉悦源自对未知和不可控的敬畏,而非单纯的美感享受。这种崇高感带
来的情绪跟传统意义上的愉悦形成了鲜明的对比,构成了另一种独特的美。

　　崇高的理论家们编制了一份丰富而详细的目录,列出了在艺术中引发崇
高感的地方和情境,将其识别为给予我们自然景观的"最高"点。这些地点也
是最危险的地方:雪山顶、活火山、不可穿越的森林、沙漠、令人恐惧的悬崖、深
渊、狂风暴雨的大海等。[2]自然景象中的壮美场景不仅激发了人类的生存本
能,也引出了人们对自身渺小和宇宙宏大之间关系的深刻思考。崇高的维度
指向死亡的危险,而美的动态则指向失去对象的危险,但痛苦比快乐更强烈,
因此崇高引发的感觉比优美引发的感觉更强烈。[3]然而,这种强烈的情感体验
并非总是令人愉悦,它常常伴随着一种难以言喻的恐惧和敬畏。面对这些崇
高的场景,人们不仅感受到自身的渺小,也更深刻地意识到生命的脆弱和不可
预测性。18世纪的美学思想体现了对崇高与壮丽的追求,这一时期的哲学家
和艺术家们开始系统地探讨崇高的本质,认为其与人类对自然秩序的认知有
着密切的联系。崇高被视为一种超越日常经验的感受,它能够引导人们思考
生命的有限性和宇宙的无限性。在艺术家们试图捕捉崇高瞬间的同时,自然
观也全方位影响了当时的科学、哲学以及"美学"概念的发展。

　　在16至17世纪的经济发展中,一些人忽视了审美缺憾,强调丰产与美的
结合。他们认为开垦与耕作后的景观才是美丽的,体现了古代经典理想。整
齐对称的种植方式被视为有效利用空间和施加人类秩序于自然的方式,反映

---

[1]　See: Glenn Parsons, *Aesthetics and Nature*, London: Continuum International Publishing Group, 2008, p. 8.

[2]　See: Giuseppe Civitarese, "Bion and the Sublime: The Origins of an Aesthetic Paradigm", *The International Journal of Psychoanalysis*, 2014, Vol. 95, Iss. 6, p. 1059–1086.

[3]　See: Giuseppe Civitarese, "Bion and the Sublime: The Origins of an Aesthetic Paradigm", *The International Journal of Psychoanalysis*, 2014, Vol. 95, Iss. 6, p. 6.

出文化与自然的分离。新古典主义理论支持几何图形的内在美,秩序被视为美的本质。①但是此时的欧洲大陆正处于动荡的社会现实之中,一种不安的情绪依然寄托在宗教信仰的指引下。宗教改革运动和三十年战争逐步将宗教与政治推向对立,加速了集权的崩溃。因此全球化早期的欧洲,除了要找回贸易的新航线,还试图探索更理想化的人类新生存状态。对世界的认知扩展了自然世界的界限,想象力通过一种心理能力调节内在理性与外在行为之间的关系。在这些想象中,对生存秩序的认知也被引导进入理性与欲望交织的经验领域。当东方在马可·波罗时代之后被视为一个更文明、更发达的地域时,它实际上成为一个可以填补欧洲空缺的理想世界。

17世纪末和18世纪初期,欧洲经历了一系列危机,包括饥荒、战争和瘟疫,这些因素对人口增长产生了负面影响。尽管如此,这一时期的人口状况并未预示即将到来的变化。随着战争逐渐停止,瘟疫的影响减弱,欧洲进入了一个相对繁荣的时期。在18世纪二三十年代,欧洲许多地区的生存状况得到了极大改善。虽然天花、斑疹伤寒或恶性的流行性感冒偶尔也会使死亡率上升,但不再造成大规模的生命的损失;战争逐渐停止,西班牙王位继承战争在1714年达成和约,奥地利与土耳其的战争在1718年结束,北部战争于1721年结束,整个欧洲人口恢复和增长的阶段已经到来。②随着启蒙运动的兴起,人们开始运用自然科学的方法研究人类的生存状态。这种新的知识氛围推动了新兴学科的形成。启蒙时代的生命观和生存观不仅意味着摆脱对超自然神祇的信仰束缚,还象征着对自然秩序和世界秩序的重新认识,以及对阻碍人类进步的旧秩序的突破。在法国经济学家魁奈的视角中,自然秩序是文明状态的基础。他主张通过改善民众的生存环境来实现新的社会秩序,这种观点在当时的重农主义思想中得到了体现。

魁奈在《中华帝国的专制制度》中指出:"人们只有依靠使他们区别于禽兽的理性之光,才能够掌握自然法则。因此,一个繁荣和持久的政府应当按照中

---

① 参见:基思·托马斯:《人类与自然世界:1500—1800年间英国观念的变化》,宋丽丽译,译林出版社,2008,第256-258页。

② 参见:E.E.里奇等主编:《剑桥欧洲经济史(第四卷):16世纪、17世纪不断扩张的欧洲经济》,张锦冬等译,经济科学出版社,2003,第53-55页。

华帝国的榜样,把深刻研究和长期普遍地宣传在很大程度上构成了社会框架的自然法则,当作自己的统治工作的主要目的。"①在魁奈的观点中,愚昧的民族只能建立一些临时性、野蛮且具破坏性的政府。他强调研究自然法则的必要性,这不仅是社会自然秩序中的一个基本法则,而且在一个理想政府的各项基本法则中占据首要地位。在魁奈的思想体系中,自然秩序被视为文明状态的基础,而这一秩序并不依赖于专制主义制度。相反,他的重农主义思想强调自然法则作为治理的基本原则,主张经济政策应顺应自然规律。自然秩序不仅是国家政治的延伸,更是对人类生存观念的深刻反思。"自然秩序"理论试图重新定义人类社会的统治秩序和生存秩序,强调国家的运行机制应尊重自然法则,以促进社会的整体福祉。一个显在的事实是,自然体验,包括自然审美经验在内的思想演进是杂糅的,与生存秩序形成了一体化的体验。在美学体验中,感知和思维的交互作用构成了杂糅的状态。对象的感知外观是美学欣赏的基础,而思维则通过信念和想象等形式丰富和改变这种体验。科学和历史提供了思维的多样来源,影响我们对自然的理解和情感共鸣,这种复杂性强调在美学欣赏中,感知与思维如何共同塑造我们的体验和理解。②这种思想史纠葛使我们对"自然"与"生存本体"概念的理解更加人本化、感性化。

在抵达中国的传教士的书写中,一些关注"现实"的作品通过对具体案例的精细化分析来解构中国人的生存观念。这些作品不仅在欧洲引介了域外的知识,还促使欧洲人反思另一种生存状态。像白晋的《康熙帝传》和杜赫德的《中华帝国全志》,不仅通过丰富的细节描绘了中国的社会风俗和文化,还评判了中国的政治制度和自然观,使欧洲人能够接触到一个截然不同的世界。这种对异域文化的探索,扩展了欧洲人的知识体系,促使其重新审视自身的生存状态和情感表达方式,通过更广阔的中国社会环境和民间知识来源,从一种生存体验中获得了新的情感想象。

在治理理想的构想中,中国的生存状况常被视为一个典型的对比案例,与自然观联系在一起。有效的制度支持被认为是比自然条件和人类劳动条件更

---

① 弗朗斯瓦·魁奈:《中华帝国的专制制度》,谈敏译,商务印书馆,1992,第122页。

② See: Glenn Parsons, *Aesthetics and Nature*, London: Continuum International Publishing Group, 2008, pp. 20–21.

为关键的因素。由于欧洲对中国自然环境的了解不够深入,难以全面理解中国的制度模式,因此,亚当·斯密等人在观察中国时特别强调制度化、秩序化的重要性。他指出,即便是在自然资源丰富的国家,如果缺乏合理的制度安排,经济也可能陷入停滞:

> 中国一向是世界上最富的国家,就是说,土地最肥沃,耕作最精细,人民最多而且最勤勉的国家。然而,许久以来,它似乎就停滞于静止状态了。今日旅行家关于中国耕作、勤劳及人口稠密状况的报告,与五百年前视察该国的马可·波罗的记述比较,几乎没有什么区别。也许在马可·波罗时代以前好久,中国的财富就已完全达到了该国法律制度所允许的发展程度。各旅行家的报告,虽有许多相互矛盾的地方,但关于中国劳动工资低廉和劳动者难于赡养家属的记述,则众口一词。中国耕作者终日劳作,所得报酬若够购买少量稻米,也就觉得满足。技工的状况就更恶劣。欧洲技工总是漫无所事地在自己工场内等候顾客,中国技工却是随身携带器具,为搜寻,或者说,为乞求工作,而不断在街市东奔西走。中国下层人民的贫困程度,远远超过欧洲最贫乏国民的贫困程度。①

斯密从东方国家的制度和社会结构中汲取灵感,在《国富论》中批判了重商主义,强调自由市场和分工的优势。在斯密的观点中,财富的实现并非仅依赖于金银的积累,而是通过提高生产和交换的效率来实现的。

经济原则由生存秩序决定,通过合理的经济制度和社会结构,人类能够实现更高的生活质量和精神追求。与此同时,也正是由于斯密承认其美学上的向往力,因而认识到"异国情调的小玩意"在改变社会结构和削弱土地贵族的政治权力方面的重要性。②启蒙运动的勃兴使得中国的社会和文化成为欧洲思想家反思自身文化的重要镜鉴。中国的社会结构和治理模式被视为一种理想化的生存秩序,这种想象不仅在哲学和政治理论中引发了广泛讨论,也成为文化反思的重要动力之一。随着中国知识发现的推进和科学认识的不断深

---

① 亚当·斯密:《国富论》,郭大力、王亚南译,商务印书馆,2015,第65-66页。
② See: Maxine Berg, *Goods from the East, 1600-1800: Trading Eurasia*, New York: Palgrave Macmillan, 2015, p. 1.

化，欧洲开始重新审视如何将从虚构和幻想世界中提取的模型与其现实生活有效结合。这一过程不仅推动了知识的进步，也成为美学上思考的共同指向，致力于探索人类理性的边界，关注人类生存的崇高价值。

在18世纪，欧洲的繁荣常被视为基督教发展的结果，这一观点在启蒙思想家马奎斯·德·孔多塞（Marquis de Condorcet）的著作中有所体现。他在探讨农业社会的进步时，强调信仰传播作为思想基础的重要性，并将其视为人类文明早期状态的反映。他在描述农业民族的进步时总结了这种信仰传播的思想基础和人类文明原初的一种状态："人们感到维持自己生活的不确定性和艰难性、极度疲劳和绝对闲逸两者的必然交替，决不会让人有闲暇可以委身于自己的思想，使他有可能以各种新的结合来丰富自己的智能。"[1]在他看来，人类天生具备感知和处理外界信息的能力，这种能力通过与环境的互动和社会交流而发展。个体能够识别、保存、组合和比较感知到的事物，并通过符号化来加深理解。这一过程不仅是个体的内在发展，也是人类历史进步的缩影。形而上学研究这些普遍规律，而历史则记录这些规律在不同时代的具体表现和影响。这种状态展示了欧洲对秩序理解的默契，即在科学发展迅速变化的背景下，如何对神学和政治进行理解，如何定义"自然"与"崇高"。欧洲思想家们试图在变化的时代中找到新的平衡，比如探索新的社会契约和道德基础。这种对人与自然秩序的重新审视，以及对科学与信仰之间平衡的探索，成为推动感性学反思的核心动力。

法国资产阶级启蒙思想家比埃尔·培尔（Pierre Bayle）以其对宗教宽容和怀疑主义的支持而闻名，他反对宗教对科学和哲学自由探索的干涉。在艺术作品的评价中，虔诚只是次要的，真正重要的是艺术所体现的真与美。这种观点挑战了宗教在艺术中传统的主导地位，并强调了艺术自身的独立价值。费尔巴哈指出，即使是虔诚的信徒，也可能因为宗教意义而忽视艺术作品的美学价值。这揭示了宗教和艺术在价值取向上的分歧，也显现了18世纪对崇高与美关系的全新认知。在《比埃尔·培尔对哲学史和人类史的贡献》一文中，费尔巴哈从艺术家的动机出发，探讨了艺术与宗教崇拜之间的关联：

---

[1] 孔多塞：《人类精神进步史表纲要》，何兆武、何冰译，生活·读书·新知三联书店，1998，第3页。

艺术家们不是使艺术屈从于宗教,而是使宗教屈从于艺术。在艺术作品中,虔诚只具有次要的意义:本质的东西是真,是美。一个虔诚的、不具有与他的天主教的宗教感和宗教信仰迥然不同的美感的天主教徒,可能被最丑陋的圣像所感化,他卑贱地拜跪在最丑陋的耶稣十字架像之前;因为,在他看来,这幅像作为宗教像来说就应当是如此,它是对耶稣这位圣者回忆的标志,在他的眼里,耶稣活灵活现地显现在这幅画里。艺术价值在他看来是无足轻重的,艺术本身在宗教看来也是无足轻重的。①

在启蒙运动中,尽管理性和科学的崛起为欧洲带来了新秩序,但宗教仍在塑造社会价值观方面发挥重要作用。17至18世纪的自然神论者通常相信理性和观察自然界是理解神的主要途径,科学与哲学通过解释自然现象,与基督教教义实现了对话,这种平衡在吸纳启蒙思想的同时,尊重了信仰的社会基础。

在具体的审美活动中,我们对自然事物的体验主要由对该事物的情感构成。这种情感是我们进行审美反应的核心,而这种反应的基础则受到物体固有属性的影响。将自然视为上帝的创造物并在这种前提下进行审美欣赏时,由于他们的欣赏已经渗入了"被设计"的理念,这种欣赏方式就从根本上区别于对自然本身的纯粹审美体验:虽然上帝创造自然的方式(从虚无中创造)与普通人工制品(从已有自然物中制造)有着本质区别,但一旦将上帝的设计意图归入自然,这种审美体验就已经转变为对人工制品的欣赏,而非对自然本身的审美。②可见,自然的审美欣赏不能停留于对外在美的欣赏,而应是一种对其内在价值和意义的认知。自然作为上帝的创造,体现了某种神圣的秩序和目的,这种秩序和目的超越了人类的理解。因此,对自然的欣赏不仅是视觉上的享受,也是精神上的愉悦。这种欣赏要求我们在与自然互动时,保持一种谦逊和敬畏的态度,意识到我们作为观察者的有限性和自然本身的无限性。

在18世纪,自然的崇高被视为一种典范,激发了文学和艺术的灵感。虽然艺术作品试图捕捉这种崇高,但由于缺乏自然崇高体验所具备的规模和力量,

---

① 路德维希·费尔巴哈:《费尔巴哈哲学史著作选(第三卷):比埃尔·培尔对哲学史和人类史的贡献》,涂仕亮译,商务印书馆,1984,第5页。

② See: Malcolm Budd, *The Aesthetic Appreciation of Nature: Essays on the Aesthetics of Nature*, Oxford: Clarendon Press, 2003, p. 4.

它们在原始意义上难以被视为真正的崇高。艺术作品通常无法呈现崇高的无形和无限特征，亦难以唤起与自然崇高相同的情感反应。然而，随着时间的推移，"崇高"的概念不断演变，不同的作家在不同的情境中以多样的方式表达崇高。通过联想，艺术仍能在某种程度上展现出崇高的特质。这些解释有一个共通点，即代表了一种具有表现力的风格，代表着与传统美的正典如适度、和谐等观念之间的差异。①对自然的审美理解基础也几乎从属于理想化的模仿原则，纯粹的人为想象与创造并不在崇高的范畴之内。比如温克尔曼认为，希腊艺术家因更能观察自然并创新地综合其元素，故取得卓越成就，与巴洛克艺术追求华丽和戏剧性的人为痕迹形成反差。

到了17世纪20年代和30年代，在艾迪生的系列作品之后，作为一个批评概念和对象的"想象力"在艾迪生系列论著的推动下，在18世纪20至30年代迅速凝聚了理论影响力，引发了相关讨论。许多评论家和诗人将其视为艺术的最高天赋和价值。1744年，诗人阿肯塞德（Akenside）的《想象的乐趣》（*Pleasures of Imagination*）强化了这种新的态度，并表达了想象作为文学价值以及作为具有哲学和宗教重要性的理念日益统一的趋势。②艾迪生在批评中引入了新颖性和崇高这两个重要价值，强调它们对想象力的影响。新颖性带来愉悦和好奇，而崇高则提升心灵的伟大。这些标准使艺术评价更关注心理反应，推动了启蒙运动晚期的批评思维。阿肯塞德并不将想象力本身视为一种道德力量，而是认为只有通过想象力才能进行道德判断。没有想象力，道德将保持潜在状态，过于笼统和抽象，难以在人类中发挥效力。由于想象力将道德感与感官世界联系起来，它鼓励一种结合了道德力量的审美体验，直到符合道德判断模式并能通过感官验证的东西也变得美丽和令人愉悦。③从18世纪50至60年代开始，这种对"快感"（愉悦）的关注产生了一些变化，"崇高"开始成为美学讨

---

① See: Giuseppe Civitarese, "Bion and the Sublime: The Origins of an Aesthetic Paradigm", *The International Journal of Psychoanalysis*, 2014, Vol. 95, Iss. 6, pp. 3-4.

② See: James Engell, *The Creative Imagination: Enlightenment to Romanticism*, Cambridge (MA): Harvard University Press, 1981, p. 34.

③ See: James Engell, *The Creative Imagination: Enlightenment to Romanticism*, Cambridge (MA): Harvard University Press, 1981, p. 43.

论的一个中心词汇。①整个欧洲美学语境讨论关注的重点概念发生了很大转向,从"美德""美丽"和"崇高"之间相对简单的连接开始,逐渐演变成一个庞杂的概念,到18世纪80年代已经将美学锁定在伦理的环抱之中。②崇高所要体现的情感关注已经不再是简单的形式想象,它开始意味着一种更高尚的体悟。

二、规则变革的浪漫化

在温克尔曼的视野中,希腊艺术的卓越确实源于对自然的深刻理解和创新诠释。他认为希腊艺术不仅仅是对外在形态的捕捉,更是对内在本质的挖掘,展现了一种理想化的美。这种美的追求超越了现实,能够促进人类精神的升华。至于中国的儒家道德秩序和自然观,它们在近代早期确实对工业资本主义帝国的道德要求产生了影响。儒家思想强调社会关系中的和谐与秩序,这与资本主义社会中的某些道德观念有一定的契合。在自然观方面,中国传统思想中的调节能力为欧洲提供了一种不同的视角,帮助其在享乐主义与社会责任之间寻找平衡。一个核心因素在于,启蒙时代欧洲的自然观也经历了重要的发展。人们开始从理性和科学的角度理解自然,认为自然是上帝创造的完美体现,因此对自然的审美与对人造物的审美是相互关联的。这种观念强调了人类主体性和情感能力的发展需求,即便在对自然的崇高属性的追求中,理性仍然是核心。

形式、秩序与和谐一直是古典美学讨论的核心术语,理性主义传统强调上帝创造的秩序,并试图通过信仰来解释这个问题。莱布尼茨的形而上学主张所有可能的世界都是最好的,这一观点基于对理性统治力量的坚定信念。理性不仅指导上帝的创造意志,也帮助人类辨识上帝创造的规则。而自然中的崇高情感被视为对这种规则的突破,是一种由于压倒性力量而产生的审美效果。随着这种体验的深入,人们开始认识到,能够达成这种效果并非某一类情感的"专利"。诸如视觉艺术中的恐怖与怪诞,听觉艺术中的不和谐与紊乱,常

---

① See: Peter de Bolla, "The Evolution of Aesthetic Concepts 1700-1800", *Beyond Autonomy in Eighteenth-Century British and German Aesthetics*, New York: Routledge, 2021, pp. 30-32.

② See: Peter de Bolla, "The Evolution of Aesthetic Concepts 1700-1800", *Beyond Autonomy in Eighteenth-Century British and German Aesthetics*, New York: Routledge, 2021, p. 43.

常也能跟其他品质组合，引发一种惊异的美学效果。

在英国，这种美学效果在文学中得到了释放。托马斯·珀西1762年出版的翻译文集《中国杂考》得益于珀西的出版商的广泛影响力，这表明标识有中国文化渊源的文本在当时已具备相当的市场和吸引力。[①]珀西在收集资料的同时，出版了第一本用欧洲语言翻译的中国才子佳人的小说《好逑传》，这本出版于17世纪的中国小说，作者的身份和确切的出版时间尚不清楚，同期出版的小说作品也常以匿名为主。但是在珀西看来，这部小说出人意料地没有其他东方国家普遍存在的不切实际的荒谬。珀西通过强调小说的真实性和文化透明性，试图将其呈现为反东方主义的叙事作品，通过与现有中国文化报告的对比来认证其发现，挑战了当时对东方文学的刻板印象。[②]他的目标不是纠正现有关于中国文化的刻板判断，而是将小说重新想象为一种文化透明的形式。这种形式为中国形象和中国故事在英国的全面融入与改编奠定了基础。也正因如此，中国的文化元素不仅在英国的文学和艺术作品中得到了体现，还在更广泛的社会和文化语境中获得了新的生命力。英国的作家、艺术家和学者们通过对中国文化的重新诠释和创造性改编，丰富了浪漫化的文化景观。

中国故事文本不仅是自由想象的镜像，还充当了审美观念传播和强化的载体。在文学、戏剧和物质文化的多种表现形式中，无拘束观念的形成与巩固往往与当时的社会、经济和文化背景密切相关。18世纪的欧洲，正值全球贸易版图的重塑时期，随着对外贸易的扩展，尤其是在与中国密切接触的过程中，英国社会在道德观念上经历了一场深刻的交流与融合，对自由的丰富联想，为艺术创作提供了新的灵感和素材。艺术家们能够从新的视角审视世界，进而在作品中体现出更加多元和包容的浪漫主义想象。《奥特兰托城堡：一个哥特式故事》(The Castle of Otranto : A Gothic Story)是由霍勒斯·沃珀尔于1764年创作的小说。这部作品被广泛认为是第一部哥特式小说，开启了哥特式文学的潮流。小说的情节围绕着一个古老城堡展开，包含了幽灵、预言和家族诅咒等

① See：James Watt, "Thomas Percy, China, and the Gothic", *The Eighteenth Century*, Vol. 48, No. 2, 2007, p. 96.

② See：Eun Kyung Min, "Thomas Percy's Chinese Miscellanies and the *Reliques of Ancient English Poetry* (1765)", *Eighteenth-Century Studies*, Vol. 43, No. 3, 2010, p. 312.

经典哥特式元素,这些元素不仅为后来的哥特式文学设立了模板,也反映了当时欧洲社会对神秘与未知的迷恋。值得注意的是,沃珀尔在他的创作中也融入了中国元素,这在他1785年的作品《象形文字故事集》中尤为明显。象形文字在此被用作一种隐喻,代表着中国的文化观念和传统习俗。①沃珀尔通过这种方式,不仅展现了他对异国文化的兴趣,也表达了他对18世纪后期英国社会的观察与批判。这种东西方文化的互视,预示了对文化多样性的探索。

沃珀尔是法国浪漫小说的狂热追随者。他的作品《奥特兰托城堡:一个哥特式故事》表达了对想象力被封锁的忧虑。由于人们严格遵守共同生活的准则,努力复制某种可能的特性,想象力的潜力未能得到充分发挥。沃珀尔试图在他的作品中融合古代和现代的浪漫主义,通过角色的组合,让想象力获得更大的自由空间。在《米黎:一部中国童话》(*Mi Li. A Chinese Fairy Tale*)中,他更是将中国的观念与限制自由的枷锁以荒诞的方式描写出来:

> 中国的王子不能娶一个此前结过婚的女人,因此米黎必须在全世界范围内寻找一位跟鲍勃小姐一样符合条件的女士。而在他被告知他必须与别人结婚的那一刻,他就忘记了鲍勃小姐,同样地爱上了别人,尽管他还不知道那个人是谁。他在悬念中梦想着,或许他会找到命中注定的那位伴侣,那位伴侣的父亲失去了本就不属于他的领土。他会在哪里找到他的伴侣呢? 或许在枯河的一座桥上,或许在一座从不也永不会埋葬他人的空墓旁,或许是在损毁无比严重的废墟里,或许在一个地下通道里[……]他决定开始第二次搜寻,中尉告诉他,在英国有一位"班克斯"正在世界各地寻找他不知道的东西。殿下认为没有比这更好的舵手了,于是向英国驶去。②

通过虚构的情节和奇异的场景,沃珀尔表现了对想象力、神秘和个人自由的追求。通过中国王子寻找伴侣的故事,讽刺了传统观念对个人选择的限制,并以荒诞的方式探索命运和爱情的主题。这种对未知的开放态度和跨文化的

---

① 参见:史景迁:《十八世纪西方关于中国的想象:格莱特、哥德斯密斯和沃珀尔》,载《文化类同与文化利用》,廖世奇、彭小樵译,北京大学出版社,1997,第51-53页。沃珀尔的《象形文字故事集》实际写作年代开始于1766年,直到1785年才发表。

② Horace Walpole, *The Castle of Otranto and Hieroglyphic Tales*, London: J. M. Dent, 1993, p. 129.

幻想,也隐喻了对欧洲社会自身限制的批判。此外,作者结合幻想与现实,创造了一种对社会现状的反思。这种对想象力和文化融合的强调,为后来的文学创作提供了丰富的灵感和新的表达方式。相关创作不仅推动了哥特式小说的发展,也为浪漫主义文学注入了新的活力,挑战了传统的创作风格。18世纪的哥特式小说通过将中国描述为"怪异"或"怪诞"的形象,体现了一种反审美现象。尽管这些作品内容荒诞,但它们也反映了英国的一种文化鉴赏力,这种鉴赏力在资本主义发展到一定程度时具有合理性。因为全面的美学实践可以与商品性、消费和公众空间结合,成为大众审美品位和社会区分的标志,在社会群体之间建立了新的区分标准。

规则变革的过程逐渐从机械化理解向浪漫化转变,这一转变不仅是内在因素的结果,也受到外部环境的影响。启蒙运动的兴起标志着对个人价值的重新发现,与传统上欧洲理论偏重社会群体实践研究的倾向形成鲜明对比。在这个彰显权利意识、推崇自由理念、倡导平等价值以及关注人类普遍心理诉求的世纪里,个体利益诉求通过多元化的理论建构得以呈现。对于美学而言,其重要任务之一在于通过认知和解释,激发人类内在的感受,创造愉悦体验。巴洛克时期的西班牙著名画家和艺术理论家安东尼奥·帕洛米诺(Antonio Palomino)就认为自由艺术与机械艺术之间的区别在于前者被视为高尚和值得追求的,而后者则由于其重复性和低下的性质而被认为是卑劣的。绘画作为一种自由艺术,不仅在基督教中具有重要的宗教和教育意义,还通过生动的视觉表现帮助信徒理解教义。自由艺术引导人们走向智慧,是值得自由人追求的,绘画在表现神圣主题时,能够激发艺术家的虔诚和灵感,从而成为信仰传播的重要工具。[①]自由艺术的审美价值在于它追求真实感性的表达,这种表达不仅仅是对自然、崇高的模仿,更是对内心世界的深刻探索。

这也是理性主义美学一开始追寻的真实性目的。鲍姆嘉通认为形而上学中的"真的表象"指的是当一个客体在特定主体心灵中呈现时,表象与客体的一致性,这种一致性通常被称为逻辑一致性。形而上学的真被称为质料的真,而其他形式的真则包括精神的真、感官受到刺激的真,以及相互联系和一致性

---

① See: Antonio Palomino y Velasco, "The Pictorial Museum and Optical Scale", *Art in Theory 1648-1815: An Anthology of Changing Ideas*, Oxford: Blackwell, 2000, pp. 319-320.

的真。①由此可能还存在一种与心灵不一致的非真实表象,对应的是主体心灵的无形式化。这种无形式自由的解析和确立在18世纪的美学想象中也在被反复尝试,并在不同阶段以多样方式被定义和重构。沙夫茨伯里的思想对于18世纪后期的美学哲学,尤其是那些崇高的美有重要的启示,因为它关系主体的命运,即使在崇高中,主体也有被消除的危险。自我超越可以验证个体经验,但也伴随着失去自我的风险,美学逐渐从以理性为中心的框架中解放出来,转而关注个人内在体验和情感的复杂性,为艺术创作提供了新的灵感和方向。通过对个体体验的深入探索,自由不仅成为审美愉悦的来源,更成为理解人类自身存在意义的途径。

英国文学对"中国风"浪漫的认同与演化,生动地体现了西方文化对异域情感和美学的复杂认知。这种浪漫化的"中国风"最初通过描绘一些滑稽而奇特的人物形象而进入西方人视野,例如慵懒的皇帝、拟人化的猴子以及浮夸而富丽堂皇的中式宫殿。这些形象在洛可可时代成为欧洲风靡一时的浪漫潮流。其人物、建筑细节乃至装饰元素,如花卉和动物,均受到18世纪欧洲对东方文化想象的影响,并在路易十四时代的艺术风格中呈现出延续和变异。这一时期,文化之间的互动愈发频繁和深入,促使各国文学在吸收外来元素的同时,也在不断反思和重构自身的文化身份。这种反思不仅体现在文学创作中,也影响了大众的文化消费和审美取向。融洽关系的感知影响了启蒙时代法国对自然和谐的理解,对这种和谐的破坏,常以短暂的不和谐或恶劣天气的形式出现,往往成为美学和情感理论的催化剂。②可以说,正是一种情感上自我约束的突破,深化了人们对美的边界的进一步想象。

自我约束与理性主义的信念吻合,即认为世界是有序且可理解的,并且这种秩序可以通过理性分析得以揭示。然而,这种观点可能过于简化了生命的复杂性,忽略了生命演化过程中存在的偶然性和不确定性。莱辛是理性主义传统中一个"改革"者,他认为上帝创造的只是简单的生命,而复杂的生命只是他创造的一个继发性的结果。这些简单的个体都拥有其他生命所拥有的东

①　参见:鲍姆嘉滕:《美学》,简明、王旭晓译,文化艺术出版社,1987,第41页。

②　See: Tili Boon Cuillé, *Divining Nature: Aesthetics of Enchantment in Enlightenment France*, Stanford (CA): Stanford University Press, 2020, p. 17.

西，而始终不可能拥有其他生命形式所没有的东西。[①]18世纪对艺术的重新发现与概念的建立同样揭示了生命创造的自由本质。巴托在分析诗意的内容时，强调这种内容体现在对象的创造与排列之中。他将诗体与诗体内容相比较，认为可分为思想、语词、表达方式、和声四部分，这些都可以在散文中找到，但在艺术中，自然不仅仅是通过描绘呈现的，而是展示出修饰和魅力的多种呈现可能。[②]这种自律性与浪漫主义的起源存在某种内在联系，都强调个体的主观体验和情感表达的能动性。

此外，语言在情感表达中塑造了艺术的某些属性，展现了哲学美学的活力及其在历史想象中的特别品质。近代学者在文学层面探索英国浪漫主义与中国观之间的联系，尽管当时对中国文学的了解仅限于耶稣会文集中的一些中文摘要。但通过对比阅读珀西的汉学作品与其著作，人们发现其中存在重要的互文性动态。这些能动体验引发了汉学家对特定时代中国审美规范的想象化重构，以符合启蒙运动时期审美秩序变革的方向和理想。"在介绍'中国思想'时，托马斯·珀西尖锐地声称自己保持着超脱和客观的态度，但他在汉学上的发现瞬间就彻底将他吸引，又深深将他扰乱[……]一时间，珀西似乎深深认同了孔子，仿佛他自己就是一位道德导师和古代诗歌收藏者；而在下一刻，他又对中国关于古代和道德的主张表示轻蔑。"[③]可见，珀西有意识地借鉴了中国故事中的某些元素，但同时又刻意维护了欧洲自身独特的鉴赏主导性身份。

这就如同欧洲人所认可的中国"古老语言"的优势，切实在欧洲的文学艺术创作中展现出了新的生命力。珀西1765年出版的《古英文诗歌遗珍》(*Reliques of Ancient English Poetry*)被公认为是18世纪中叶最重要的古文物学出版物之一，同时也被认为是民谣复兴和古英文诗歌复苏的核心文本。[④]此外，它还被广泛认为是英国浪漫主义运动的重要灵感来源，这些文本激发了布莱克、

① See: Gotthold Ephraim Lessing, "The Christianity of Reason", *Lessing: Philosophical and Theological Writings*, New York: Cambridge University Press, 2005, p. 28.

② See: Charles Batteux, *The Fine Arts Reduced to a Single Principle*, New York: Oxford University Press, 2015, p. 84.

③ David Porter, *The Chinese Taste in Eighteenth-Century England*, Cambridge: Cambridge University Press, 2010, pp. 154-155.

④ Eun Kyung Min, "Thomas Percy's Chinese Miscellanies and the *Reliques of Ancient English Poetry* (1765)", *Eighteenth-Century Studies*, Vol. 43, No. 3, 2010, p. 307.

斯科特、华兹华斯和柯勒律治的想象力,通过这些诗人,英国诗歌发生了一场革命。①珀西的作品并非仅仅是对中国的简单想象或流行的"中国风"文学作品,而是通过中国的视角来进行对英国社会的讽刺性描绘。他的作品代表了一次严肃的尝试,旨在客观地翻译和理解中国文化。尽管其中存在一些不足之处,但这部作品依然可以被视为英国浪漫主义汉学的开创性文献。

尽管"中国风"自18世纪初以来在英国流行,但到18世纪中叶,小说家开始质疑中英兼容性。在18世纪末期,作家们开始将小说视为一种解放的工具,强调个人表达和对社会的批判,以此来推进形式创新。这种方式的目的之一是让那些被东方故事以及其他各种形式的浪漫文学所吸引的读者们不再着迷,并提倡理性的生活方式。②欧洲历史上也经历了多次类似的文化反思和美学革命。在这些危机中,欧洲人不断探索美学范式的更新,试图将自身文化的意义和存在的理由视为美的核心价值。而一个人所共知的事实是,在前浪漫主义时代,"历史观念"不仅已经苏醒,而且显现出活跃的态势,它还发挥出推动历史的力量。③同时,"异域主义"在这一时期所产生的独特魅力,对欧洲美学知识体系的重构与审美体验的拓展产生了深远而显著的影响。虽然这些知识未能带来实质性的物质改善,却成为激发人们好奇心和物质追求的动力,为欧洲提供了丰富的想象素材,成为情感体验和反思的重要参照。

浪漫主义从根本上说是18世纪的产物,并且其过渡特征和复杂的历史地位早已在美学意识中被察觉。在艺术表现上,这种特征体现得尤为明显。浪漫主义不仅反映了当时社会思潮的转变,也在艺术上表现出对传统形式的挑战和对个人情感的强调。在销往西方的瓷器上的"中国风"设计,以及后来在西方制作的代尔夫特陶瓷(Delftware)仿制品,都简化了中国视觉文化的复杂性,满足了人们对能够传达富有创造性的中国想象的风格的需求。④为了提高

---

① See: David Porter, *The Chinese Taste in Eighteenth-Century England*, Cambridge: Cambridge University Press, 2010, p. 154.

② See: Eugenia Zuroski, "Disenchanting China: Orientalism and the Aesthetics of Reason in the English Novel", *NOVEL: A Forum on Fiction*, Vol. 38, No. 2/3, 2005, p. 255.

③ 参见:阿诺尔德·豪泽尔:《艺术社会史》,黄燎宇译,商务印书馆,2015,第370—372页。

④ See: Maxine Berg, *Luxury and Pleasure in Eighteenth-Century Britain*, New York: Oxford University Press, 2007, p. 52.

贸易收入,欧洲对原有的中国风格进行了多方面的改造。这不仅体现在瓷器等工艺品的生产上,也在绘画题材的创作中出现了显著的"改编"。这种改编反映了欧洲对中国元素的再创造,以迎合本地市场的需求,同时也体现了跨文化交流中自由的融合度。艺术革命反映了政治和道德的变迁,尤其是在西班牙王位继承战和路易十四帝国主义政策溃败后,法国社会从军事荣耀转向追求和平与舒适。这一转变在艺术中表现为从古典庄重到摄政和洛可可风格的轻松优雅,强调细腻的设计和色彩。菲利普二世的艺术赞助和个人品位推动了这一趋势,他偏爱精致的小型艺术作品,而非传统的宏伟主题,绘画也从严肃的宗教和历史题材转向描绘社会活动和文化多样性,反映出对美和愉悦的浪漫追求。[①]英国对瓷器的仿制、法国对中国故事的热情以及德国理性主义者对道德的解读,最初都源于一种形式化的理解。在这种对比中,人们发现了形式变化所带来的创造力,并从创造力生长为一种重要的情感,也为浪漫主义运动提供了丰富的灵感和生动素材。

三、话语视角的中心化

文化交流中的权力博弈,不仅反映了当时国际关系中的政治互动,也是18世纪跨文化美学互视的一种特殊底色。1766年,一套由博韦皇家制造厂生产的中国风格的挂毯画作为代表法国官方的礼物被赠送给乾隆皇帝。[②]乾隆皇帝不仅接受了这份礼物,甚至为了收藏这些礼品还专门在圆明园修建了宫殿。这一事件不仅反映了欧洲对中国文化的兴趣和表层化理解,也揭示了文化交流的复杂性。反向推送的"中国风",不仅是对中国文化的再创造与诠释,体现了欧洲文化的包容性和创造力,同时也暗示了中国在当时世界秩序中的独特地位及其对外来文化的选择性吸纳。

物质和技术的相互欣赏最初表现为对材料和工艺的重视。在外交语境中,物品不仅通过其视觉形象进行传达,还通过对制作材料的选择和工艺的独创性来表达文化价值与技术实力。博韦挂毯描绘了理想化的中国人物和场

---

① 参见:威尔·杜兰特、阿里尔·杜兰特:《伏尔泰时代》,台湾幼狮文化译,天地出版社,2018,第26-27页。

② See: Kristel Smentek, "Chinoiseries for the Qing: A French Gift of Tapestries to the Qianlong Emperor", *Journal of Early Modern History*, Vol. 20; Iss. 1, 2016, pp. 87-88.

景,尽管这些图像是基于欧洲对亚洲的幻想和误解,但它们也反映了当时对中国文化的某种程度的欣赏,不仅是全球文明流动和互动的具象化,也体现了欧洲塑造物质文化的新标准和更符合自身审美发展需求的价值观。挂毯画的"回馈"暗示了欧洲在物质美感方面的优越感,这种优越感常常基于一种内生性的审美中心化倾向。这种倾向不仅表现为对自身文化价值的高度认同和欣赏,也体现在对他者文化的再解释和再创造过程中——将其纳入自身的文化语境与秩序。

在16至17世纪的欧洲,奢侈品贸易不仅局限于皇家宫廷内部,也逐渐影响到更广泛的社会阶层。宫廷作为高雅文化的中心,通过奢华的建筑、装饰和艺术收藏,成为权力和地位的象征,并在文化传播中发挥重要作用。随着全球贸易网络的扩展,来自亚洲和美洲的珍贵商品进入欧洲市场,不仅满足了物质需求,还推动了文化的多样化和艺术创新。奢侈品的消费逐渐从宫廷扩展到新兴资产阶级,成为个人品位和社会地位的标志。物质文化的呈现不仅仅是对自然的再现,受商业的驱使,更重要的是对文化和权力关系的隐喻表达。某些场景通过独特的象征性表达和隐喻,展现出政治想象力和情感引导逻辑。

中国与欧洲美学主流传统的文化距离使"中国风"成为一种边缘化的审美,但正是这种边缘性为其追随者创造了一种主体位置,使他们得以表达对既定审美反应模式的不满,鼓励他们寻找并正当化那些超越贵族人文主义和资产阶级礼仪规范的愉悦形式以及社会体验。[①]这种现象不仅仅是美学认知上的偏差,而是18世纪欧洲人在接触大量中国元素后,对美学传播"秩序中心"进行深刻反思的结果。在此背景下,中国皇帝作为合法性的象征,其在艺术表现中逐渐消失,例如挂毯中未再出现皇帝形象。这一现象反映了当时欧洲对中国及其文化的复杂态度,既有对异质文化的好奇与欣赏,也伴随着殖民扩张背景下的批判与误解。这种文化交流与误解的动态,体现了18世纪欧洲思想界对他者文化的矛盾态度,同时也揭示了在全球化初期,不同文明间的接触如何促成了文化自省式的重新定位。

从莱布尼茨、沃尔夫到康德和费希特,德国启蒙运动试图以明确、普遍有

---

① See: David Porter, *The Chinese Taste in Eighteenth-Century England*, Cambridge: Cambridge University Press, 2010, p. 35.

效的人类学术语定义人类命运。静修者通过对超验善的冥想和对物质身体的
否定来接近神圣，从而实现人类的完美；行动者则通过与世界的有意接触来实
现完美。[1]通过理性的光芒，启蒙思想家们希望在政治和社会领域建立一种新
的秩序，以理性和科学为基础，而非传统的权威和教条。莱布尼茨等理性主义
者坚持，秩序的根源在于对神圣和理性的深刻信仰。他认为上帝的完美体现
在人类内心的观念中，这些观念构成了人类灵魂完善的中心。上帝的无限完
美与秩序是宇宙和谐美的本源，而人类通过理性可以部分地领悟这种秩序。
"上帝的完善就是我们灵魂的完善，但完善在上帝是无边无尽地拥有的[……]
力量、知识和善，在我们只有一部分，而在上帝则有其大全整体。秩序、对称、
和谐令我们欢怡，绘画和音乐就是这些美好事物的例证；而上帝，他就是秩序
的全体，掌有匀称所出之真谛，创造出宇宙的普遍和谐。"[2]当个人的理性与信
仰统一时，个人利益便与整个基督教共同体的利益一致。这种以理性为中心
的秩序被视为永恒的，理性主义者尊重这一秩序，而未能认识到这种宇宙秩序
的社会被视为偏离了这一中心。这种观念在欧洲人视野中也被用于解释人类
的文化视角，中国因在传教士的文本中被描述为"未能认知宇宙的原则者"而
被认为远离了秩序中心。

在欧洲由中世纪向近代过渡时期，宗教改革的先驱马丁·路德为了使虔诚
基督教徒的主体性得到最大限度的合法化，提出过有关心灵自由与捆绑的两
个命题："基督徒是全然自由的众人之主，不受任何人辖管；基督徒是全然忠顺
的众人之仆，受所有人辖管。"[3]比埃尔·培尔作为法国资产阶级启蒙思想的先
驱，曾构想中国皇帝与天主教传教士的相遇。他利用中国的形象来倡导路易
十四时期的宗教宽容，将中国皇帝描绘成一个出于公正和安全考虑而抵制基
督教不宽容狂热的宽容统治者。[4]在这种对话中，权力与宗教秩序的主题被巧
妙地编织在一起，为启蒙者通过理想化的他者来网络和反塑自身的权力结构。
培尔的叙述不仅是对宗教宽容的呼唤，更是对绝对权力如何通过秩序与正义

① See: John A. McCarthy, "Criticism and Experience: Philosophy and Literature in the German Enlighten-ment", *Philosophy and German Literature 1700–1990*, Cambridge: Cambridge University Press, 2002, p. 22.

② 莱布尼茨：《神正论》，段德智译，商务印书馆，2016，第59页。

③ 马丁·路德：《路德文集（第1卷）：改革运动文献》，伍渭文主编，上海三联书店，2005，第401页。

④ See: Simon Kow, *China in Early Enlightenment Political Thought*, New York: Routledge, 2017, p. 41.

的名义进行自我合法化的深刻洞察。

　　根据莱布尼茨的观点,宗教需要通过道德实践来体现虔诚,而和谐作为中心秩序中的重要原则,必须与善良、仁爱等美德的情感认知相结合。这种观点强调了宗教与道德之间的内在联系,以及和谐作为道德秩序的核心角色。在美国,当代清史研究者通过解读欧洲观察者对儒家道德的叙述,揭示出一种英雄主义与柔弱化(effeminacy)的景观。这种解读不仅反映了18世纪汉学研究中对道德解读的多元视角,也揭示了不同文化背景下对道德价值理解的差异化。他们认为中国历史的魅力通过它与其他东方帝国的联系和它独特的道德表现出来,这些道德运用了认知、理性、自然宗教,甚至是品性高尚的柔弱气质。①与欧洲传统中通过掠夺与占有实现的外交胜利不同,清代统治者将美德与商业道德相结合,这种方式似乎更符合时代的需求。所以孔子之所以成为欧洲尊重的人物,与其说他代表了中国,倒不如说是因为他调和了不同的文化,调和了不同的极端,融合了不同的文明。②在理解权力现象时,我们可以看到18世纪的具体展现与中国风格中的柔弱形象形成了一种天然关联。与欧洲早期通过掠夺和殖民扩张所体现的"野蛮化"策略相反,中国的文化输出更多地通过艺术和商业来实现。这种文化模式在追求和谐与互利的商业贸易新环境中,尤其受到新兴资产阶级的欢迎,他们更倾向于"利益至上"的理念。然而,在文化理解的层面上,欧洲占据主导,这使得中国文化在被接纳的同时也面临着被弱化的风险。贸易和艺术中的印象,还反映在权力结构和社会价值观的转变中。权力的动态从经济和文化的比较,转为文化认知和价值观的竞争。

　　在赫尔德看来,即便在不良的审美趣味下,天才仍然倾向于被自身的力量所吸引,而不是被规则所束缚。每个创造物的种子都只能通过自身回到自身,他更强调创造的自主性和内在驱动力的重要性。若审美趣味仅仅是秩序与力量达到美的技巧的表现,它便会迅速显现并被感知。并且,这种审美体验始终

---

① See: Chi-ming Yang, *Performing China: Virtue, Commerce, and Orientalism in Eighteenth-Century England, 1660–1760*, Baltimore: Johns Hopkins University Press, 2011, p. 73.

② See: Chi-ming Yang, *Performing China: Virtue, Commerce, and Orientalism in Eighteenth-Century England, 1660–1760*, Baltimore: Johns Hopkins University Press, 2011, p. 74.

只能通过理性、判断和思考来实现,其结果是形成一种有序的结构:

> 如果审美趣味只不过就是秩序、力量达到美的技巧;那么,它甚至也会迅速地发生作用并被感受到,那么它永远只能通过理性,通过判断和思考发生作用,通过这些形成秩序[……]一个天才越是高尚,他也就越是在更庄严的范围之内努力奋斗,而他的奋斗越是庄严地完成了,那他也就越是必须更多地在活动和感受的最迅速的热情流动之中指出中肯而广博的理性。通观一切和感觉良好的创造者,有权理智地说出最高理性的片刻,也有权感性地说出最令人喜悦的审美趣味的片刻。①

天才的创作不仅仅是灵感的瞬间迸发,更是对秩序的深刻理解与娴熟运用。通过这种秩序,天才能够在感性与理性之间游刃有余地表达,从而创造出既具深度又富有美感的作品。赫尔德认为中国这种"一切太早地强制的循规蹈矩"是有害的。②审美,必须在理性与感性之间找到平衡,审美趣味可能蓬勃发展,但这并不必然意味着其道德水平的提升。唯有通过对内在秩序的深刻理解,才能够在两者之间实现和谐的表达。

在18世纪的英国,理性的宣扬并不顺利,在文学和艺术领域也发生了对理性极端化的批判。社会中的虚伪和苦难需要一种更为柔和且易于接受的人文批判话语。大卫·加里克(David Garrick)试图将《中国孤儿》中的中国艺术魅力明确为"英国的中国艺术",而不是"法国的中国艺术",他变更了《中国节日》(*The Chinese Festival*)中具有的"中国风"巴洛克式设计。在风景和服装的布置上将《中国孤儿》华丽地呈现出来,说明了"中国风"美学不仅仅是一种风格上的新奇,它还与殖民主义发生了潜在关系,传达了民族主义的含义。③在这样的书写中,话语秩序为了契合理性中心,令艺术成为一种文化权力的工具,成为理性主义者的武器。于是,一种伪哲学的转向将中国视为道德权威的源头;如果说元朝的版本关注暴力、复仇、忠诚和自我牺牲,那么西方的诠释则拥抱

---

① 约翰·哥特弗里特·赫尔德:《赫尔德美学文选》,张玉能译,同济大学出版社,2007,第100-101页。

② 参见:约翰·哥特弗里特·赫尔德:《赫尔德美学文选》,张玉能译,同济大学出版社,2007,第96-97页。

③ See: Hsin-yun Ou, "David Garrick's Reaction Against French Chinoiserie in *The Orphan of China*", *Studies in Theatre and Performance*, Vol. 27; Iss. 1, 2007, pp. 25-26.

后两者,并在对中国的刻画中加入启蒙运动的道德与情感主义美德。[1]理性的批判与审美相互交织,形成了一种新的文化力量,这表明理性权威在社会结构中的双重角色,既是权力的工具,又是变革的催化剂。

历史上,中国与周边地区的交往模式体现了特定历史时期的文化认知特点。在漫长的历史进程中,东亚地区形成了独具特色的区域互动范式,这种范式既反映了传统文化价值观的影响,也体现了当时的社会制度特征。随着时间推移,中国与周边地区逐步发展出一套具有东亚特色的交往网络,这种网络既包含了礼仪性的外交实践,也涉及实质性的文化交流与经贸往来。[2]在18世纪中叶之后的某个时刻,欧洲国家通过陆地和海洋在中国周围形成了一个包围圈,使得中国如同一个被重重包围的筑有围墙的城市。在这个城市的中心,天子依然以皇权的威仪进行统治,拒绝承认其他民族的统治者具备平等地位,而各国使节也拒绝以任何方式承认这种自封的最高权力,进而令中国被排除在由西方国家组成的外交关系体系之外。[3]尽管中国仍试图通过文化和外交的手段维护自身的独立性和文化优越感,但欧洲已经在外围形成文化包围圈,在文化上确立了欧洲中心化的世界秩序。

空间上的文化中心,首先需要确立区域性秩序并提升人类的生存条件。在18世纪中叶,随着中国瓷器、漆器、家具和装饰品的大量输入,以及英国园林中"中国风"建筑的兴建,英国的"中国趣味"前所未有地流行起来。这种风潮不仅反映了对异国情调的审美追求,也体现了当时欧洲社会对东方文化的浓厚兴趣。然而,伦敦也掀起了一场反对"法国式中国风"的美学运动,这场运动以对美学风格的重新评估和选择为中心,而非单纯的政治对抗,从而深刻地影响了18世纪后期英国的艺术创作和文化接受,促使欧洲在美学层面上从单一的风格主导逐渐走向多元化的文化表达。这一转变深刻揭示了美学判断在塑造文化认同和影响力方面的地位。

同时,日益复杂的市场要求更为专业化的分工,品位的多样化在某种程度

---

[1] See: Chi-ming Yang, "Virtue's Vogues: Eastern Authenticity and the Commodification of Chinese-ness on the18th-Century Stage", *Comparative Literature Studies*, Vol. 39, No. 4, 2002, p. 326.

[2] See: John K. Fairbank, "A Preliminary Framework", *World Order: China's Foreign Relations*, Cambridge: Harvard University Press, 1968, p. 2.

[3] 参见:G. F. 赫德逊:《欧洲与中国》,王遵仲等译,中华书局,1995,第213页。

上反映了一种特殊情绪,构成了潜在的政治威胁。随着传统休闲让位于各种资本投资,品位和职业的多样性逐渐成为生活的现实。美学领域作为一种和谐的替代场所出现,这种和谐在生活的其他领域,尤其是政治领域中似乎正在消失。因此,美学的感知范式成为实现英国统治阶级最终政治目标——同质性和团结的文化手段。①到18世纪末,欧洲在经济政策上的考量开始影响与中国的关系,商业观点逐渐占据主导地位显著加剧了欧洲人对中国的反感情绪。这种倾向在文学创作中得以体现,改变了审美实践者的普遍需求。若不将其纳入商业化社会背景的宏大意识形态中,对传统的克制和顺从,尤其是对题材进行现实主义处理,将意味着被诗歌式浪漫传统所抛弃。小说提供了一种能够描绘纯粹物质的媒介,它反映了经验与时代观察。在沃珀尔等人18世纪的小说中,描绘中国的策略一方面在于把握幻想与现实之间的界限,另一方面则通过幻想中的中国展示了欧洲生活中所缺乏的浪漫精神。旧有的叙事逐渐失去了说服力,新的话语秩序通过满足好奇心的描写来取代充满超自然和神圣意味的教化。审美的权威开始从宗教信仰的束缚中解放出来,转而为一个商业化的中心帝国服务,欧洲借此方式完成了对美学传播秩序的重构。

---

① See: Elizabeth A. Bohls, "Disinterestedness and Denial of the Particular: Locke, Adam Smith, and the Subject of Aesthetics", *Eighteenth-Century Aesthetics and the Reconstruction of Art*, Cambridge: Cambridge University Press, 2008, p. 18.

结语:重估浪漫主义的中国起源

　　浪漫主义运动在18世纪末兴起,作为对启蒙运动强调理性和科学的回应,它重新定义了艺术与科学的关系。在古典传统中,艺术与科学常被视为逻辑结构上的对等存在,均受制于理性的框架。科学被认为是思想生成的原力,而艺术则被视为思想的表达工具。然而,浪漫主义对此提出了挑战,认为艺术的创造过程即思想的表达过程,两者不可分殊。可以说,审美思维与科学产生的思想不同,具有独特的品性。浪漫主义强调情感、直觉和个人经验,认为艺术创作是一个自发的过程,是对理性和逻辑的超越。

　　从莱布尼茨开始,崇信理性的思想家们一直试图建立一种完美的美学,并凭借和谐、秩序与统一解释世间万物。理性主义美学最初把那些规律性和逻辑性的最终原则作为本质追求,他们并不能接受一种主宰式的感性力量的存在。然而,在18世纪这一传统内部开始出现不同的声音,那些在欧洲流行的中国元素和创造一再挑战着形式规则的束缚,从另外一个维度再现了和谐的可能。

　　洛夫乔伊认为浪漫主义这种审美新规范的确立,缘起于原本美学知识中根深蒂固的规律性、逻辑性受到的公开诘难,当真正的"美"总与"几何学"相符不再是"普遍赞同的自然法则"时,现代趣味的历史便迎来了它的转捩点。①这种观点随着欧洲自然观念的转变,一方面试图揭示科学无法完全解释自然的奥秘,通过艺术象征和隐喻的方式解释自然的深层意义;另一方面激发了人们对个人情感和主观体验的重视,强调直觉和想象力在理解世界中的重要性。随着理性主义的衰退,艺术家和思想家们开始探索自然界中不规则和不可预测的元素,将其视为新的美学标准的一部分。

　　那些源于中国造园经验中的"散落歪齐",在欧洲产生了广泛性的影响,并迅速扩展至各个艺术领域,最终被塑造成浪漫主义的"中国起源"。然而,在跨文化美学的探索中,特别是在文化融合与感性同构的背景下,我们在这种知识起源的理论研究方面仍有进一步深入的空间。在欧洲"美学"思想的核心知识

---

① 参见:阿瑟·O.洛夫乔伊:《观念史论文集》,吴相译,商务印书馆,2018,第163页。

聚丛与"中国观"之间,仍然可以发掘出情感与科学知识更深刻的交汇点。"浪漫主义的中国起源"不仅仅是形式上的存在,其核心在于对人类创造意义的深刻反思。在18世纪,中国的观念拓展了欧洲对"人"的全面理解,而"美学"则意味着对创造意义的更全面反思。超越理性主义者的"规则"与经验主义者的"趣味"之间的互动,让我们发现了一种召唤,即回归人本和谐的想象力。这种召唤不仅促进了对于人类情感与理性和谐关系的重新审视,也是推动美学知识认知的重要动能。

表面上,欧洲在一些具象化中国的美学尝试中试图提炼出一个共同标准,这种标准或表现为一种具有表现力的风格,或成为一种异端化的范式,始终与传统美的正典(如适度、和谐等观念)存在差异。这种差异引发了欧洲理性主义传统中的一个矛盾:如何区分自然的审美与"人造"审美。欧洲始终将美学的知识起源置于一个共同"上帝"的约束之下,普遍认为自然是"上帝"的创造,认为"上帝"创造了"完美",因而导致"上帝"的设计必须通过自然来解读。崇高的体验成为"上帝"安排的世界中的一个重要组成部分,自然在这种背景下被转化为一种崇高的范式,对美学知识的理解由此受制于人们的自然观,影响着美学知识生产的内在想象。由于对"自然"的理解与18世纪欧洲的中国知识经验之间有千丝万缕的联系,欧洲的中国观与美学知识之间发生了一系列连锁反应。启蒙运动中颂扬自然风俗的学者们,对中国充满敬仰,而维护欧洲神学宗教传统的保守思想家则对中国持批判态度。

在18世纪前半期,欧洲在科学领域取得的成就与对"美学"概念的理解密切相关。当"美"从工艺品中被解放出来时,工艺生产的进步和知识经验的扩展深刻影响了人们对想象力、愉悦和美感的思考。在沃尔夫研究中国趋向于完美的人类心智的同时,"审美无利害性"的观念也同时兴起。在这种背景下,"人"的自由创造不断受到鼓励,个体逐渐发展出解释艺术想象力的能力,现代意义上的"美学"萌芽开始显现。欧洲对中国的理想化想象为这些观念的发展提供了重要的知识参考,反映了启蒙美学建立时欧洲的理想。通过跨文化交流,欧洲学者们不仅在理论上丰富了对美学的理解,也在实践中推动了艺术创造的多样性和深度,形成了复杂而富有张力的文化对话。

　　18世纪中叶以后,纯粹物质性审美愉悦的局限性逐渐显现,引发了批判性反思。在此历史语境中,美学观念向更完善的范式演进,"崇高"一词开始受到关注。这不仅拓展了传统审美范畴,更将美学思考重新纳入伦理的环抱之中。在中国文化元素传入欧洲之后,通过与中国物质文化的接触,一种物觉反思在经济生产生活中产生了影响。尤其是随着全球贸易境况的变化,"艺术品"与"商品"概念之间的融合催生了新的美学认识。亚当·斯密等思想家致力于在生产者和消费者之间建立一种直接的体验关系。这种美学体验被资本主义的财富观念所利用,反映了当时社会对异域文化的好奇与接受,形成了形式表象与功能阐释之间的交织。这种现象促使欧洲形成了对中国整体的全新理解和想象,为两种文化互鉴提供了新的视角。

　　"18世纪欧洲中国观与美学判识机制"的研究是从文明互鉴的视角进行的一次美学本体论反思。中国因素为欧洲勾勒出自然、自由和美的生存体验,对中国的种种幻想映射出理性传统与浪漫想象的接洽。跨文明想象、接纳与再创造,使人们重新认识了感性存在的意义,催动了人类创新的原力,对这种思维能量的不断求索,正是美学最本质意义的呈现。

参考文献

中文文献：

[德]E. 卡西尔. 启蒙哲学[M].顾伟铭等译,济南:山东人民出版社,1988.

[德]J. G. 赫尔德. 论语言的起源[M].姚小平译,北京:商务印书馆,2009.

[德]鲍姆嘉滕.美学[M].简明,王旭晓译.北京:文化艺术出版社,1987.

[德]鲍姆嘉通.诗的哲学默想录[M].王旭晓译.北京:中国社会科学出版社,2014.

[德]哈贝马斯.公共领域的结构转型[M].曹卫东等译,上海:学林出版社,1999.

[德]康德.判断力批判[M].邓晓芒译,北京:人民出版社,2002.

[德]莱布尼茨.莱布尼茨后期形而上学文集[C].段德智,陈修斋译,北京:商务印书馆,2019.

[德]莱布尼茨.莱布尼茨早期形而上学文集[C].段德智等译,北京:商务印书馆,2017.

[德]莱布尼茨.莱布尼茨自然哲学文集[C].段德智编译,北京:商务印书馆,2018.

[德]莱布尼茨.人类理智新论(上、下)[M].陈修斋译,北京:商务印书馆,2017.

[德]莱布尼茨.神正论[M].段德智译,北京:商务印书馆,2016.

[德]G. G. 莱布尼茨. 中国近事：为了照亮我们这个时代的历史[M].梅谦立，杨保筠译，郑州：大象出版社，2005.

[德]莱辛. 拉奥孔[M].朱光潜译，北京：商务印书馆，2017.

[德]路德维希·费尔巴哈. 费尔巴哈哲学史著作选（第三卷）：比埃尔·培尔对哲学史和人类史的贡献[M].涂纪亮译，北京：商务印书馆，1984.

[德]马丁·路德. 路德文集（第1卷）：改革运动文献[C].伍渭文主编，上海：上海三联书店，2005.

[德]卡尔·马克思. 资本论[M].徐靖喻译，北京：煤炭工业出版社，2016.

[德]温克尔曼. 希腊人的艺术[M].邵大箴译，桂林：广西师范大学出版社，2001.

[德]夏瑞春编. 德国思想家论中国[M].陈爱政等译，南京：江苏人民出版社，1997.

[德]尤根·欧斯特哈默. 亚洲去魔化：十八世纪的欧洲与亚洲帝国[M].刘兴华译，台北：左岸文化事业有限公司，2007.

[德]约翰·哥特弗里特·赫尔德. 赫尔德美学文选[C].张玉能译，上海：同济大学出版社，2007.

[法]艾田蒲. 中国之欧洲（上卷）[M].许钧，钱林森译，郑州：河南人民出版社，1992.

[法]艾田蒲. 中国之欧洲（下卷）[M].许钧，钱林森译，郑州：河南人民出版社，1994.

[法]维吉尔·毕诺. 中国对法国哲学思想形成的影响[M].耿昇译，北京：商务印书馆，2013.

[法]布尔努瓦. 丝绸之路[M].耿昇译，北京：中国藏学出版社，2016.

[法]雅克·德里达. 论文字学[M].汪堂家译，上海：上海译文出版社，2015.

[法]狄德罗. 狄德罗哲学选集[C].江天骥等译，北京：商务印书馆，2017.

[法]笛卡尔. 第一哲学沉思集：反驳和答辩[M].庞景仁译，北京：商务印书馆，2017.

[法]菲利普·内莫. 教会法与神圣帝国的兴衰——中世纪政治思想史讲稿[M].张竝译，上海：华东师范大学出版社，2011.

[法]亨利·柯蒂埃.18世纪法国视野里的中国[M].唐玉清译,上海:上海书店出版社,2006.

[法]居伊·德波.景观社会[M].王昭风译,南京:南京大学出版社,2006.

[法]孔狄亚克.人类知识起源论[M].洪洁求,洪丕柱译,北京:商务印书馆,2009.

[法]孔多塞.人类精神进步史表纲要[M].何兆武,何冰译,北京:生活·读书·新知三联书店,1998.

[法]魁奈.魁奈经济著作选集[C].吴斐丹,张草纫选译,北京:商务印书馆,2017.

[法]弗朗斯瓦·魁奈.中华帝国的专制制度[M].谈敏译,北京:商务印书馆,1992.

[法]勒内·笛卡尔.论灵魂的激情[M].贾江鸿译,北京:商务印书馆,2017.

[法]卢梭.论科学与艺术的复兴是否有助于使风俗日趋纯朴[M].李平沤译,北京:商务印书馆,2017.

[法]孟德斯鸠.论法的精神[M].许家星译,南昌:江西教育出版社,2014.

[法]米歇尔·福柯.词与物——人文科学考古学[M].莫伟民译,上海:上海三联书店,2002.

[法]米歇尔·福柯.疯癫与文明:理性时代的疯癫史[M].刘北成,杨远婴译,北京:生活·读书·新知三联书店,2019.

[古罗马]奥古斯丁.忏悔录[M].周士良译,北京:商务印书馆,2010.

[古希腊]埃斯库罗斯,[古希腊]索福克勒斯.埃斯库罗斯悲剧三种 索福克勒斯悲剧四种[M].罗念生译,上海:世纪出版集团,上海人民出版社,2007.

[古希腊]柏拉图.理想国[M].郭斌和,张竹明译.北京:商务印书馆,2017.

[古希腊]斯特拉博.地理学[M].李铁匠译.上海:上海三联书店,2014.

[古希腊]希罗多德.希罗多德历史:希腊波斯战争史[M].王以铸译,北京:商务印书馆,2017.

[古希腊]亚里士多德.诗学[M].陈中梅译注.北京:商务印书馆,1996.

[美]阿瑟·O.洛夫乔伊.存在巨链:对一个观念的历史的研究[M].张传有,高秉江译,北京:商务印书馆,2015.

[美]A.A.瓦西列夫.拜占庭帝国史:324—1453[M].徐家玲译,北京:商务印书馆,2019.

[美]W.J.T.米切尔编.风景与权力[C].杨丽,万信琼译,南京:译林出版社,2014.

[美]阿瑟·O.洛夫乔伊.观念史论文集[C].吴相译,北京:商务印书馆,2018.

[美]爱德华·W.萨义德.东方学[M].王宇根译,北京:生活·读书·新知三联书店,2019.

[美]罗杰·奥尔森.基督教神学思想史[M].吴瑞诚,徐成德译,上海:上海人民出版社,2014.

[美]彼得·赖尔,艾伦·威尔逊.启蒙运动百科全书[M].刘北成,王皖强编译,上海:上海人民出版社,2004.

[美]查·爱·诺埃尔.葡萄牙史[M].南京师范学院教育系翻译组译,香港:商务印书馆香港分馆,1979.

[美]费正清编.中国的世界秩序——传统中国的对外关系[M].杜继东译,北京:中国社会科学出版社,2010.

[美]史景迁.文化类同与文化利用[C].廖世奇,彭小樵译,北京:北京大学出版社,1997.

[美]唐纳德·R.凯利.多面的历史:从希罗多德到赫尔德的历史[M].陈恒,宋立宏译,北京:生活·读书·新知三联书店,2003.

[美]托马斯·L.汉金斯.科学与启蒙运动[M].任定成,张爱珍译,上海:复旦大学出版社,2000.

[美]威尔·杜兰特,阿里尔·杜兰特.伏尔泰时代[M].台湾幼狮文化译,成都:天地出版社,2018.

[美]威尔·杜兰特.世界文明史:路易十四时代[M].台湾幼狮文化译,北京:华夏出版社,2010.

[匈]阿诺尔德·豪泽尔.艺术社会史[M].黄燎宇译,北京:商务印书馆,2014.

[意]利玛窦述.几何原本[M].徐光启译,王红霞点校,上海:上海古籍出版社,2011.

[意]利玛窦.利玛窦书信集[C].文铮译.北京:商务印书馆,2018.

[意]维柯.新科学[M].费超译,北京:京华出版社,2000.

[英]乔纳森·莱利-史密斯.牛津十字军史[M].郑希宝译,北京:北京日报出版社,2022.

[英]E.E.里奇,[英]C.H.威尔逊主编.剑桥欧洲经济史(第4卷):16世纪、17世纪不断扩张的欧洲经济[M].张锦冬等译,北京:经济科学出版社,2003.

[英]G.F.赫德逊.欧洲与中国[M].王遵仲等译,北京:中华书局,1995.

[英]埃德蒙·伯克.关于我们崇高与美观念之根源的哲学探讨[M].郭飞译,郑州:大象出版社,2010.

[英]埃里克·霍布斯鲍姆.工业与帝国:英国的现代化历程[M].梅俊杰译,北京:中央编译出版社,2017.

[英]鲍桑葵.美学史[M].李步楼译,北京:商务印书馆,2017.

[英]贝克莱.人类知识原理[M].关文运译,北京:商务印书馆,2017.

[英]贝克莱.视觉新论[M].关文运译,北京:商务印书馆,2017.

[英]弗兰西斯·哈奇森.论美与德性观念的根源[M].高乐田等译,杭州:浙江大学出版社,2009.

[英]简·迪维斯.欧洲瓷器史[M].熊寥译,杭州:浙江美术学院出版社,1991.

[英]J.O.林赛编.新编剑桥世界近代史·第7卷·旧制度:1713-1763年[M].中国社会科学院世界历史研究所组译,北京:中国社会科学出版社,2017年.

[英]迈克尔·苏立文.东西方艺术的交会[M].赵潇译,上海:上海人民出版社,2014.

[英]弥尔顿.失乐园[M].陈才宇译,长春:吉林出版集团有限责任公司,2014.

[英]培根.新工具[M].许宝骙译,北京:商务印书馆,2017.

[英]沙夫茨伯里.人、风俗、意见与时代之特征:沙夫茨伯里选集[C].李斯译,武汉:武汉大学出版社,2010.

[英]斯蒂芬·琼斯.18世纪艺术[M].钱乘旦译,南京:译林出版社,2017.

[英]伊格尔顿.审美意识形态[M].王杰等译.桂林:广西师范大学出版社,1997.

[英]基思·托马斯.人类与自然世界:1500-1800年间英国观念的变化[M].宋丽丽译,南京:译林出版社,2009.

[英]威廉·荷加斯.美的分析:荷加斯论美[M].杨成寅译,上海:上海人民美术出版社,2019.

[英]休谟.人性论[M].关文运译,北京:商务印书馆,2017.

[英]亚当·斯密.道德情操论[M].蒋自强等译,北京:商务印书馆,2017.

[英]亚当·斯密.国富论[M].郭大力,王亚南译,北京:商务印书馆,2015.

范希衡.《赵氏孤儿》与《中国孤儿》[M].上海:上海古籍出版社,2010.

郭福祥.时间的历史映像:中国钟表史论集[M].北京:故宫出版社,2013.

张西平主编.莱布尼茨思想中的中国元素[M].郑州:大象出版社,2010.

蒋孔阳,朱立元主编.西方美学史·第3卷:十七十八世纪美学[C].北京:北京师范大学出版社,2013.

马奇主编.西方美学史资料选编(上、下卷)[C].上海:上海人民出版社,1987.

缪灵珠译.缪灵珠美学译文集·第2卷[C].章安祺编,北京:中国人民大学出版社,1998.

庞景仁.马勒伯朗士的"神"的观念和朱熹的"理"的观念[M].冯俊译,北京:商务印书馆,2004.

沈福伟.中西文化交流史[M].上海:上海人民出版社,2017.

石元蒙.明清朝贡体制的两种实践:1840年前[M].北京:知识产权出版社,2015.

吴孟雪.明清时期欧洲人眼中的中国[M].北京:中华书局,1998.

谢子卿.中国礼仪之争和路易十四时期的法国:1640—1710早期全球化时代的天主教海外扩张[M].上海:上海远东出版社,2018.

叶文程.中国古外销瓷研究论文集[C].北京:紫禁城出版社,1988.

张国刚,吴莉苇.启蒙时代欧洲的中国观:一个历史的巡礼与反思[M].上海:上海古籍出版社,2006.

章文钦.广东十三行与早期中西关系[M].广州:广东经济出版社,2009.

中国社会科学院历史研究所清史研究室编.清史资料(第一辑)[C].北京:中华书局,1980.

周宁.天朝遥远:西方的中国形象研究(上、下)[M].北京:北京大学出版社,2006.

周忠厚.狄德罗的美学和文艺学思想[M].北京:文化艺术出版社,1987.

朱谦之.中国哲学对欧洲的影响[M].上海:上海人民出版社,2005.

〔汉〕司马迁.史记[M].韩兆琦译注,北京:中华书局,2010.

〔清〕年希尧.视学[M].1735.

〔唐〕玄奘,〔唐〕辩机.大唐西域记汇校[M].范祥雍汇校,上海:上海古籍出版社,2011.

外文文献:

ADOLF REICHWEIN. *China and Europe: Intellectual and Artistic Contacts in the Eighteenth Century*[M]. London: Routledge and Kegan Paul, 1968.

ALEXANDER BAUMGARTEN. *Metaphysics: A Critical Translation with Kant's Elucidations, Selected Notes and Related Materials*[M]. London and New York: Bloomsbury Academic, 2013.

ANDREW ASHFIELD, PETER DE BOLLA. eds. *The Sublime: A Reader in British Eighteenth-Century Aesthetic Theory*[C]. New York: Cambridge University Press, 1996.

ANTHONY GRAFTON, ANN BLAIR eds. *The Transmission of Culture in Early Modern Europe*[C]. Philadelphia: University of Pennsylvania Press, 1990.

ANTHONY ASHLEY COOPER, THIRD EARL OF SHAFTESBURY. *Characteristicks of Men, Manners, Opinions, Times*[C]. Indianapolis: Liberty Fund, Inc., 2001.

ANTOON VAN DEN BRAEMBUSSCHE, HEINZ KIMMERLE, NICOLE NOTE eds. *Intercultural Aesthetics: A Worldview Perspective*[C]. Berlin: Springer, 2009.

ATHANASIUS KIRCHER. *China Monumentis qua Sacris quà Profanis, nec non variis Naturae & Artis Spectaculis*[M]. Amsterdam: apud Jacobum à Meurs, 1667.

CARL CHRISTIAN DAUTERMAN. "Dream-Pictures of Cathay: Chinoiserie on Restoration Silver"[J]. *The Metropolitan Museum of Art Bulletin*, 1964, Vol. 23 (1): 11-25.

CATHERINE PAGANI. *Clocks of Late Imperial China*[M]. Ann Arbor: The University of Michigan Press, 2001.

CHARLES BATTEUX. *The Fine Arts Reduced to a Single Principle*[M]. Trans., James O. Young, New York: Oxford University Press, 2015.

CHARLES HARRRISON, PAUL WOOD, JASON GAIGER eds. *Art in Theory, 1648-1815: An Anthology of Changing Ideas*[C]. Oxford: Blackwell, 2000.

CHI-MING YANG. *Performing China: Virtue, Commerce, and Orientalism in Eighteenth-Century England, 1660-1760*[M]. Baltimore: Johns Hopkins University Press, 2011.

CHI-MING YANG. "Virtue's Vogues: Eastern Authenticity and the Commodification of Chinese-ness on the 18th-Century Stage"[J]. *Comparative Literature Studies*, 2002, Vol. 39(4): 326-346.

CHRISTIAN WOLFF. *Preliminary Discourse on Philosophy in General*[M]. Trans., Richard J. Blackwell, New York: Bobbs-Merrill, 1963.

DAMIAN VALDEZ. *German Philhellenism: The Pathos of the Historical Imagination from Winckelmann to Goethe*[M]. New York: Palgrave Macmillan, 2014.

DAVID BEEVERS. *Chinese Whispers: Chinoiserie in Britain, 1650-1930*[M]. Brighton and Hove: The Royal Padon & Museums, 2008.

DAVID MARTIN JONES. *The Image of China in Western Social and Political Thought*[M]. New York: Palgrave, 2001.

DAVID PORTER. "Chinoiserie and the Aesthetics of Illegitimacy"[J]. *Studies in Eighteenth Century Culture*, 1999, Vol. 28(1): 27-54.

DAVID PORTER. *The Chinese Taste in Eighteenth-Century England*[M]. Cambridge: Cambridge University Press, 2010.

DENNIS O. FLYNN, ARTURO GIRÁLDEZ. "Cycles of Silver: Global Economic Unity Through the Mid-Eighteenth Century"[J]. *Journal of World History*,

2002, Vol. 13(2): 391–427.

DONALD F. LACH, EDWIN J. VAN KLEY. *Asia in the Making of Europe*, *Vol. III: A Century of Advance, Book2: South Asia*[M]. Chicago and London: The University of Chicago Press, 1998.

DONALD F. LACH. *Asia in the Making of Europe, Vol. I, The Century of Discovery, Book I*[M]. Chicago and London: The University of Chicago Press, 1994.

DONALD F. LACH. *Asia in the Making of Europe, Vol. I, The Century of Discovery, Book II*[M]. Chicago and London: The University of Chicago Press, 1994.

DONALD F. LACH. *Asia in the Making of Europe, Vol. II, Book II: The Literary Arts* [M]. Chicago and London: The University of Chicago Press, 1994.

DONALD RUTHERFORD. *Leibniz and the Rational Order of Nature*[M]. Cambridge: Cambridge University Press, 1998.

EARLA WILPUTTE. *Passion and Language in Eighteenth-Century Literature: The Aesthetic Sublime in the Work of Eliza Haywood, Aaron Hill, and Martha Fowke* [M]. New York: Palgrave Macmillan, 2014.

EDWARD S. COOKE. *Global Objects: Toward a Connected Art History*[M]. Princeton: Princeton University Press, 2022.

EHSAN YARSHATER ed. *The Cambridge History of Iran, Vol. 3: The Seleucid, Parthian and Sasanian Periods*[M]. Cambridge: Cambridge University Press, 2006.

ERNST CASSIRER. *The Platonic Renaissance in England*[M]. Trans., James P. Pettegrove, London: Nelson, 1953.

ERNST ROSE. "China as a Symbol of Reaction in Germany, 1830–1880"[J]. *Comparative Literature*, 1951, Vol. 3 (1): 57–76.

EUGENIA ZUROSKI JENKINS. *A Taste for China: English Subjectivity and the Prehistory of Orientalism*[M]. Oxford: Oxford University Press, 2013.

EUGENIA ZUROSKI. "Disenchanting China: Orientalism and the Aesthetics of Reason in the English Novel"[J]. *NOVEL: A Forum on Fiction*, 2005, Vol. 38(2/3): 254–271.

EUN KYUNG MIN. "Thomas Percy's Chinese Miscellanies and the Reliques of Ancient English Poetry（1765）"[J]. *Eighteenth-Century Studies*, 2010, Vol 43（3）: 307-324.

FRANCESCO MORENA. *Chinoiserie: The Evolution of the Oriental Style in Italy from the 14th to the 19th Century*[M]. Florence: Centro Di, 2009.

FREDERICK BEISER. *Diotima's Children: German Aesthetic Rationalism from Leibniz to Lessing*[M]. New York: Oxford University Press, 2009.

GILLES DELEUZE. *The Fold: Leibniz and the Baroque*[M]. London: The Athlone Press, 1993.

GIOVANNI ARRIGHI. *Adam Smith in Beijing: Lineages of the Twenty-First Century*[M]. London: Verso, 2007.

GIUSEPPE CIVITARESE. "Bion and the Sublime: The Origins of an Aesthetic Paradigm"[J]. *The International Journal of Psychoanalysis*, 2014, Vol. 95（6）: 1059-1086.

GLENN PARSONS. *Aesthetics and Nature*[M]. London: Continuum International Publishing Group, 2008.

GOTTHOLD EPHRAIM LESSING. *Lessing: Philosophical and Theological Writings*[C]. New York: Cambridge University Press, 2005.

HAROLD KODA, ANDREW BOLTON. *Dangerous Liaisons: Fashion and Furniture in the Eighteenth Century*[M]. New Haven and London: Yale University Press, 2004.

HENRI BAUDET. *Paradise on Earth: Some Thoughts on European Images of Non-European Man*[M]. New Haven and London: Yale University Press, 1965.

HORACE WALPOLE. *The Castle of Otranto and Hieroglyphic Tales*[C]. London: J. M. Dent, 1993.

HSIN-YUN OU. "David Garrick's Reaction Against French Chinoiserie in The Orphan of China"[J]. *Studies in Theatre and Performance*, 2007, Vol. 27（1）: 25-42.

HUGH HONOUR. *Chinoiserie: The Vision of Cathay*[M]. London: John Murray, 1961.

J. M. BRAGA. *The Western Pioneers and Their Discovery of Macao*[M]. Macau: Imprensa Nacional, 1949.

JAMES ENGELL. *The Creative Imagination: Enlightenment to Romanticism* [M]. Cambridge (MA): Harvard University Press, 1981.

JAMES WATT. "Thomas Percy, China, and the Gothic"[J]. *The Eighteenth Century*, 2007, Vol. 48(2): 95-109.

JEAN-BAPTISTE DU HALDE. *Description géographique, historique, chronologique, politique et physique de l'empire de la Chine et de la Tartarie chinoise...* [M]. Paris: P. G. Lemercier, 1735.

JEROME STOLNITZ. "On the Origins of Aesthetic Disinterestedness"[J]. *The Journal of Aesthetics and Art Criticism*, 1961, Vol. 20(2): 131-143.

JOANNA WALEY-COHEN. "Religion, War, and Empire-Building in Eighteenth-Century China"[J]. *The International History Review*, 1998, Vol. 20 (2): 336-352.

JOANNA WALEY-COHEN. *The Culture of War in China: Empire and the Military Under the Qing Dynasty*[M]. London and New York: I. B. Tauris Publishers, 2006.

JOHN BREWER. *The Pleasures of the Imagination: English Culture in the Eighteenth Century*[M]. London and New York: Routledge, 2013.

JOHN HARRY NORTH. *Winckelmann's "Philosophy of Art": A Prelude to German Classicism*[M]. Newcastle: Cambridge Scholars Publishing, 2012.

JOHN W. O'MALLEY et al. eds. *The Jesuits II: Cultures, Sciences, and the Arts, 1540-1773*[C]. Toronto, Buffalo and London: University of Toronto Press, 2006.

JOHN W. O'MALLEY et.al. eds. *The Jesuits: Cultures, Sciences, and the Arts, 1540-1773*[C]. Toronto, Buffalo and London: University of Toronto Press, 1999.

JOHN K. FAIRBANK ed. *World Order: China's Foreign Relations*[M]. Cambridge: Harvard University Press, 1968.

JONATHAN D. SPENCE. *The Chan's Great Continent: China in Western Minds*[M]. New York and London: W. W. Norton & Co. Inc., 1998.

JOSEPH ADDISON. *The Spectator: Volume I*[C]. Ed., George A. Aitken, London: George Routledge & Sons, 1898.

JOSEPH NEEDHAM. *Science and Civilisation in China, Vol. 4: Physics and Physical Technology, Part 3: Civil Engineering and Nautics*[M]. Cambridge: Cambridge University Press, 1971.

JUDITH M. BENNETT. *Medieval Europe: A Short History*[M]. New York: The McGraw-Hill Companies, Inc., 2010.

JUSTIN CHAMPION et al. eds. *Politics, Religion and Ideas in Seventeenth- and Eighteenth-Century Britain: Essays in Honour of Mark Goldie*[C]. Woodbridge: The Boydell Press, 2019.

KARL AXELSSON et al. eds. *Beyond Autonomy in Eighteenth-Century British and German Aesthetics*[C]. New York: Routledge, 2020.

KATHLEEN MAHONEY. *Gothic Style: Architecture and Interiors from the Eighteenth Century to the Present*[M]. New York: Harry N. Abrams, Inc., 1995.

KATHLEEN PERRY LONG ed. *Gender and Scientific Discourse in Early Modern European Culture*[C]. Burlington: Ashgate, 1988.

KENNETH POMERANZ, STEVEN TOPIK. *The World That Trade Created: Society, Culture, and the World Economy, 1400 to the Present*[M]. London and New York: Routledge, 2015.

KRISTEL SMENTEK. "Chinoiseries for the Qing: A French Gift of Tapestries to the Qianlong Emperor"[J]. *Journal of Early Modern History*, 2016, Vol. 20(1): 87-109.

LOUISE WESTLING. *The Logos of the Living World: Merleau-Ponty, Animals, and Language*[M]. New York: Fordham University Press, 2014.

M. H. ABRAMS. *Doing Things with Texts：Essays in Criticism and Critical Theory*[C]. New York and London：W.W. Norton，1991.

MALCOLM BUDD. *The Aesthetic Appreciation of Nature：Essays on the Aesthetics of Nature*[C]. Oxford：Clarendon Press，2003.

MARIA SEMI. *Civilization in Eighteenth Century Britain：A Subject for Taste* [A]. *Beyond Autonomy in Eighteenth-Century British and German Aesthetics*，New York：Routledge，*2020*.

MARISA ANNE BASS et al. *Conchophilia：Shells，Art，and Curiosity in Early Modern Europe*[M]. Princeton：Princeton University Press，2021.

MAXINE BERG. *Goods from the East，1600-1800：Trading Eurasia*[M]. New York：Palgrave Macmillan，2015.

MAXINE BERG. *Luxury and Pleasure in Eighteenth-Century Britain*[M]. New York：Oxford University Press，2007.

MICHAEL FRIED. *Absorption and Theatricality：Painting and Beholder in the Age of Diderot*[M]. Chicago：University of Chicago Press，1988.

MICHAEL O' NEILL ed. *The Cambridge History of English Poetry*[M]. Cambridge：Cambridge University Press，2010.

NICHOLAS SAUL ed. *Philosophy and German Literature，1700-1990*[C]. Cambridge：Cambridge University Press，2002.

NIGEL ASTON. *Art and Religion in Eighteenth-Century Europe*[M]. London：Reaktion Books Ltd.，2009.

OLIVER GOLDSMITH. *The Citizen of the World；or Letters from a Chinese Philosopher，Residing in London to His Friends in the East*[M]. London：Vernor，Hood & Sharpe，Poultry，1807.

OLIVER IMPEY. *Chinoiserie：The Impact of Oriental Styles on Western Art and Decoration*[M]. New York：Charles Scribner's Sons，1977.

ORI SELA. *China's Philological Turn：Scholars，Textualism，and the Dao in the Eighteenth Century*[M]. New York：Columbia University Press，2018.

OWEN HULATT ed. *Aesthetic and Artistic Autonomy*[C]. London and New York: Bloomsbury Academic, 2013.

PAMELA KYLE CROSSLEY. *A Translucent Mirror: History and Identity in Qing Imperial Ideology*[M]. Berkeley and Los Angeles: University of California Press, 1999.

PAUL GUYER. *A History of Modern Aesthetics, Volume I: The Eighteenth Century*[M]. Cambridge: Cambridge University Press, 2014.

PAUL GUYER. *Values of Beauty: Historical Essays in Aesthetics*[C]. Cambridge: Cambridge University Press, 2005.

PAUL MATTICK, JR. ed. *Eighteenth-Century Aesthetics and the Reconstruction of Art*[C]. Cambridge: Cambridge University Press, 2008.

PAULA R. BACKSCHEIDER, CATHERINE INGRASSIA eds. *A Companion to the Eighteenth-Century English Novel and Culture*[M]. Malden (MA): Wiley-Blackwell, 2005.

PETER KIVY. *The Seventh Sense: Francis Hutcheson and Eighteenth-Century British Aesthetics*[M]. Oxford: Oxford University Press, 2003.

PETER KIVY. "What Really Happened in the Eighteenth Century: The 'Modern System' Re-examined (Again)"[J]. *British Journal of Aesthetics*, 2012, Vol. 52 (1): 61-74.

PHIL DODDS. "One Vast Empire: China, Progress, and the Scottish Enlightenment"[J]. *Global Intellectual History*, 2018, Vol. 3(1): 47-70.

PHILIPPE FORÊT. *Mapping Chengde: The Qing Landscape Enterprise*[M]. Honolulu: University of Hawaii Press, 2000.

ROBERT FINLAY. *The Pilgrim Art: Cultures of Porcelain in World History*[M]. Berkeley and Los Angeles: University of California Press, 2010.

ROLF J. GOEBEL. "China as an Embalmed Mummy: Herder's Orientalist Poetics"[J]. *South Atlantic Review*, 1995, Vol. 60(1): 111-129.

SIMON KOW. *China in Early Enlightenment Political Thought*[M]. New York: Routledge, 2017.

STACEY SLOBODA. *Chinoiserie: Commerce and Critical Ornament in Eighteenth Century Britain*[M]. Manchester: Manchester University Press, 2017.

STEFANIE BUCHENAU. *The Founding of Aesthetics in the German Enlightenment: The Art of Invention and the Invention of Art*[M]. Cambridge: Cambridge University Press, 2013.

SUSAN NAQUIN, EVELYN S. RAWSKI. *Chinese Society in the Eighteenth Century*[M]. New Haven and London: Yale University Press, 1987.

THOMAS FRANCIS CARTER. *The Invention of Printing in China and Its Spread Westward*[M]. New York: Columbia University Press, 1931.

THOMAS PERCY. ed. *Miscellaneous Pieces Relating to the Chinese*, Vol. 1[C]. London: R. and J. Dodsley, 1762.

TILI BOON CUILLÉ. *Divining Nature: Aesthetics of Enchantment in Enlightenment France*[M]. Stanford (CA): Stanford University Press, 2020.

TOM FURNISS. *Edmund Burke's Aesthetic Ideology: Language, Gender, and Political Economy in Revolution*[M]. Cambridge: Cambridge University Press, 1993.

VANESSA ALAYRAC-FIELDING. "Frailty, thy Name is China: Women, Chinoiserie and the Threat of Low Culture in Eighteenth-Century England"[J]. *Women's History Review*, 2009, Vol. 18(4): 659−668.

WILLIAM CHAFFERS. *Marks and Monograms on European and Oriental Pottery and Porcelain, with Historical Notices of Each Manufactory*[M]. London: Reeves & Turner, 1891.

WILLIAM TEMPLE. *Sir William Temple upon the Gardens of Epicurus: With Other XVIIth Century Garden Essays*[M]. London: Chatto and Windus, 1908.

ZHANG LONGXI. *The Tao and the Logos: Literary Hermeneutics, East and West*[M]. Durham & London: Duke University Press, 1992.